RUDOLF FISCH/BURKHARD MARGIES (Hrsg.)

Bessere Verwaltungssprache

Bessere Verwaltungssprache

Grundlagen, Empirie, Handlungsmöglichkeiten

Herausgegeben von

Rudolf Fisch und Burkhard Margies

Duncker & Humblot · Berlin

Bibliografische Information der Deutschen Nationalbibliothek

Die Deutsche Nationalbibliothek verzeichnet diese Publikation in der Deutschen Nationalbibliografie; detaillierte bibliografische Daten sind im Internet über http://dnb.d-nb.de abrufbar.

Fremddatenübernahme: L101 Mediengestaltung, Berlin
Druck: Meta Systems GmbH, Berlin
Printed in Germany

ISBN 978-3-428-14415-0 (Print)
ISBN 978-3-428-54415-8 (E-Book)
ISBN 978-3-428-84415-9 (Print & E-Book)

Gedruckt auf alterungsbeständigem (säurefreiem) Papier entsprechend ISO 9706 ♾

Internet: http://www.duncker-humblot.de

Danksagung

Dieses Buch ist das Ergebnis der Ideen und Zusammenarbeit vieler Personen. Allen, die daran mitgewirkt haben, danken wir von ganzem Herzen. Als erstes sind die Autorinnen und Autoren zu nennen. Sie haben ihre Kapitel sorgfältig erarbeitet und unsere Bearbeitungswünsche umgesetzt. Frau Theresia Böhm, Katholische Universität Eichstätt-Ingolstadt, hat die Manuskripte kritisch gegengelesen, bearbeitet und korrigiert, für den Druck sachkundig eingerichtet und bis zuletzt am Zustandekommen des Buches mitgewirkt. Dem Verlag Duncker & Humblot danken wir für seine Beratung, Unterstützung und Geduld bei der Fertigstellung des Buches.

Speyer, im August 2014

Rudolf Fisch,
Burkhard Margies

Inhaltsverzeichnis

Wozu eine bessere Verwaltungssprache?
Rudolf Fisch und *Burkhard Margies* 9

Verwaltungssprache – Sprachästhetik und Funktionalität
Josef Klein 17

Was Sie schon immer an Textverständlichkeit verstehen wollten
Ursula Christmann 33

Verwaltungssprache als Element der Organisationskultur
Peter Heinrich 49

Vor dem Türhüter des Gesetzes. Verwaltungssprache und Rechtsgewährung
Kent D. Lerch 63

Ist die Gerichtssprache wirklich deutsch?
Harald Walther 99

Die Rechtsbehelfsbelehrung zwischen dem Anspruch auf Rechtssicherheit und dem Wunsch nach Verständlichkeit
Michaela Blaha und *Nurşen Şahin-Schulze* 117

Erfolgsfaktoren von Veränderungsprozessen – Folgerungen für das Bemühen um ein verständliches Amtsdeutsch
Andrea Müller 145

Das „Stammtext- und Ergänzungs-Modell" (SEM) – Überlegungen zu einem Redaktionskonzept für Textbeiträge in Verwaltungsportalen
Jörn von Lucke 159

Der Staat geht auf die Bürger zu: Verwaltungssprache, Bürokratieabbau und Dienstleistungsorientierung
Gudrun Sellmann 177

Verständlichkeit von Formularen. Projektbeispiel Universität Bielefeld
Kerstin Schlingmann 187

Flotte Schreiben vom Amt
Christa Peter und *Georg Krümpelmann* 195

Freies Texten in Verwaltungsschreiben. Eine Sache des gesunden Egoismus
Günther Frosch ... 203

Kooperative Ansätze für die Entwicklung einer guten Verwaltungssprache
Burkhard Margies und *Rudolf Fisch* ... 213

Was tun? Wege zur Wirksamkeit und Nachhaltigkeit der Arbeit an einer guten Verwaltungssprache
Rudolf Fisch und *Burkhard Margies* ... 225

Autorenverzeichnis ... 243

Stichwortverzeichnis ... 245

Wozu eine bessere Verwaltungssprache?

Rudolf Fisch und Burkhard Margies

Verwaltungen verwenden für ihre interne wie externe Kommunikation in der Hauptsache eine eigene Fachsprache. Sie wird in diesem Buch „Verwaltungssprache“ genannt. Sie unterscheidet sich deutlich von der Umgangssprache. Immer wieder kritisieren Empfänger von administrativen Schreiben die Kompliziertheit und mangelnde Verständlichkeit der Verwaltungssprache. Die Darlegungen seien für die Adressaten oftmals gedanklich kaum oder gar nicht nachvollziehbar. Dergleichen Kritik, insbesondere in Presseveröffentlichungen, ist in der Regel harsch, oftmals mokant. Sie richtet sich nicht nur gegen die Texte, sondern gleichermaßen gegen diejenigen, welche verwaltungssprachliche Texte erzeugen. Es wird zum Beispiel von „Amtsdeutsch“ oder „Bürokratendeutsch“ gesprochen. Diese Attribute verweisen sowohl auf die Sprachform als auch auf die Erzeuger der Texte und auf Mentalitäten, die ihnen unterstellt werden.

In dem Maße wie obrigkeitsstaatliches Reden und Handeln in unserem Land an Akzeptanz verlieren und staatliches Handeln im Zuge der Verwaltungsmodernisierung an Kriterien wie Effizienz und Effektivität gemessen werden, erfährt die Verwaltungssprache als das zentrale Mittel der Verwaltungskommunikation mehr Aufmerksamkeit. Verwaltungen, die ihre Arbeit selbstkritisch betrachten, nehmen in der Regel auch die Art und Weise ihrer Kommunikation nach außen unter die Lupe. Dazu gehört vor allem die Selbstdarstellung im Internet als öffentlicher Auftritt. Die kritische Betrachtung umfasst ferner Themen wie Bürgernähe und Bürgerbeteiligung als zwei kommunikative Aufgabenbereiche moderner Verwaltungen, die als wichtig angesehen werden. An ihnen sollen im Folgenden beispielhaft bestimmte Überlegungen zur Notwendigkeit einer besseren Verwaltungssprache vorgestellt werden.

I. Bürgernähe und Bürgerbeteiligung als Beispiele für die Notwendigkeit einer gelingenden Verwaltungskommunikation

Beide Konzepte, Bürgernähe und Bürgerbeteiligung, sind eine jüngere nationale wie internationale Entwicklung, etwa der letzten zwanzig bis dreißig Jahre (für eine Übersicht siehe das Doppelheft 137–138 der Revue

Française d'Administration Publique, 2011). Als Begründung wird meist darauf verwiesen, dass Bürgernähe und Bürgerbeteiligung Zeichen zunehmender Demokratisierung unserer Gesellschaft seien (zum Beispiel Michels, 2011). Neben der Politik habe auch die Verwaltung als ihr Exekutivorgan sich einer demokratischen Ausrichtung angeschlossen.

Bürgernähe kommt unter anderem als vermehrte Serviceorientierung von Verwaltungen zum Ausdruck, insbesondere im kommunalen Bereich. Ein sichtbares Beispiel hierfür sind die Bürgerbüros in Städten. In ihnen kann man an einer Stelle seine Anliegen vortragen und erhält alle notwendigen Informationen als Service quasi aus einer Hand und nicht mehr, wie früher, nach dem Durchlaufen zahlreicher zuständiger Stellen. Sprachliche Kommunikation zwischen Verwaltungsangehörigen und Besuchern bildet in den Bürgerbüros einen Basisprozess für die Entgegennahme und Erledigung von Aufgaben: Verwaltungshandeln kann nur dann bürgernah sein, wenn beide Parteien eine gemeinsame Sprache sprechen. Dass die gemeinsame Sprache nicht Verwaltungssprache sein kann, ist evident.

Bürgerbeteiligung ist eine Aufgabe staatlicher und kommunaler Einrichtungen. Die Aufgabe ist facettenreich und hochaktuell. Zurzeit wird an vielen Stellen nach geeigneten Wegen gesucht, um konkrete Vorhaben mit Bürgerbeteiligung in zufriedenstellender Weise zu realisieren. Beispiele für entsprechende Vorgehensweisen sind Offenlegung von Planunterlagen, förmliche öffentliche Anhörungen oder Verhandlungen im Vorfeld von infrastrukturellen Vorhaben. Kommunikation in verschiedenen Formen ist ein Basisprozess für jegliche Form von Beteiligungsprozessen. Inhaltliche, rechtliche und politische Fragen stehen natürlich zunächst im Vordergrund von Darlegungen. Doch eine für alle Beteiligten verständliche Sprache bildet unabdingbar die Grundlage für ein Verstehen der fraglichen Sachverhalte und damit für eine aussichtsreiche Arbeit.

II. Kommunikation zwischen Verwaltung und Bürgern sowie Klienten

Um Bürgernähe und Bürgerbeteiligung in befriedigendem Maße umsetzen und erreichen zu können, bedarf es also, unter anderem, einer effektiven Kommunikation zwischen Verwaltung und Bürgern oder anderen Klienten, wie beispielsweise Unternehmen. Nach allgemeinem Verständnis ist Kommunikation ein Wechselwirkungsprozess zwischen Sendern und Empfängern. Als Hauptzweck der Kommunikation gilt, Informationen oder Nachrichten zu übermitteln, unter Umständen wechselseitig. Zu einer erfolgreichen Nachrichtenübermittlung gehört unter anderem das Verstehen der Nachrichten. Voraussetzung für Verstehen ist, dass Sender und Empfänger über einen gemeinsamen Zeichenvorrat verfügen, das heißt, beide kennen die verwendeten Zeichen und ihre Bedeutung, sie haben ein gemeinsames Verständnis der Situation, in der die Kommunikation stattfindet sowie des jeweiligen Themas, um das es geht. Gute Kommunikation kommt also unter anderem dann zustande, wenn Sender und Empfänger, kurz gesagt, die gleiche Sprache sprechen.

Hinzu kommt: Nachrichten haben nicht nur diesen inhaltlichen Aspekt sondern auch einen Beziehungsaspekt (Watzlawick, Beavan und Jackson, 2011). Das bedeutet: Eine Nachricht wird natürlich inhaltlich wahrgenommen und beurteilt, zunächst. Doch darüber hinaus vermitteln Sprachstil, Aufmachung sowie Präsentation den Lesern eine Information über die Art und Weise der Beziehung zwischen Sender und Empfänger. Schlussfolgerungen im Hinblick darauf, welche Intentionen der Nachrichtengeber verfolgte und wie er den Empfänger einschätzt, werden sowohl aus den übermittelten Inhalten als auch aus formalen Kriterien der Nachricht abgeleitet (mehr dazu bei Bühler, 1934 und Langer, Schulz von Thun und Tausch, 2011).

Bei der Kommunikation von Mensch zu Mensch gilt: In der Regel sind diejenigen, die inhaltlich etwas kommunizieren und damit etwas bezwecken wollen, originär daran interessiert, dass ihre Nachricht bei den Empfängern nicht nur ankommt, sondern auch richtig verstanden und dann weiter angemessen verarbeitet wird. Von Seiten des Senders wird unter bestimmten Umständen erwartet, dass ein Empfänger auf die Nachricht reagiert, zum Beispiel dass er etwas beantworten oder etwas Bestimmtes erledigen oder unterlassen oder mit dem Nachrichtengeber über einen bestimmten Sachverhalt ins Gespräch kommen soll. Das entspricht dem appellativen Charakter einer Nachricht.

Bürger erwarten, dass mit ihnen klar und verständlich kommuniziert wird, weil sie unterstellen, dass in Verwaltungen Menschen arbeiten und diese es sind, welche die relevanten Texte produzieren. Die Realität der Verwaltungskommunikation ist jedoch eine etwas andere. Vieles deutet darauf hin, dass die klassische Verwaltungssprache in der Regel nicht das leisten kann, was sich Empfänger von einer Nachricht wünschen: Klar soll sie sein, verständlich und das zum Ausdruck Gebrachte sollte nachvollziehbar sein. Es sollten möglichst keine Fremdworte und fachlichen Begriffe vorkommen, die nur Eingeweihten bekannt sind (siehe dazu die Kapitel von Christmann oder von Klein in diesem Buch). Die Nachricht sollte Respekt vor dem oder den Adressaten erkennbar werden lassen und umgekehrt auch Respekt vor der Arbeit von Verwaltungen erzeugen. Denn, wie auch sonst im gesellschaftlichen Umgang, ist es hier der Ton, der die Musik macht – natürlich im übertragenen Sinne.

Auf dergleichen Erwartungen und Wertungen muss sich die Verwaltung von heute einstellen, um in ihrem Handeln konsistent zu erscheinen, zum Beispiel mit ihren veröffentlichten Vorstellungen von Bürgerbeteiligung und Bürgernähe. Möchte man solche Gesichtspunkte und Argumente konsequent umsetzen, müsste man heute wahrscheinlich alle bedeutsamen, nach außen gehenden Texte vor ihrer Aussendung redaktionell bearbeiten. Besser wäre es natürlich, wenn beim Verfassen von Bescheiden oder ähnlicher Texte von vornherein bedacht würde, dass sie einmal an Adressaten außerhalb der Verwaltung gehen werden. Auf welchen Boden fällt ein solcher Wunsch an die Verwaltung von heute? Dazu macht man sich am besten klar:

1. Wie kommt ein administrativer Text zustande?

Ein charakteristisches Merkmal der Arbeit in der deutschen Verwaltung ist ihr hoher Grad an Verschriftlichung. Typische Textsorten sind: Auskünfte, Presseerklärungen, Merkblätter, amtliche Mitteilungen und Bekanntmachungen, Planveröffentlichungen, Stellungnahmen und Vermerke, Ordnungen und Verordnungen, Bescheide als Ergebnisse von Verwaltungsentscheidungen, ferner natürlich die klassische Korrespondenz, intern wie extern, und das alles in der Regel verfasst in der Fachsprache der jeweiligen Verwaltung. Hoch elaborierte Formen amtlicher Nachrichten stellen Beschlüsse, Erlasse und Bescheide dar. Gerade diese Formen sind ihrer Natur nach und vom Entstehungsprozess her zunächst nicht durch die Leitvorstellung geprägt, dass sie zu einer kommunikativen Wechselwirkung zwischen Verwaltung und Bürgern oder anderen Klienten als Empfänger führen sollen. Es handelt sich – aus Sicht der Verwaltung – um Ergebnisse interner Arbeit, und die Ergebnisse sind natürlich fachsprachlich formuliert. Aus den Ergebnissen oder Teilen von ihnen können in der Folge gegebenenfalls kommunikative Akte entstehen. Das Gleiche gilt für Verlautbarungen, Bekanntmachungen oder Anzeigen in Zeitungen. Bei ihnen sind in der Regel keine direkten kommunikativen Wechselwirkungen zwischen Verwaltung und potentiellen Empfängern intendiert. Denn in einem solchen Fall geht es der Verwaltung in erster Linie um Informationsübermittlung oder um einen Handlungsappell und nicht um den Beginn wechselseitiger kommunikativer Akte. Amtliche Pressemitteilungen stellen einen Übergang zu mehr interaktiven Kommunikationsformen dar, wenn sie zum Beispiel auf einer Pressekonferenz verteilt werden und Auslöser für Nachfragen seitens der Pressevertreter werden.

2. Warum werden administrative Texte vom Publikum als so schwierig wahrgenommen?

Es könnte aus dem Obigen schon deutlich geworden sein, dass dem Verstehen von Texten aus Verwaltungen einige systemimmanente Hindernisse im Weg stehen. Darüber hinausgehend ist festzustellen: Das Denken und Handeln in Verwaltungen – und damit auch die Kommunikation – sind in erster Linie durch die auferlegte Orientierung an Recht und Gesetz geprägt. Entsprechend dieser Prinzipien denken und handeln die Erzeugerinnen und Erzeuger von administrativen Texten. Zum Beispiel: Ein Bürger stellt bei seiner Kommune einen Antrag. In der Verwaltung erfolgt darauf hin nach Prüfung und Klärung des Sachverhalts eine administrative Entscheidung. Der nächste Schritt ist die Fertigung eines Bescheids. Er muss unter anderem bestimmten Formalerfordernissen entsprechen, damit ein bestandskräftiger Verwaltungsakt entsteht. Der Bescheid ist in der Regel ein aus einzelnen Teilen zusammengefügtes Werk. Denn üblicherweise wirken mehrere Fachabteilungen oder Fachreferate unter Federführung eines Bearbeiters an der Erarbeitung eines Bescheids mit. Die Arbeit muss als Ganzes sachlich-fachlich einwandfrei sein. Das ist in der Regel dann der Fall, wenn der Bearbeiter erfährt, dass der nächsthöhere Vorgesetzte am Text nichts mehr kritisiert und ihn „abzeichnet". Das so akzeptierte Ergebnis trägt dann in Aufbau und Form alle Züge einer professionellen administrativen Arbeit und ist gewöhnlich fachsprachlich verfasst. Der Bescheid wird mit seinem förmlichen Abschluss zum Verwaltungsakt, der dem Antragsteller als administrativer Text übermittelt wird.

Ein weiteres Merkmal professioneller administrativer Arbeit an einem Bescheid ist: Weil der Sachverhalt im Vordergrund stand und Verwaltung ihren eigenen Maximen gemäß unter anderem apersonal zu handeln hat, war bis zu diesem Zeitpunkt wenig oder nicht zu berücksichtigen, dass der Text am Ende an einen Adressaten außerhalb der Einrichtung gehen soll. Unter Umständen ist, vielleicht aus guten Gründen, beim Abfassen des Bescheids als Empfängerhorizont eher ein Gericht in Betracht gezogen worden und weniger der antragstellende Bürger oder eine gesellschaftliche Einrichtung. Dies gilt besonders für den Fall, dass bei der Formulierung des Bescheids vermutet wurde, der eigentliche Empfänger werde den Bescheid wahrscheinlich rechtlich anfechten.

Mit dem Moment des Versands an einen Adressaten erweitert sich die Bedeutung eines Bescheids. Der Versand ist der Anfang eines kommunikativen Akts: Der Bescheid hat beim Empfänger die Funktion einer Nachricht. Und Nachrichten entstehen bekanntermaßen in den Köpfen der Empfänger. Der Nachricht wird dann – im günstigen Fall – eine bestimmte Botschaft der Verwaltung entnommen. Das weitere Schicksal des Bescheids als Nachricht wurde oben schon beschrieben.

Es gibt natürlich auch einen anderen Fall: Ein Bescheid geht an eine andere staatliche oder kommunale Einrichtung. Dann hat der Empfänger oder die Empfängerin möglicherweise eine vergleichbare Ausbildung und Berufserfahrung wie jene, die den Bescheid gefertigt haben. Verständlichkeit und Nachvollziehbarkeit der Nachricht sind bei diesen Gegebenheiten in der Regel kein Problem.

Auch Berufserfahrene in Verwaltungen können bisweilen Schwierigkeiten mit dem Verstehen von Texten aus anderen Verwaltungsbereichen haben. Das ist kein Geheimnis. Dennoch kommt so gut wie keine Kritik an der Verwaltungssprache aus den Verwaltungen selbst, zumindest dringt sie kaum nach außen. Schon die Gelegenheitsbeobachtung in Verwaltungen vermittelt Hinweise darauf, dass Vertretern der Leitungsebene durchaus bekannt ist, dass Empfänger Probleme mit Bescheiden haben und dies unter anderem mit der Verwaltungssprache zu tun hat. Diese Feststellung gilt insbesondere für Einrichtungen, in denen Publikumsverkehr ein wesentliches Merkmal der täglichen Arbeit ist, wie zum Beispiel in Kommunalverwaltungen. Gleichermaßen dürfte dies in der Leistungs- und Sozialverwaltung sowie in wirtschaftsnahen staatlichen und kommunalen Stellen bekannt sein.

Wenn in Verwaltungen über den spezifischen Stil von Vermerken, Bescheiden, Erlassen und ähnlichen Schriftstücken kritisch gesprochen wird, hört man unter anderem entlastende Argumente wie diese: Es stecke bisweilen eine bestimmte Absicht hinter den verschlungen und daher kompliziert wirkenden Argumenten eines Bescheids, zum Beispiel den Adressaten davon abzuhalten, weiter zu fragen, gegen den Bescheid Einspruch zu erheben oder gar den Klageweg zu beschreiten. Wenn man also einen kompliziert wirkenden Verwaltungstext in Händen hält, kann man sich demnach fragen, wozu – jenseits des vielleicht komplizierten Sachverhalts – die als schwierig erlebte Sprache möglicherweise dienen soll, welche möglichen Absichten, abgesehen von den konkreten Inhalten, hinter dem Schreiben noch stecken könnten?

3. Können administrative Texte verständlicher werden und wenn ja, wie?

Einige Kapitel in diesem Buch berichten über erfolgreiche Versuche, amtliche Texte verständlicher werden zu lassen, so die Kapitel von Peter und Krümpelmann, von Lucke, Schlingmann, Frosch sowie von Margies und Fisch. Die heutige Verständlichkeitsforschung sieht Verständlichkeit als eine Relation zwischen Text und Empfänger, bei dem die Merkmale des Empfängers eine größere Rolle spielen als die des Textes (zum Beispiel Engberg 2005, Seite 279). Doch diese Erkenntnis sollte verwaltungsseitig nicht in die Resignation führen: Im schriftlichen Kontakt mit den Bürgern ist die Gestaltung und Formulierung des Textes das einzige Mittel, welches eine Verwaltung zur Steuerung des Kontaktes in der Hand hält. Und es gibt in Fachkreisen ein Wissen um Elemente des Textaufbaus und der Textgestaltung, die einen wesentlichen Beitrag zur Verstehbarkeit eines Textes leisten können. Auch die Beziehung vom Verfasser zum Adressaten wird über Merkmale des Textes vermittelt. Darüber berichtet insbesondere das Kapitel von Christmann in diesem Band.

Wer sich einen Überblick über die staatlichen Bemühungen um die Entwicklung einer bürgernahen Verwaltungssprache verschaffen möchte, sei auf das Kapitel von Sellmann verwiesen. Sie berichtet von einer Verknüpfung des Anliegens einer verständlichen Verwaltungssprache mit Aufgaben der Verwaltungsmodernisierung und insbesondere mit gängigen Kommunikationsstrukturen der Verwaltung.

Ein Licht auf die spezifische Funktionalität von Behördentexten wirft das Kapitel von Klein: Texte werden – auch, wenn sie an Bürger gerichtet sind – fast immer auch mit Blick auf weitere Adressaten verfasst, sie sind also multiadressiert. Das Kapitel von Lerch erinnert an die Grenzen, die dem Medium Sprache durch juristische Traditionen zur Fixierung und Übermittlung von Rechtsgedanken gesetzt sind. Das Kapitel von Walther befasst sich mit einigen, aus der spezifischen Sprache des Rechts und ihres Gebrauchs folgenden Problemen für Verwaltungsgerichtsverfahren, bei denen Bürger gegen Rechtsakte von Verwaltungen klagen.

Natürlich unterbreiten Kritiker meistens Vorschläge, wie man die Verwaltungssprache einfacher und verständlicher machen könnte. So geschieht es auch in einigen Kapiteln dieses Buchs, wie zum Beispiel in denen von Frosch, von Lucke oder Blaha und Şahin-Schulze. Die Fragen, was noch alles getan werden kann und vor allem wie man zu nachhaltigen Ansätzen für eine bessere Verwaltungssprache kommt, werden im Kapitel von Margies und Fisch sowie im Schlusskapitel „Was tun?“ aufgegriffen und durch praktische Beispiele gelungener Arbeit illustriert. Langfristig gesehen wird sich eine zeitgemäße öffentliche Verwaltung wohl darauf einstellen müssen, einige Änderungen an ihrer Art und Weise, wie sie mit Klienten kommuniziert, vorzunehmen. Die Art der Kommunikation nach außen ist ein spezifischer Aspekt der Verwaltungskultur. Auf den Zusammenhang von Verwaltungskultur und Verwaltungssprache geht das Kapitel von Heinrich in diesem Band ausführlich ein (siehe hierzu auch Fisch und Margies, 2014).

Das vorliegende Buch will Überblicksinformationen geben, wie man auf verschiedenen Wegen, trotz mancher Schwierigkeiten und systemimmanenter Hindernisse, zu einer guten Verwaltungssprache kommen kann. Die praktischen Beispiele sollen Mut machen, an der Verwaltungssprache im Sinne höherer Verständlichkeit und besserer Nachvollziehbarkeit zu arbeiten. Denn Mut und einen besonderen Einsatz braucht es bei Veränderungen, wie vor allem das Kapitel von Müller nahelegt. Im günstigen Fall könnte es dahin kommen, dass eine bessere Verwaltungssprache allmählich als Wert an sich angesehen wird und dies besonders dann, wenn einer Verwaltung an einer guten und wirksamen Kommunikation mit Bürgern und Klienten gelegen ist. Damit könnte sie, neben der besseren Zielerreichung, auch ihr Ansehen und ihre Wertschätzung in der Bevölkerung fördern.

Literatur

Bühler, K. (1934): Sprachtheorie. Die Darstellungsfunktion der Sprache. Jena: Fischer.

Engberg, J. (2005): Zugänglichkeit und Verarbeitungsstrategien – eine Pilotuntersuchung zu juristischen Texten, in: G. Antos/S. Wichter (Hrsg.), Wissenstransfer durch Sprache als gesellschaftliches Problem (S. 279–294). Frankfurt am Main. Peter Lang.

Fisch, R./*Margies*, B. (2014): Der Einfluss der Verwaltungskultur auf die Sprache der legalistischen Verwaltung, in: K. König/S. Kropp/S. Kuhlmann/C. Reichhard/ K.-P. Sommermann/J. Ziekow (Hrsg.). Grundmuster der Verwaltungskultur – Interdisziplinäre Diskurse über kulturelle Grundformen der öffentlichen Verwaltung (S. 67–79). Baden-Baden: Nomos.

Langer, I./*Schulz von Thun*, F./*Tausch*, R. (2011): Sich verständlich ausdrücken (9., völlig neu gestaltete Auflage), München: Reinhart.

Michels, A. (2011): Innovation in democratic governance: how does citizen participation contribute to a better democracy. International Review of Administrative Science, 77, 275–293.

Watzlawick, P./*Beavin*, J. H./*Jackson*, D. D. (2011): Menschliche Kommunikation. Formen, Störungen, Paradoxien. (12. unveränderte Auflage), Bern: Huber.

Verwaltungssprache – Sprachästhetik und Funktionalität

Josef Klein

I. Kritik und Akzeptanz

In der Geschichte der Kritik an der Verwaltungssprache gibt es mehrere Phasen. Zum öffentlichen Thema wird Amtsdeutsch Ende des 19. Jahrhundert. Hintergrund ist die im Laufe des 19. Jahrhunderts immer umfassender gewordene Übertragung der gesellschaftlichen Steuerungs- und Versorgungsaufgaben auf staatliche Organisationen und Institutionen, so dass weite Bevölkerungskreise vom Verwaltungshandeln erfasst wurden oder auch selbst gegenüber Behörden ihre Ansprüche anmelden konnten. Und diese „Ämter", wie es damals vornehmlich hieß, verfassten ihre Texte natürlich mit Bezug auf Gesetze, Verordnungen und andere Rechtstexte, deren Stil vor allem literarisch orientierten Bildungsbürgern nicht-juristischer Profession fremd und störend war.[1] So war die erste größere Welle öffentlicher Kritik an Verwaltungssprache *ästhetisch* orientiert. Am bekanntesten ist das 1891 erschienene Büchlein „Allerhand Sprachdummheiten" des Gymnasiallehrers Gustav Wustmann. Zum sogenannten „Amtsstil" heißt es da: „Er (der Amtsstil) liebt es, sich in die Brust zu werfen (und zeigt) erstaunliches Geschick, die einfachsten Gedanken unter einem unverständlichen oder schwerverständlichen Wortschwall zu vergraben". Obwohl Wustmann hier das Problem der Schwerverständlichkeit anspricht, argumentiert er dort, wo er in sprachliche Einzelheiten geht, fast ausschließlich mit den *ästhetischen* Kategorien des Schönen und Unschönen und weniger mit den kommunikativ-funktionalen Kategorien des Verständlichen und Unverständlichen. Im Hintergrund steht die – durch die neuere Soziolinguistik widerlegte – Vorstellung, dass es eine „Natur" der Sprache gebe, die lebendig und anschaulich sei und von der abzuweichen ein Vergehen an der Sprache sei.

Der zweiten größeren Welle der Kritik an Verwaltungssprache, die Mitte des 20. Jahrhunderts einsetzte, war dagegen bewusst, dass Sprache *funktional* bestimmt ist und nach Verwendungszwecken differiert. Das akzeptiert

---

1 *Knoop,* 1998, 867 f.

der Protagonist dieser Kritikbewegung, der Feuilleton-Chef der FAZ Karl Korn in seinem Bestseller von 1958 „Sprache in der verwalteten Welt“ aber nicht. Dort greift er die Art an, wie Verwaltung die Welt kategorisiert und konzeptualisiert. Es handelt sich im Grunde um eine *Fundamentalkritik* an dem kognitiven Modus, in dem Verwaltung mit der Welt umgeht.

Die heutige linguistische Perspektive auf Verwaltungssprache steht in einer Tradition, die Peter von Polenz ab Mitte der 60er Jahre des 20. Jahrhunderts entwickelt hat. Von Polenz wendet sich dagegen, dass die sprachgeschichtlich einzigartige wortschöpferische Leistung, die die Fachleute der Administration seit Generationen ohne Hilfe der Philologen entwickelt haben, als „Vulgarisierung“ oder „Nivellierung“ hingestellt wird. Es wird demgegenüber hervorgehoben, dass die viel gescholtenen Nominalisierungen, Funktionsverbgefüge und Ähnliches, wenn auch nicht in jedem Einzelfall, so doch im Prinzip funktional sinnvolle, differenzierende und bereichernde Ausdrucksmittel seien: „Funktional“ das heißt zunächst: der *Spezifik der behördlichen Welterfassung* angemessen.[2]

In *Verwaltungstexten*, insbesondere auch denen, die sich auf Klienten beziehen, wird „Wissen reverbalisiert, das bereits in Verordnungen, Richtlinien, Gesetzestexten, Erlassen usw. in Schriftform vertextet vorliegt“[3]. Insofern sind Behördentexte in hohem Maße Anwendungsfälle für vorgeordnete Normtexte. Daher ist es geradezu natürlich, dass in ihnen der *Wirklichkeitsbezug*, das heißt die Deutung der Sachverhalte, auf die man sich bezieht, in den Schemata der einschlägigen Normtexte erfolgt. Bausteinartig wird auf Teile von Normtexten zurückgegriffen, in denen das vom Verwaltungsbediensteten aktualisierte Wissen präformuliert ist. Hier wird kein individuelles Erlebniswissen subjektiv formuliert, sondern der einzelne Fall, sofern es überhaupt um Einzelfälle geht, wird erfasst in den objektiv erscheinenden, vorgeprägten Sprachformen für generalisierte Wissensbestände über staatlich-administrative Normen. Der Eindruck von Formelhaftigkeit und Starrheit amtlicher Schreiben, der meist auch dann bleibt, wenn sie verständlich formuliert sind, hat darin seine eigentliche Ursache.

Dazu kommt, dass Verwaltungssprache ebenso wie die verwandte Sprache des Rechts typische Eigenschaften einer Fachsprache hat:

- eigene Terminologie
- Präzision
- Explizitheit
- Systematik.

---

[2] Insbesondere *von Polenz,* 1963 u. 1964.

[3] *Rehbein,* 1998, 666.

Andererseits gelten sowohl für die Sprache des Rechts als auch für die Verwaltungssprache aus dem *Demokratie*prinzip abgeleitete Verständlichkeitsforderungen. Insbesondere die – für Gesetzesformulierungen bindend geforderte – „*Allgemein*verständlichkeit" steht in scharfem Kontrast zu den *typischen* Merkmalen von Fachsprachen. Damit steht die Rechtssprache in einem ähnlichen Dilemma wie die Verwaltungssprache.

Das hat – mit Betonung von Bürgeransprüchen ab Mitte der 70er Jahre – zur Erweiterung der funktionalen Betrachtungsweise um die *kommunikative Perspektive* geführt. Dies ist nicht zuletzt eine Folge der in dieser Zeit laut werdenden gesellschaftspolitischen Forderung nach „*bürgernaher Verwaltung*". Sprachliche Artikulation von Behörden wird ab nun nicht so sehr daran bemessen, wie gut sie die Wissensstrukturen staatlicher Verwaltung zum Ausdruck bringt, sondern insbesondere daran, wie geeignet sie für ein *dialogisches* Verhältnis zu den Bürgern ist.

Damit tritt die Kategorie der *Verständlichkeit* von Verwaltungssprache in den Mittelpunkt des Interesses. Mit der Perspektive auf die kommunikative Leistungsfähigkeit tritt allerdings der Tatbestand in den Hintergrund, dass Benutzer dieser Texte nicht nur die Bürger, sondern vor allem auch die bearbeitenden Verwaltungsbediensteten sind, das heißt es gerät allzu leicht aus dem Blick, dass Verwaltungstexte durch Mehrfachfunktion und Mehrfachadressierung gekennzeichnet sind.

Wenn wir nach der *kommunikativen* Leistungsfähigkeit fragen, müssen wir also in mindestens zwei Richtungen fragen. Dass Verwaltungssprache der Logik des Verwaltens und den Wissensstrukturen von Administration gut angepasst ist, wurde vorhin schon herausgestellt. Wir wollen später genauer – und zwar an *Textbeispielen* – fragen, wie es mit der kommunikativen Leistung gegenüber Klienten/Bürgern steht. Ideal wäre ja, wenn in behördlichen Texten Mehrfachadressierung und Mehrfachfunktion so praktiziert würden, dass beides zu seinem Recht käme: gute verwaltungsinterne Handhabbarkeit, wozu insbesondere Rechtsicherheit verbürgende Genauigkeit, Sachgerechtigkeit und exakte Normenbezüge gehören, *und* angemessene Informativität, Verlässlichkeit, Relevanz und Verständlichkeit für die Klienten.

Doch dieses Ideal ist nicht leicht zu realisieren. Denn Verwaltungsbedienstete und (die meisten) Bürger/Klienten unterscheiden sich in wichtigen Verstehensvoraussetzungen. Verwaltungsbedienstete verfügen über Vertrautheit mit den Textsorten Gesetz, Verordnung, Erlass, Formular und ähnliches. Sie besitzen professionelles Wissen über die zugrunde liegenden Normen und Terminologien. Bei ihnen dominiert die Perspektive sachgerechter Bearbeitung. Bei Bürgern/Klienten hingegen kann weder Textsorten-Vertrautheit noch genaueres Wissen um die behördlichen Bezugssysteme vorausgesetzt werden. Vorherrschende Perspektive ist bei ihnen die der eigenen Lebenswelt und der persönlichen Betroffenheit. Dazu kommt, dass die Rolle schriftlicher Medien in breiten Bevölkerungskreisen durch das Leitmedium Fernsehen zurückgedrängt worden ist. Die Auflagen der Tageszeitungen gehen seit langem zurück. Im Fernsehen dominieren Mündlichkeit und Bildlichkeit – keine guten Voraussetzungen für die Ausbildung von Kompetenz im Umgang mit unvertrauten schriftlichen Textsorten.

Bei der Formulierung von Verwaltungstexten besteht darum in besonders hohem Maße das von Heringer so genannte „Dilemma der Verständlichkeit", das durch den Geltungsanspruch zweier tendenziell gegenläufiger Maximen begründet wird: „Sage, was zu sagen ist!" und „Sprich so, dass du verstanden wirst!"[4]

Soviel zum Weg von der literarästhetischen Betrachtung und Kritik der Verwaltungssprache am Ende des 19. Jahrhunderts bis zur funktionalen Betrachtung und deren Spielarten in der Gegenwart.

II. Ästhetik und Verwaltungssprache

Wie steht es *heute* mit dem Verhältnis von Verwaltungssprache zum Ästhetischen? Ist es überhaupt sinnvoll, diese Kategorie an Verwaltungssprache heranzutragen? Ich will meine Position gleich offen legen: Es ist sinnvoll nur in einem sehr spezifischen Sinne des Begriffs „ästhetisch", den ich gleich ausführen werde. Aber dazu müssen wir uns zunächst vergewissern, wie die Begriffe „Ästhetik" und „ästhetisch" überhaupt verwendet werden.

Ästhetik ist eine problematische Kategorie – aus zwei Gründen: Erstens ist Ästhetik als Beurteilungskategorie umstritten.[5] Was ist das Kriterium, damit etwas als ästhetisch gelungen gilt: Ist ästhetisch, was *gefällt*? Ist ästhetisch was *schön* ist? Aber was heißt *schön*? „Schön" im Sinne von Massengeschmack? „Schön" im Sinne des Geschmacks des früheren Bildungsbürgertums? Oder soll die Geschmacksträgerschicht, die heute die Feuilletons beherrscht, den Ausschlag geben? Der Ästhetik-Begriff der zeitgenössischen Kultur-Elite liegt mit dem klassischen Schönheitsbegriff im Clinch. Als ästhetisch hochwertig gilt da eher, was verstört: Provokativ-Hässliches oder Rätselhaftes, Mehrdeutiges, Schwerverständliches. Wenn Verwaltungssprache zum Beispiel diesem Verständnis von Ästhetik gerecht werden sollte, müsste die ganze Bewegung der letzten drei Jahrzehnte, die an Verwaltungstexte den Anspruch besserer Verständlichkeit und damit leichterer kognitiver Zugänglichkeit stellt, eine Kehrtwendung machen. Das will ich hier natürlich nicht propagieren.

---

[4] *Heringer,* 1979, 258.

[5] Vgl. *Wiegmann,* 1992.

Ich komme damit zum zweiten Grund, warum Ästhetik im Zusammenhang mit Verwaltungssprache eine problematische Kategorie ist. Verwaltungssprache gehört zu der Ausprägung von Sprache, die in der Soziolinguistik vielfach als „Funktionssprache" bezeichnet wird. Fast alle Fachsprachen sind Funktionssprachen. Reine Fachsprachen werden nie nach ihrer Ästhetik befragt. Kaum jemand käme auf die Idee, die Medizinersprache, die Sprache des Bauingenieurwesens oder die Wirtschaftssprache unter dem Gesichtspunkt der Ästhetik zu beurteilen. *Allerdings*: In einem bestimmten Sektor der Sprachverwendung im Bereich der Wirtschaft spielt Ästhetik sehr wohl eine Rolle: in der Werbesprache. Dort bemüht man sich darum Sprache (neben Bildern) so zu gestalten, dass sie erstens *auf*fällt und zweitens *ge*fällt. Werbesprache macht darum viele Anleihen bei Rhetorik und Lyrik.

Unter dem Aspekt von Verwaltungssprache ist bemerkenswert: Werbesprache ist derjenige Teil der Wirtschaftssprache, mit dem man sich nach außen wendet. Mit ihr verlässt das Unternehmen die eigene Kommunikationswelt und damit die Welt mehrerer Fachsprachen: der Ökonomen, der Techniker, der IT-Fachleute. In der Wirtschaft fällt das meist auseinander: die Fachsprachen für die interne Kommunikation, die Werbesprache für die externe Kommunikation gegenüber den Kunden.

Wenn wir über Verwaltungssprache reden, meinen wir aber *eine* Sprache (oder um es terminologisch exakt zu benennen: *eine* „Sprachvarietät"), die für *Beides* taugen soll: für die interne Fachkommunikation *und* die externe Kommunikation mit den Klienten. Vor einigen Jahren hat es einen politisch veranlassten Versuch gegeben, diese Einheitlichkeit zu sprengen und Verwaltungssprache in einem wichtigen Bereich durch eine werbesprachlich inspirierte Begriffswelt zu ersetzen: die sogenannte „Hartz-Sprache". Werfen wir einen kurzen Blick auf dieses Unterfangen, die Welt besonders harter Fakten werbesprachästhetisch zu kostümieren.

Anfang 2002 setzte die Bundesregierung nach dem sogenannten Vermittlungsskandal der Bundesanstalt für Arbeit eine „Kommission Moderne Dienstleistungen am Arbeitsmarkt" ein – nach ihrem Vorsitzenden meist als „Hartz-Kommission" bezeichnet. Sie legte noch im selben Jahr ein Konzept zur Reform der Bundesanstalt für Arbeit und ihrer Instrumente zur Beeinflussung des Arbeitsmarktes vor, das Grundlage der sogenannten Hartz-Gesetze wurde. Der Anspruch, in der Sache „innovativ" zu sein, wurde symbolisch unterstrichen durch eine Fülle neuer Begriffsbildungen.

Stoßrichtung dieser Wortschöpfungen war es, das Image von Arbeits*verwaltung* – und damit die Assoziation von Schwerfälligkeit und Bürokratie, die mit der Aufdeckung des Vermittlungsskandals besonders virulent geworden war – abzustreifen und marktwirtschaftliche Dynamik zu signalisieren.

Man wundert sich nicht darüber, wenn man weiß, dass in der 15-köpfigen Kommission zwei Vertreter der Beratungsfirmen McKinsey und Roland Berger saßen. Es begann mit dem sogenannten *Umbau* und der Umbenennung der Bundes*anstalt* für Arbeit in „Bundes*agentur* für Arbeit“ und der Arbeits*ämter* in „*Agenturen für Arbeit*“. Es sollte *Personal-Service-Agenturen*, *JobCenter* und *Job-Floater* geben. Aus Arbeitslosen wurden *Kunden*, aus Vermittlung *Fallmanagement*, aus Vermittlern *Fallmanager*. Ergänzend zu klassischen sozialversicherungspflichtigen Beschäftigungsverhältnissen wurden *Ich-AG*, *Mini-* und *Midi-Job* kreiert. Voran ging den *Hartz-Gesetzen* schon das *Job-AQTIV-Gesetz*.

Wörter, die in neue Bereiche übertragen werden, bringen das Flair ihrer Herkunft mit. Die Wörter der Hartz-Sprache stellen einen Mix aus Management- und Werbesprache dar. Mit ersterem will man die Suggestion der Überlegenheit (angloamerikanisch inspirierten) privatwirtschaftlichen Denkens (*Manager*, *Management*, *Agentur*, *Personal-Service*) gegenüber staatlicher Bürokratie (*-anstalt*, *-amt* etc.) für die eigenen Vorhaben nutzen. Originell-provokative Metaphorik (*Ich-AG*), flott klingende englische Ausdrücke (*Job* statt „Arbeit“, „Arbeitsplatz“, „Beruf“; *Center* statt „Stelle“; *Service* statt „Dienst“) und schicke Schreibweisen wie *JobCenter*, *Job-AQTIV-Gesetz* signalisieren Lockerheit und Internationalität – das Gegenteil des Stereotyps der Behäbigkeit und Provinzialität deutscher Amtsstuben. In den Jahren des Wunderglaubens an die sogenannte New Economy, deren Niedergang Anfang 2002 allerdings schon voll im Gange war, griffen deutsche Institutionen, zum Beispiel die Deutsche Bahn, gern zu diesem Stil. Doch die Übertragung auf die Welt der staatlichen Arbeitsvermittlung war neu und fand in der Öffentlichkeit erhebliche Aufmerksamkeit, allerdings wenig Zustimmung. Woran lag das?

Rhetorik hat nur dann eine Chance auf Glaubwürdigkeit und Wirksamkeit, wenn die Adressaten erstens den Eindruck haben, dass das Gesagte zur Wirklichkeit passt, und zweitens, dass den vielversprechenden Worten erfolgreiche Taten folgen. Mit beidem haperte es. Werbesprache passt nicht zum Anwendungsbereich. Sie gehört zur Welt des Konsums. Man hatte nicht erkannt, dass – wichtiger als der Oberflächeneindruck von Lockerheit und Internationalität – Werbesprache in ihrer semantischen Tiefenstruktur Situationen der Freiheit symbolisiert, der freien Auswahl sorgenfreier Konsumenten mit der Perspektive sofortiger Befriedigung ihrer Wünsche. Um als realitätsadäquate Botschaft der Hoffnung empfunden zu werden, ist dies zu weit entfernt von Situationen der Arbeitslosigkeit, insbesondere der Langzeitarbeitslosigkeit mit bedrückender Dauersorge, Zwang zu Konsumverzicht und – in vielen Regionen und für große Alters- und Berufsgruppen – Chancenlosigkeit auf einem Arbeitsmarkt ohne Arbeitsplätze. Kein Wunder, dass die forciert werbesprachlichen Euphemismen zu Bezeichnungen der Hauptinstrumente der neuen Arbeitsmarktpolitik von Anfang an skeptische Stimmen und Spott herausforderten.

Mittlerweile – das heißt mit „Hartz IV", mit dem Zuständigkeitschaos zwischen Arbeitsagenturen und Kommunen, mit den Dauerproblemen der bundesweiten Software und nicht zuletzt mit mehr als 5 Millionen Arbeitslosen noch im Frühjahr 2006 – ist der Lack ab von der Welt der schönen neuen Wörter, die im übrigen mehr und mehr überspült werden durch typisches Verwaltungsvokabular – von *Bedarfsgemeinschaft* über *Zumutbarkeitsregelung* bis *Optionskommune* – Es zeigt sich: Werbesprache im Bereich der Verwaltungskommunikation ist nicht zu empfehlen.

Zurück zur übergeordneten Kategorie des Ästhetischen. Ist es sinnvoll, ihr überhaupt einen Anspruch auf einen Platz innerhalb der Verwaltungssprache einzuräumen? Wenn man dazu ja sagt, sollte man angesichts der verwirrenden Vielfalt von Vorstellungen über das Ästhetische an die ursprüngliche Bedeutung des Wortes anknüpfen. Die ist weder auf *das Schöne* noch auf *das Künstlerische* verengt. Das altgriechische Wort *aísthesis* bedeutet „Sinneswahrnehmung" und das Adjektiv *aisthetikós* bedeutet soviel wie „zum Wahrnehmen fähig" und „zum Wahrnehmen geeignet". Ich empfehle daher, den Begriff „ästhetisch" im Hinblick auf Verwaltungssprache im Sinne von *gut geeignet für die Wahrnehmung und deren Verarbeitung* zu verwenden. Dieser Begriff des Ästhetischen gehört in den Kontext von Begriffen wie „eingängig", „nicht verwirrend". Der Begriff der „Eingängigkeit" umfasst „Verständlichkeit", ist aber weiter. Zur Ästhetik im Sinne von Eingängigkeit gehört zum Beispiel der ganze Bereich des Design, der Schrift und der Schriftgröße. Manches an Adressatenfreundlichkeit wäre da noch zu tun, etwa bei der Übersichtlichkeit von Formularen bei Hervorhebungen im Text und bei der Vermeidung von Kleindruck, bei dem nur die Lupe hilft. Darüber hinaus decken sich die Forderungen, die aus dem Postulat der Eingängigkeit oder Zugänglichkeit folgen, weitgehend mit denen nach Verständlichkeit.

III. Funktionalität

Verständlichkeit ist nicht die einzige funktionale Kategorie in der Kommunikation der Verwaltung mit den Bürgern. Sie ist sicherlich die wichtigste. Aber das rechtfertigt nicht, die anderen zu unterschlagen. Bezugspunkt ist dabei das Set der universalen Maximen informationsbezogener Kommunikation[6]:

---

[6] Es handelt sich um die sogenannten „Griceschen Maximen" in einer knappen, für die gegenwärtigen Zwecke geeigneten Formulierung (vgl. Grice 1975).

- Rede informativ!
- Rede die Wahrheit!
- Rede zum Wesentlichen!
- Rede klar und verständlich!

Im Folgenden soll an Beispielen erläutert werden, was damit gemeint ist, und vor allem, wie immer wieder dagegen verstoßen wird und was man dagegen tun kann.

1. Informativität

Gegen das Gebot angemessener Informativität kann ein Text dadurch verstoßen, dass er im Hinblick auf vernünftigerweise anzunehmende Informationsansprüche der Adressaten entweder zu wenig oder zu viel Information bietet. Für beide Fehler liefert Text 1 ein Beispiel. Je nachdem wie man den Text liest, enthält er zu wenig oder zu viel Information. Innerhalb eines Formulars zu familienbezogenen Bezügebestandteilen ist folgende Frage zu beantworten, zu der per Fußnote auf einen am Ende des Formulars abgedruckten „Hinweis" verwiesen wird[7]:

Text 1

Es handelt sich hierbei um eine Tätigkeit im öffentlichen Dienst

□ ja

□ nein

□ Mir ist nicht bekannt, ob es sich hierbei um eine Tätigkeit im öffentlichen Dienst handelt oder nicht.

Hinweis:

Öffentlicher Dienst ist die Tätigkeit im Dienste des Bundes, eines Landes, einer Gemeinde oder anderer Körperschaften, Anstalten und Stiftungen des öffentlichen Rechts oder der Verbände von solchen; ausgenommen ist die Tätigkeit bei öffentlich-rechtlichen Religionsgesellschaften oder ihren Verbänden, sofern nicht bei organisatorisch selbstständigen Einrichtungen, insbesondere bei Schulen, Hochschulen, Krankenhäusern, Kindergärten, Altersheimen, die Voraussetzungen des § 40 Abs. 6 Satzes 3 BBesG erfüllt sind. Dem öffentlichen Dienst steht die Tätigkeit im Dienst einer zwischenstaatlichen oder überstaatlichen Einrichtung gleich, an der der Bund oder eine der § 40 Abs. 6 Satz 1 BBesG bezeichneten Körperschaften oder einer der dort bezeichneten Verbände durch Zahlung von Beiträgen oder Zuschüssen oder in anderer Weise beteiligt ist. Dem öffentlichen Dienst steht ferner gleich die Tätigkeit im Dienst eines sonstigen Arbeitgebers, der die für den öffentlichen Dienst geltenden Tarifverträge oder Tarifverträge wesentlich gleichen Inhaltes oder die darin oder in Besoldungsgesetzen über Ortszuschläge oder Sozi-

[7] Die unter dem Aspekt der Informativitätsmängel relevanten Stellen sind unterstrichen.

alzuschläge getroffenen Regelungen oder vergleichbare Regelungen anwendet, wenn der Bund oder eine der in Satz 1 bezeichneten Körperschaften oder Verbände durch Zahlung von Beiträgen oder Zuschüssen oder in anderer Weise beteiligt ist. Für Angestellte, Arbeiter und Praktikanten gelten die vorstehenden Ausführungen sinngemäß.

Es geht um die (von mir) durch Unterstreichung markierten Textteile. Zuviel Information bietet der „Hinweis" für den Fall, dass es, wie in der Frage nahe gelegt, ausschließlich um eine *Tätigkeit im öffentlichen Dienst* geht. Denn dann ist die komplexe Information darüber, welche Tätigkeiten dem öffentlichen Dienst *gleich stehen* überflüssig. Falls aber auch diese letzteren mitgemeint sein sollten, enthält die Frage zu wenig Information. Denn dann müsste die 1. Zeile im Text 1 lauten: „Es handelt sich hierbei um eine Tätigkeit im öffentlichen Dienst oder eine ihr gleich stehende Tätigkeit."

2. Wahrheit

Nicht zuletzt wegen der engen Bindung an gesetzliche Normen und wegen hoher Prozessrisiken sind direkte Verstöße gegen die Wahrheitspflicht in Verwaltungstexten die Ausnahme. Wenn sie vorkommen, dann meist in Verknüpfung mit einem Verstoß gegen das Gebot das Wesentliche nicht zu übergehen. Wahrheit und Relevanz sind auf der Theorieebene zwar unterschiedliche kommunikationsethische Kategorien. Aber sie hängen in der Kommunikationspraxis vor allem in einem Punkt zusammen: Wenn man das Wichtigste verschweigt und nur über weniger Wichtiges informiert, handelt es sich um Irreführung und damit um einen schwerwiegenden Verstoß gegen die Wahrheitsmaxime. Dazu als Beispiel Text 2: Das Merkblatt des rheinland-pfälzischen Ministeriums der Finanzen zur Vierzehnten Landesverordnung zur Änderung der Beihilfeverordnung (BVO) des Landes Rheinland-Pfalz vom 11. Dezember 2002 beginnt mit dem Satz:

Text 2

Mit dieser Änderungsverordnung wird die Beihilfefähigkeit von Wahlleistungen neu geregelt und eine Kostendämpfungspauschale eingeführt, die an Stelle der Eigenbeteiligung bei Arzneimitteln, Verbandsmitteln und dergleichen tritt.

Durch Text 2 fühlten sich die rheinland-pfälzischen Beamten in die Irre geführt, als sie – aus anderen Quellen – erfuhren, dass die Kostendämpfungspauschale nicht nur für *Arzneimittel, Verbandsmittel und dergleichen* gilt, sondern auch und vor allem die Arztkosten betrifft. Das für die Betroffenen Gravierendste ist im Text 2 einfach verschwiegen.

3. Relevanz

Über die Frage, was wesentlich und was unwesentlich ist, lässt sich zwar trefflich streiten, gerade auch wenn man an die unterschiedlichen Perspektiven zwischen Behörden und ihren Klienten denkt. Auch hier wirken sich Gesetzesbindung und Prozessrisiko durchweg zugunsten der Relevanz-Haltigkeit von Verwaltungstexten aus. Informationen, die für Adressaten relevant sein können, werden in Texten vor allem dann nicht explizit formuliert, wenn die Autoren das Wissen um sie für selbstverständlich halten. Das mag zum Beispiel bei denen der Fall gewesen sein, die das rheinland-pfälzische Hochschulgesetz von 2003 formuliert haben. Dort heißt es zum Satzungsrecht in Text 3:

Text 3

§ 7

Satzungsrecht

(1) Jede Hochschule gibt sich eine Grundordnung. Sie enthält das Satzungsrecht der Hochschule, sowie es nicht besonderen Satzungen gemäß Absatz 2 vorbehalten ist.

(2) Ferner gibt sich jede Hochschule

1. eine Ordnung über die Einschreibung der Studierenden (§ 57 Abs. 3),
2. Ordnungen für Hochschulprüfungen, jede Universität auch Promotionsordnungen; Habilitationsordnungen können erlassen werden,
3. soweit erforderlich Ordnungen über die Organisation und Benutzung wissenschaftlicher Einrichtungen und Betriebseinheiten.

(3) Satzungen, mit Ausnahme der Satzungen nach Absatz 2 Nr. 1 und 3, bedürfen der Genehmigung des fachlich zuständigen Ministeriums.

Nicht nur Nicht-Juristen sind angesichts dieses Textes unsicher, ob die Grundordnung selbst durch das zuständige Ministerium genehmigt werden muss. Denn es stellt sich die Frage: Ist die Grundordnung als Basis für Satzungen der Hochschule selbst eine Satzung? Juristische Experten sagen ja – aber es wäre im Hinblick auf Nicht-Juristen als Leser, etwa solche in Hochschulleitungen und -kommissionen, (oder auch für verwaltungsrechtlich nicht allzu bewanderte Juristen) durchaus angemessen gewesen, im Gesetz explizit darüber zu informieren, dass die Grundordnung selbst ebenfalls eine Satzung ist und, da sie nicht unter die aufgeführten Ausnahmen fällt, genehmigungspflichtig ist.

4. Verständlichkeit

Texte können für ihre Leser aus verschiedenen Gründen schwer- oder unverständlich sein. Die wichtigsten sind folgende:

- Wörter sind unbekannt oder haben für die Leser eine andere Bedeutung als in der Verwaltungssprache.
- Satzbau oder Wortkomposita sind so komplex, dass sie zügiges und/oder angemessenes Verstehen erschweren.
- Die Sprechaktstruktur ist unklar oder verwirrend.
- Der Bezug der Wörter untereinander (sogenannte „Korreferenz") ist mehrdeutig.

Wörter, die in der Alltagssprache nicht vorkommen oder dort in mehr oder weniger anderer Bedeutung verwendet werden, lassen sich in Verwaltungstexten nur bis zu einem gewissen Grade vermeiden. Manchmal, insbesondere bei den namenartigen Bezeichnungen von Gesetzen, Verordnungen und ähnlichem reicht vielfach ein ungefähres, vages Verstehen bei den Klienten. Wo einerseits Fachausdrücke unvermeidbar, andererseits aber genaueres klientenseitiges Verstehen für eine funktionierende Kommunikation zwischen Verwaltung und Bürger erforderlich ist, gibt es mehrere Wege, das Problem anzugehen:

- den Fachausdruck zu erläutern, zum Beispiel als Fußnote,
- ihn so in den Kontext einzubetten, dass sich der für die Kommunikation notwendige Grad an Verstehen mit Hilfe dieses Kontextes ergibt,
- unverständliche Abkürzungen zu vermeiden, sie stattdessen auszuschreiben, zum Beispiel „Verwaltungsgerichtsordnung" statt „VwGO" –gegebenenfalls auch in Klammern beim ersten Vorkommen der Abkürzung.

Leichter als Fachvokabular ist übermäßige Satzkomplexität zu vermeiden. Verständnis hemmende syntaktische Komplexität ergibt sich weniger aus der Länge des Satzes oder Satzteils als aus deren internen Abhängigkeitsbeziehungen. Im Deutschen liegt eine besondere Schwierigkeit darin, dass untergeordnete Glieder häufig so in das übergeordnete Glied eingebettet werden, dass zusammengehörige Elemente dieses übergeordneten Gliedes auseinander gerissen werden (Diskontinuität). Ausdrücke wie Text 4 aus einem „Kürzungsbescheid nach Ehescheidung" überfordern bei normaler Lesegeschwindigkeit die kognitive Verarbeitungskapazität ungeübter Klienten geradezu notwendig:

Text 4

Wert der für den ausgleichsberechtigten Ehegatten vom Familiengericht begründeten Rente in der gesetzlichen Rentenversicherung nach dem Stand am Ende der Ehezeit.

Im Text 4 sind mehrere (bis zu vierstufige) Abhängigkeitskaskaden – Text 4a, Text 4b und Text 4c – miteinander verknüpft. Von *Wert* sind zwei unterschiedliche Attribut-Typen abhängig, die beide je eine dreistufige Abhängigkeitskaskade bilden:

Text 4a

Wert
|
der ……. Rente
|
in der ……………… Rentenversicherung
|
gesetzlichen

Text 4b

Wert
|
nach dem Stand
|
am Ende
|
der Ehezeit

Erschwerend für die kognitive Verarbeitung kommt hinzu, dass von der ersten Attributkaskade mit Text 4c eine weitere abzweigt, die erhebliche Diskontinuität aufweist, indem sie beim hierarchiehöchsten Genitiv-Attribut (*der ... Rente*) Artikel und Nomen durch sieben Wörter trennt, die sich wiederum auf eine dreistufige Subkaskade verteilen, so dass dort insgesamt eine vierstufige Kaskade vorliegt:

Text 4c

Wert
|
der ………………………………………………………………… Rente
|
begründeten
| |
für den … Ehegatten vom Familiengericht
|
ausgleichsberechtigten

Bei Text 4 bietet sich zur Auflösung des sperrigen Ausdrucks die Verteilung der Information auf mehrere (Teil-)Sätze, zum Beispiel Relativsätze, an.

Im Text 5, einem Muster für „Bescheide über Aufhebung/Änderung der Kindergeldfestsetzung" mit zwei alternativen Anschreibenmustern, treffen wir gleich auf mehrere (von mir unterstrichene) Verstöße gegen das Verständlichkeitsgebot:

Text 5

Bescheid

über Aufhebung/Änderung der Kindergeldfestsetzung nach Abschnitt X des Einkommensteuergesetzes

– EStG – (FNA 611-1) i. V. m. den Vorschriften der Abgabenordnung – AO – (FNA 610-1-3)

Bezug: Mein Bescheid vom ....

....

Sehr geehrte ....!

Die Festsetzung des Kindergeldes für Ihr Kind ...., geb. am ...., wird mit Wirkung vom .... gemäß § 70 Abs. 3 EStG aufgehoben. Hiernach können <u>materielle Fehler</u> der letzten Festsetzung durch Neufestsetzung oder durch Aufhebung der Festsetzung beseitigt werden. Neu festgesetzt oder aufgehoben wird <u>mit Wirkung ab dem auf die Bekanntgabe der Neufestsetzung oder der Aufhebung der Festsetzung folgenden Monat.</u>

Die Festsetzung des Kindergeldes für Ihr Kind ...., geb. am ...., <u>wird</u> mit Wirkung vom .... gemäß § 173 Abs. 1 Nr. 1 AO <u>aufgehoben</u>. <u>Hiernach</u> ist die Festsetzung des Kindergeldes <u>aufzuheben</u> oder zu ändern, soweit Tatsachen oder Beweismittel nachträglich bekannt werden, die zum Wegfall des Kindergeldanspruches führen.

Zunächst fallen zwei Probleme der Wort-Verständlichkeit auf:

„i. V. m." (3. Zeile) ist eine rechtssprachliche Abkürzung. Wer wenig Erfahrung mit juristischen Texten hat, wird dies kaum als „in Verbindung mit" identifizieren.

Unbekannt dürfte vielen Klienten auch die rechts- und verwaltungssprachliche Bedeutung des Begriffs *materielle Fehler* sein. Man kann das allerdings für verschmerzbar halten, weil die meisten Klienten, wenn sie „Fehler" lesen, eo ipso wohl eher an das denken dürften, was in der Fachsprache „materieller Fehler" heißt, als an das, was dort „formeller Fehler" genannt wird.

Der letzte Satz der ersten Anschreiben-Alternative enthält eine sperrige fünfstufige Abhängigkeitskaskade (Text 5a) mit einer elf Wörter umfassenden Diskontinuität (zwischen *dem* und *Monat):*

Text 5a

mit Wirkung

|

ab dem .... Monat

|

folgenden

|

auf die Bekanntgabe

|

der Neufestsetzung und der Aufhebung

|

der Festsetzung

Die zweite Anschreiben-Alternative im Text 5 enthält eine potentiell verwirrende Mehrdeutigkeit des semantischen Bezugs des Wortes *Hiernach*. Klienten, welche die fachtextliche Praxis nicht kennen, der Nennung eines Paragraphen (hier *§ 173 Abs. 1 Nr. 1 AO*) eine knappe Inhaltserläuterung folgen zu lassen *(Hiernach ist die Festsetzung des Kindergeldes aufzuheben oder zu ändern, soweit ...*) können nach den Regeln der deutschen Sprache *„Hiernach"* genauso gut auf den vorhergehenden Gesamtsatz *(Die Festsetzung ... wird ... aufgehoben*) beziehen – womit sie dann vor einem Sinn-Tohuwabohu stünden.

Verwirrung wird auch dann gestiftet, wenn die Behörde als Autorität widersprüchliche Sprechaktsignale[8] gibt wie im Text 6, einem Auszug aus einem Heranziehungsbescheid für Asylbewerber zur zusätzlichen und gemeinnützigen Arbeit.

Text 6

Sehr geehrter Herr Mustermann,

...

Hiermit ordne ich gem. § 80 Abs. 2 Nr. 4 Verwaltungsgerichtsordnung (VwGO) die sofortige Vollziehung dieses Heranziehungsbescheides zur zusätzlichen und gemeinnützigen Arbeit an.

...

---

[8] Als „Sprechakte" werden in der Linguistik die in Sprache geäußerten kleinsten potentiell selbstständigen kommunikativen Handlungen bezeichnet wie FESTSTELLEN, FRAGEN, AUFFORDERN etc. (In der linguistischen Fachsprache werden Sprechaktbezeichnungen in Majuskeln geschrieben.)

Ich biete Ihnen daher folgende Tätigkeit an

Pflege der Außenanlage beim Bauhof (ORT)

Bitte melden Sie sich am 15.01.2004 um 8.00 Uhr bei

Herrn XXX, Schloßplatz 6, 21423 Winsen/Luhe.

Diese Aufforderung ergeht aus versicherungstechnischen Gründen!

Ich weise darauf hin, dass arbeitsfähige, nicht erwerbstätige Leistungsberechtigte, die nicht mehr im schulpflichtigen Alter sind, nach § 5 Abs. 4 AsylbLG zur Wahrnehmung einer solchen Verfügung gestellten Arbeitsgelegenheit verpflichtet sind.

Text 6 definiert seinen Sprechaktgehalt widersprüchlich. ANORDNEN, ANBIETEN und AUFFORDERN enthalten unterschiedliche Verpflichtungsgrade für die Betroffenen. Müssen, können oder sollen sie etwas tun?

Die hier präsentierten exemplarischen Fälle lassen sich alle mit ein wenig sprachlichem Fingerspitzengefühl vermeiden. Allerdings kann das Dilemma der Verständlichkeit prinzipiell nicht vollständig aufgelöst werden – zu groß ist der Graben zwischen berechtigten administrativen Ansprüchen und den Wissensvoraussetzungen und Wissenspotentialen von Klienten. Wenn man das Ganze in den Kontext der Diskussion um Bürgerfreundlichkeit von Verwaltung stellt, dann sind wichtige Aufgaben vorab zu erfüllen. Sie liegen nicht nur auf Seiten der Verwaltung. So sollten zum Beispiel Schülerinnen und Schüler im Unterricht nicht nur mit literarischen und journalistischen Textsorten vertraut gemacht werden, sondern auch mit Textsorten der Staats- und Verwaltungskommunikation.

Verwaltung selbst muss in vielfältiger Weise Dialog mit der Öffentlichkeit und mit der Bürgerschaft führen, so dass Menschen zum Beispiel keine Angst haben, bei unverständlichen Texten die Bediensteten zu kontaktieren und um Erläuterung zu bitten. Denn für jede Kommunikation gilt: Je größer das Grundvertrauen zum Gegenüber ist, umso eher gestaltet sich Kommunikation erfolgreich, gerade auch dann, wenn sich zunächst Probleme zeigen.

Literatur

Augst, Gerhard (1981): Die Verständlichkeit der Gesetzes- und Verwaltungssprache aus linguistischer Sicht, in: Die Sprache des Rechts und der Verwaltung. Bearb. v. I. Radtke, Stuttgart, S. 259–267.

Biere, Bernd Ulrich (1998): Verständlichkeit beim Gebrauch von Fachsprachen, in: Hoffmann et al., 1. Halbband, S. 402–407.

Busse, Dietrich (1999): Die juristische Fachsprache als Institutionensprache am Beispiel von Gesetzen und ihrer Auslegungen, in: Hoffmann et al., 2. Halbband, S. 1382–1391.

Grice, Herbert Paul (1975): Logic and conversation, in: Cole, Peter/Morgan, Jerry L. (Ed.): Syntax and Semantics. Vol. 3 (Speech Acts), S. 41–58.

Heringer, Hans Jürgen (1979): Verständlichkeit. Ein genuiner Forschungsbereich der Linguistik?, in: Zeitschrift für Germanistische Linguistik 7, 1979, S. 225–278.

Hoffmann, Lothar (1985): Kommunikationsmittel Fachsprache. 2. völlig neu bearb. Auflage, Tübingen.

Hoffmann, Lothar/*Kalverkämper*, Hartwig/*Wiegand*, Herbert Ernst (Hrsg.) (1998): Fachsprachen. Languages for Special Purposes. Ein internationales Handbuch ... An International Handbook ... 1. und 2. Halbband, Berlin/New York.

Knoop, Ulrich (1998): Kritik der Institutionensprache am Beispiel der Verwaltungssprache, in: Hoffmann et al., 1. Halbband, S. 866–874.

Korn, Karl (1958): Sprache in der verwalteten Welt, Frankfurt a. M.

Kühn, Peter (1988): Mehrfachadressierung, Tübingen.

Polenz, Peter von (1963): Funktionsverben im heutigen Deutsch. Sprache in der rationalisierten Welt, Düsseldorf.

– (1964): Sprachkritik und Sprachwissenschaft, in: Handt, F. (Hrsg.): Gefrorene Sprache in einem gefrorenen Land, Berlin, S. 102–113.

Rehbein, Jochen (1998): Die Verwendung von Institutionensprache in Ämtern und Behörden, in: Hoffmann et al., 1. Halbband, S. 660–675.

Wagner, Hildegard (1970): Die deutsche Verwaltungssprache der Gegenwart, Düsseldorf.

Wiegmann, Hermann (1992): Ästhetik, in: Ueding, Gert (Hrsg.): Historisches Wörterbuch der Rhetorik, Bd. 1, Tübingen, S. 1134–1154.

Wustmann, Gustav (1891): Allerhand Sprachdummheiten. Kleine deutsche Grammatik des Zweifelhaften, des Falschen und des Häßlichen, Leipzig.

Was Sie schon immer an Textverständlichkeit verstehen wollten

Ursula Christmann

Wirft man einen Blick in die kursierenden Ratgeber zur bürgernahen oder verständlichen Verwaltungssprache, so fällt auf, dass dort sehr viele Merkmale zur verständlichen Textgestaltung aufgelistet sind, die vom richtigen Umgang mit Fachwörtern über Fragen der Satzgestaltung bis zur Gliederung und optischen Gestaltung von Texten reichen. Unklar bleibt dabei in der Regel, wie man auf diese Merkmale gekommen ist, weshalb sie die Verständlichkeit erhöhen sollen und ob ihr Einsatz auf Rezipienten/innen-Seite tatsächlich zu einem besseren Textverstehen führt. Unklar bleibt auch, wie die Merkmale zu gewichten sind und ob sie sich in irgendeiner Weise zu Klassen zusammenfassen lassen. Antworten auf solche Fragen gibt die bereits in den 1970er Jahren entwickelte Textverständlichkeitsforschung. Sie hat sowohl auf empirisch-induktivem als auch auf theoretisch-deduktivem Weg vier Dimensionen der Textverständlichkeit herausgearbeitet, die auch heute noch als die bedeutsamsten Merkmalsdimensionen der Struktur von Sachtexten gelten. Nach einer kurzen Einführung in die Entwicklung der Verständlichkeitsforschung werde ich zunächst die vier Dimensionen und die darunter subsumierbaren, empirisch gesicherten Textmerkmale erläutern. Dabei werden auch neuere Befunde der kognitionspsychologischen Textverarbeitungsforschung einbezogen.

I. Das Forschungsprogramm Textverständlichkeit

Das Verstehen eines Textes wird heute übereinstimmend als Interaktion zwischen einem vorgegebenen Text und der Kognitionsstruktur der Rezipienten/innen aufgefasst. Der Verarbeitungsprozess wird dabei als Zusammenspiel zwischen zwei parallel verlaufenden Verarbeitungsrichtungen modelliert: die aufsteigende, textgeleitete Verarbeitung (bottom-up), die durch die Merkmale des Textes gesteuert wird, und die absteigende erwartungsgeleitete Verarbeitung, die durch die Merkmale der Rezipienten/innen, ihre Interessen, Zielsetzungen, Vorkenntnisse und Erwartungen beeinflusst wird. Entsprechend wird die Qualität der resultierenden Textrepräsentation sowohl durch die Merkmale des Textes als auch durch die kognitiven und motivationalen Voraussetzungen der Rezipienten/innen mitbestimmt. Die Verständlichkeitsforschung ist auf die Textseite des Verarbeitungsprozesses konzentriert und fragt danach, durch welche textseitigen Merkmale das Verstehen eines Textes erleichtert oder gefördert werden kann.

Das Forschungsprogramm Textverständlichkeit wurde im deutschsprachigen Raum bereits in den 1970er Jahren entwickelt (Groeben, 1972, 1978; Langer, Schulz v. Thun und Tausch, 1974). Gemäß der kognitiv-konstruktiven Auffassung des Textverstehens geht es davon aus, dass die Verständlichkeit eines Textes nicht unabhängig vom Textverständnis der Rezipienten/innen bestimmt werden kann, sondern immer deren Textverständnis mit berücksichtigen muss. Entsprechend wird Verständlichkeit als vermittelndes Konstrukt expliziert, das die Verbindungen zwischen den Merkmalen der Textstruktur und den Behaltenskriterien herstellt (Groeben, 1978, 68 ff.). Das vorrangige Ziel der Verständlichkeitsforschung besteht darin, auf möglichst breiter Ebene verständlichkeitsfördernde Textmerkmale zu identifizieren und empirisch zu überprüfen. Zur Feststellung relevanter Textmerkmale wurden dabei zwei unterschiedliche Wege beschritten: ein empirisch-induktiver (Langer et al., 1974) und ein theoretisch-deduktiver Weg (Groeben, 1972/1978).

Der empirisch-induktive Ansatz ging von konkreten Merkmalen zur Beschreibung von Texten aus (zum Beispiel folgerichtig versus zusammenhanglos; anregend versus weitschweifig etc.) und ließ dann unterschiedliche Texte (Gebrauchstexte, Verwaltungstexte, wissenschaftliche Texte) von Experten hinsichtlich dieser Merkmale einschätzen. Die faktorenanalytische Aufbereitung dieser Bewertungen führte zu einer Bündelung der ursprünglichen 18 Merkmale zu vier Dimensionen der Verständlichkeit (Langer et al., 1974, 13 ff.), die dann später in der Praxis zur Einschätzung von Texten verwendet wurden.

Im Unterschied dazu wurden im Rahmen des deduktiven Ansatzes auf der Grundlage von sprachpsychologischen (Theorien zur Satzgestaltung/Stilistik), lerntheoretischen (kognitive Lerntheorie nach Ausubel) und motivationspsychologischen (epistemische Neugiertheorie nach Berlyne) Ansätzen zur Textrezeption vier Verständlichkeitsdimensionen theoretisch erstellt und Merkmale zur verständlichkeitsfördernden Textgestaltung abgeleitet, die anschließend anhand von 18 (inhaltlich identischen) Texten, die sich in den postulierten Verständlichkeitsdimensionen unterschieden, empirisch überprüft wurden.

Trotz der Unterschiedlichkeit des Vorgehens haben beide Wege übereinstimmend zu folgenden vier Dimensionen der Textverständlichkeit geführt: (1) sprachliche Einfachheit; (2) Gliederung/Ordnung; (3) Kürze/Prägnanz; (4) zusätzliche Stimulanz. Es kann somit davon ausgegangen werden, dass es sich dabei um die bedeutsamsten Merkmalsdimensionen der Textstruktur handelt (ausführlich: Groeben, 1982, 206 ff.). Unterschiede ergeben sich allerdings hinsichtlich der Gewichtung der Dimensionen ‚sprachliche Einfachheit' und ‚kognitive Gliederung/Ordnung'. Erstere ist im induktiven, letztere im theoretisch-deduktiven Ansatz die bedeutsamste Dimension.

Die vier Dimensionen stellen in erster Linie zunächst einmal generelle Richtlinien zur Erreichung optimaler Verständlichkeit bei der Textproduktion dar. Für eine Ableitung konkreterer Handlungsanweisungen zur Textoptimierung müssen die unter den Dimensionen subsumierten Textmerkmale nach dem vorherrschenden Wissenschaftsverständnis zunächst einzeln einer empirischen Effektivitätsprüfung unterzogen werden. Im Folgenden werden zunächst die wichtigsten empirisch gesicherten (älteren und neueren) Befunde zur Wirksamkeit einzelner Merkmale zusammengefasst. Einen besonderen Stellenwert hat dabei die Dimension der ‚kognitiven Gliederung/Ordnung'. Sie ist von der neueren kognitionspsychologischen Textverarbeitungsforschung in so starkem Maße präzisiert und ausdifferenziert worden, dass abschließend – unter dem Stichwort der kohärenten Inhaltsorganisation – auf diese Dimension noch einmal gesondert eingegangen wird.

II. Dimensionen der Textverständlichkeit

1. Sprachliche Einfachheit

Die Dimension der sprachlichen Einfachheit bezieht sich auf die verständlichkeitsfördernden Merkmale der Wortwahl sowie der grammatikalisch-stilistischen Formulierung.

Auf Wortebene ist insbesondere der Faktor der Wortschwierigkeit empirisch überprüft worden. Danach werden häufige und (subjektiv) geläufige Wörter schneller verarbeitet als seltene (Foss, 1969; Hakes, 1971; Teigeler, 1972). Texte, in denen wenig geläufige Wörter durch bekannte ersetzt wurden, führten dementsprechend zu einer signifikant besseren Verstehensleistung (Marks et al., 1974). Einschränkend ist allerdings zu konstatieren, dass aus motivationalen Gründen eine durchgängige Verwendung einfache Wörter nur bedingt zu empfehlen ist, da sie zu einem langweiligen Text führen können (Groeben, 1982).

Besondere Aufmerksamkeit hat auch die Wirkung konkreter im Vergleich zu abstrakten Wörtern erfahren. Dabei wird unter Rückgriff auf die duale Kodierungstheorie (vgl. Paivio, 1991; Sadoski und Paivio, 2001) angenommen, dass konkrete Wörter besser behalten werden als abstrakte, weil sie auf zweifache Weise kodiert werden, nämlich verbal und bildhaft. Ein Konkretheitseffekt konnte dabei nicht nur auf der Wortebene, sondern auch für

Texte unterschiedlicher Längen nachgewiesen werden. Konkret-anschauliche Texte werden besser behalten als abstrakte, erleichtern die satzübergreifende Integration von Informationen und führen zu präziseren Schlussfolgerungen (Wippich, 1987; Thiel und van Eye, 1986). Darüber hinaus werden konkrete Texte als interessanter und verständlicher eingeschätzt im Vergleich zu abstrakten. Abstrakte Informationen werden besser behalten, wenn sie mit konkreten Informationen verbunden und nach diesen präsentiert werden (Sadoski, Goetz und Fritz, 1993; Sadoski, 2001). Die Verarbeitungserleichterung konkreter gegenüber abstrakten Texten konnte dabei auch für unterschiedliche Texttypen (argumentative Texte, Informationstexte, literarische Erzähltexte und narrative Texte) gesichert werden (Sadoski, Goetz und Rodriguez, 2000): Auch bei Kontrolle von Lesbarkeit und Textlänge wurden konkrete Texte stets annähernd doppelt so gut behalten wie abstrakte. Konkretheit erwies sich insgesamt als bester Prädiktor für die Verständlichkeit, die Interessantheit und das Behalten von Texten. Für die praktische Textgestaltung lässt sich als Konsequenz ableiten, dass bei der Vermittlung abstrakter Informationen zur Verstehensförderung immer auch ein konkreter Interpretationskontext bereitgestellt werden sollte (empirisch: Beishuizen et al., 2002). Anschaulichkeit lässt sich dabei nicht nur durch die Verwendung konkreter Wörter, sondern auch durch das Einfügen von Bildern, Abbildungen und Graphiken erzeugen.

Neben dem Faktor der Wortschwierigkeit ist vor allem der Faktor der Satzschwierigkeit von der psycholinguistischen Grundlagenforschung intensiv empirisch untersucht worden, und zwar in Zusammenhang mit der Überprüfung der Generativen Grammatik von Chomsky. Dabei wurde deutlich, dass der Gebrauch bestimmter Satzformen einen eindeutig negativen Effekt auf die Verständlichkeit hat. Dazu gehören insbesondere Satzschachtelungen (zum Beispiel Evans, 1972/73), eingebettete Relativsätze und Nominalisierungen (Berkowitz, 1972), überlange Sätze mit mehreren Teilsätzen (Coleman, 1964) sowie Sätze mit großer Informationsfülle. Die neuere kognitionspsychologische Forschung hat darüber hinaus darauf aufmerksam gemacht, dass auch syntaktisch mehrdeutige Sätze den Verarbeitungsprozess erschweren: Die anfänglich gewählte syntaktische Strukturierung kann an einem bestimmten Punkt der Verarbeitung nicht mehr aufrechterhalten werden und muss korrigiert werden, was unter anderem zeitkonsumierend ist (Überblick: Christmann und Groeben, 1999). Die syntaktische Gestaltung spielt jedoch im Verstehensprozess eine eher untergeordnete Rolle: Die Syntax wird lediglich zur Dekodierung der Satzbedeutung herangezogen und vergessen, sobald diese abgeschlossen ist (vgl. bereits die klassische Studie von Sachs, 1967; Überblick über die neuere Forschung zur Dominanz der Semantik über die Syntax: Rummer, 2003).

Gleichwohl tragen die skizzierten Merkmale der sprachlich-stilistischen Einfachheit und Konkretheit auf alle Fälle zu einer unaufwendigen und reibungslosen Verarbeitung des Textes auf der Sprachoberfläche bei. Damit werden kognitive Ressourcen für den Aufbau semantischer Sinnstrukturen frei, die im Zentrum des Verstehensprozesses stehen (Christmann und Groeben, 1996).

2. Semantische Kürze/Weitschweifigkeit (Redundanz)

Die semantische Weitschweifigkeit oder Informationsdichte bezieht sich auf die Schwierigkeit oder Leichtigkeit der Verarbeitung in Abhängigkeit von dem Überraschungswert eines sprachlichen Zeichens (vgl. dazu die Ansätze der Informationstheorie und der kybernetischen Pädagogik: v. Cube, 1982; Shannon und Weaver, 1949): Je geringer der Überraschungswert eines Zeichens in einem bestimmten Kontext ist, desto schneller wird es entschlüsselt.

Was ist günstiger für die Informationsverarbeitung eines Textes: eine Erhöhung oder eine Verringerung der semantischen Redundanz? Dazu liegen bislang nur wenige empirische Untersuchungen vor. Sie weisen darauf hin, dass leicht verständliche Texte zumeist eine höhere Redundanz aufweisen als schwer verständliche Texte (Anderson, 1985). Insgesamt kann davon ausgegangen werden, dass die Erhöhung der kontextbedingten Vorhersagbarkeit einzelner Satzelemente einen Text verständlicher macht. Nicht geklärt hingegen ist die Frage, bis zu welchem Grad eine Redundanzsteigerung einen positiven Verarbeitungseffekt hat – eine Frage, die vermutlich nicht ohne Berücksichtigung weiterer Einflussgrößen wie Textsorte, Verarbeitungsziel und Vorkenntnisse der Rezipienten/innen beantwortbar ist.

3. Kognitive Gliederung/Ordnung

Kognitive Gliederung/Ordnung bezieht sich auf die inhaltliche Strukturierung und Organisation von Texten unter Berücksichtigung der Wissensvoraussetzungen aufseiten der Rezipienten/innen. Merkmale zur Optimierung der Textorganisation wurden bereits zu Beginn der 60er Jahre im Rahmen instruktionspsychologischer Ansätze zur Verbesserung von Lehr-Lern-Prozessen expliziert und empirisch überprüft (Ausubel, 1963; Ausubel, Novak und Hanesian, 1968). Dazu gehören insbesondere der sogenannte Advance Organizer (Vorstrukturierung nach Groeben, 1982), das sequentielle Arrangieren von Textinhalten, die integrative Vereinigung und die Konsolidierung.

Vorstrukturierungen sind kurze, dem eigentlichen Lernmaterial vorangestellte Einführungen. Sie benennen die relevanten Textkonzepte in inklusiverer Form, als dies im Text selbst der Fall ist. Die vorangestellten Einführungen stellen Ankerideen für die Integration der nachfolgenden Textinformation bereit. Eine Zusammenschau von metaanalytischen Ergebnissen zeigt (Metaanalysen: Barnes und Clawson, 1975; Luiten et al., 1980; Sammelreferate: Faw und Waller, 1976; Mayer, 1982; 1984), dass sie einen schwach positiven Effekt haben, der insbesondere bei Texten sozialwissenschaftlichen Inhalts und unvertrauter Textorganisation auftritt (vgl. Groeben, 1982; Corkill, 1992). Neuere kognitionspsychologische Untersuchungen verdeutlichen, dass die Qualität von Vorstrukturierungen entscheidend zu ihrer Effektivität beiträgt. Sie erweisen sich danach als besonders wirksam, wenn sie gemäß der thematischen Struktur des Textes aufgebaut sind (Mannes und Kintsch, 1987) und neben hoch inklusiven auch konkrete Konzepte und Analogien enthalten (Corkill, Bruning und Glover, 1988), da diese vermutlich ein reichhaltigeres, erfahrungsbezogenes Vorwissen aktivieren als abstrakte Konzepte, so dass auch der Aufbau eines Situationsmodells erleichtert wird (vgl. Christmann und Groeben, 1999). Auf die Bedeutung des Vorwissens und der Vorwissensaktivierung für das Textverstehen machen auch neuere Untersuchungen aufmerksam, die zeigen, dass eine Verbesserung der globalen Textstruktur nur dann zu einem tieferen Verstehen führt, wenn zugleich auch Verbindungen zum Vorwissen der Rezipienten/innen hergestellt werden (Vidal-Abarca und Vicente, 1998).

Sequentielles Arrangieren bezieht sich auf die Art der Aufeinanderfolge der Textinformationen. Als ein übergeordnetes Sequenzierungsprinzip, das sowohl in älteren instruktionspsychologischen als auch neueren kognitionspsychologischen Theorien zum Textverstehen begründet ist, gilt ein hierarchisch-sequenzieller Textaufbau. Hierbei wird ein Sachverhalt zunächst auf einem hohen Abstraktionsniveau beschrieben, bevor schrittweise auf detailliertere Darstellungsebenen übergegangen wird (vgl. Christmann, 1989). Dieses Prinzip lässt sich auf unterschiedliche Weise umsetzen. Empirisch führte zum Beispiel eine Sequenzierung, die ein kontinuierliches Abstraktionsgefälle sowohl zwischen als auch innerhalb von Abschnittsthemen aufwies, bei langen Texten zu einem signifikant besseren Behalten als andere Sequenzierungsvarianten (Christmann, 1989).

Eine etwas andere Umsetzung dieses Prinzips sieht die ‚elaborative Sequenzierung' nach Reigeluth (1983; vgl. Schnotz, 1993) vor. Bei ihr wird ein Thema auf einer Darstellungsebene möglichst lange beibehalten, bevor der Übergang auf spezifischere Darstellungsebenen erfolgt. Angestrebt wird ein thematisch kontinuierlicher Text, bei dem auf einer Darstellungsebene weder Themenwechsel noch Wechsel im Detailliertheitsgrad auftreten sollen. Die Verstehensvoraussetzungen für einen bestimmten Abschnitt sind dabei immer im vorangehenden Abschnitt aufzubauen. Bei der empirischen Effektivitätsüberprüfung führte ein thematisch kontinuierlicher gegenüber einem diskontinuierlichen Textaufbau zu einem tieferen Verstehen und zu einer höheren Anzahl von Inferenzen (Schnotz, 1993).

Für die Frage der Sequenzierung ist auch das Konzept der Superstruktur relevant, das von der neueren kognitionspsychologischen Forschung herausgearbeitet wurde; Superstrukturen beschreiben die globale, konventionalisierte Inhaltsorganisation für unterschiedliche Textsorten (zum Beispiel psychologische, juristische, naturwissenschaftliche, narrative Texte; für einen Überblick siehe Christmann, 2000). Im Vergleich mit Texten, die keiner spezifizierten Superstruktur folgen, führen Texte, die gemäß der jeweiligen Superstruktur sequenziert sind und in denen die Art der Sequenzierung transparent gemacht wird, zu einem besseren Behalten (Dee-Lucas und Larkin, 1990) und zu einer besseren Verarbeitung (Beantwortung von Fragen, Lückentext etc.: Kintsch und Yarbrough, 1982; Rossi, 1990).

Integrative Vereinigung bezieht sich auf die Kenntlichmachung von Ähnlichkeiten und Unterschieden zwischen bereits erworbenen und neuen Konzepten. Sie kann insbesondere durch die Anreicherung von Texten mit Elaborationen (Erläuterungen, Spezifizierungen, Beispielen) und Analogien erreicht werden. Elaborationen sollen dabei den Aufbau einer reichhaltigeren und stark vernetzten Wissensstruktur ermöglichen, indem sie im Gedächtnis gespeicherte Konzepte aktivieren, die selbst wieder zu weiteren Assoziationen bezüglich der nachfolgenden Textstruktur führen. Die Funktion von Analogien besteht darin, vorhandenes auf neues Wissen zu beziehen, indem sie strukturelle oder inhaltliche Entsprechungen zwischen Bekanntem und Neuem aufzeigen. Der verarbeitungserleichternde Effekt von Elaborationen betrifft vor allem den Erwerb kognitiver Fertigkeiten (vgl. Reder et al. 1986). Erleichternde Effekte von Analogien haben sich besonders bei wissenschaftlichen Texten als wirksam erwiesen (Kieras und Bovair, 1984; Halpern, Hansen und Riefer, 1990; Cardinale, 1993; Überblick über die empirische Befundlage: Christmann und Groeben, 1996).

Zur Konsolidierung des erworbenen Wissens werden Zusammenfassungen, Unterstreichungen und Hervorhebungen empfohlen. Ein verarbeitungsfördernder Effekt von Zusammenfassungen konnte nur für das direkte, nicht für das indirekte Lernen in der (metaanalytischen) Zusammenfassung verschiedener Untersuchungen nachgewiesen werden (Groeben, 1982, 243 ff.). Für Unterstreichungen und Hervorhebungen ergab sich kein bedeutsamer Effekt (Groeben, 1982, 246 ff.).

4. Motivationale Stimulanz

Die Dimension der motivationalen Stimulanz bezieht sich auf die Anreicherung des Textes mit Interesse anregenden und Neugier evozierenden Elementen wie Fragen (vgl. dazu das Modell der mathemagenen Motivierung: Rothkopf, 1970), Konflikt auslösenden Inhalten (im Sinne der Neugiermotivationstheorie nach Berlyne, 1960) und interessanten Einzelinformationen (vgl. die neuere Interessenforschung: Hidi, 1990; Krapp und Prenzel, 1992; Schiefele, 1996). Die unter dieser Dimension zusammengestellten Textmerkmale (Überblick: Christmann und Groeben, 1996) haben zwar keinen direkt fördernden Effekt für das Verstehen der Textinhalte, können jedoch dazu beitragen, dass die Textrezeption nicht vorzeitig abgebrochen wird (zu den Bedingungen eines verarbeitungserleichternden Effekts motivationaler Stimulanz vgl. Groeben, 1982; Christmann und Groeben, 1996). Grundsätzlich dürfte diese Dimension für den Bereich der Verwaltungstexte wenig relevant sein. Gleichwohl sollte man bei dem Versuch, einen auch motivational stimulierenden Text zu erstellen, zwei Maximen beachten: (1) Die übergeordnete kognitive Strukturierung darf durch eine stimulierende Textgestaltung nicht behindert oder erschwert werden. (2) Ein Text sollte nicht mit interessanten aber eher unwichtigen zusätzlichen Details angereichert werden, da in Fällen, in denen die Wichtigkeit und Interessantheit von Textinformationen divergieren, die interessanten Details das Behalten strukturell wichtiger Informationen behindern (seduktiver Detail-Effekt: Duffy et al., 1989).

Die vier skizzierten Dimensionen gelten prinzipiell als unabgeschlossen, das heißt, sie können im Zuge der weiteren Forschung angereichert und ausdifferenziert werden. In der Tat ist die Dimension der kognitiven Gliederung/Ordnung durch die neuere kognitionspsychologische Forschung zur Textverarbeitung stark elaboriert worden, worüber im Folgenden berichtet wird.

III. Kohärente Inhaltsorganisation: kognitionspsychologische Präzisierungen

Der Aufbau einer zusammenhängenden (kohärenten) mentalen Repräsentation der Textbedeutung steht im Mittelpunkt des Verstehensprozesses. Dabei sind sowohl auf Wort- als auch auf Textebene Wortfolgen auf der Grundlage ihrer semantischen Relationen zu integrieren. Dieser Integrationsprozess kann auf Textseite durch eine kohärente Inhaltsorganisation gestützt werden, die dem/der Leser/in Hinweise gibt, welche Sätze und Textteile in welcher Weise aufeinander zu beziehen und in einen sinnvollen Zusammenhang zu bringen sind. Fehlen solche Verknüpfungshinweise oder sind die Bezüge nur schwer erkennbar, so entstehen Kohärenzlücken, die durch Umstrukturierungen oder Schlussfolgerungen geschlossen werden müssen; die Suche nach geeigneten Bezugspunkten ist dabei zeitkonsumierend und erschwert die Verarbeitung. In der Forschung wird eine Fülle von Möglichkeiten zur Herstellung von Kohärenz unterschieden: Sie lassen sich grob danach unterteilen, ob sie aufeinanderfolgende Sätze verknüpfen (lokale Kohärenz) oder ganze Textteile und übergeordnete Textthemen (globale Kohärenz).

1. Lokale Kohärenz

Auf lokaler Ebene können die Bezüge zwischen Sätzen im einfachsten Fall durch Koreferenz kenntlich gemacht werden. Darunter versteht man die Bezugnahme auf den gleichen Referenten in aufeinander folgenden Sätzen. Koreferenz kann an der Sprachoberfläche durch verschiedene semantische und syntaktische Mittel erzeugt werden. Dazu gehören insbesondere Wortwiederholungen, pronominale Wiederaufnahmen, Rückverweise und Vorverweise, Wiederaufnahme von Satzsequenzen durch Proformen, Wiederholen von Worten mit Wortveränderungen, aber auch Kontiguitätsrelationen, mit denen auf temporal, lokational oder strukturell verbundene Ereignisse, Situationen, Handlungen verwiesen wird (vgl. Dressler, 1972; Gernsbacher, 1997).

Eine zweite große Gruppe von Kohärenzhinweisen stellen die sogenannten Kohärenzrelationen dar, mit denen Propositionen und Sätze konzeptuell aufeinander bezogen werden. Dazu gehören zum Beispiel Relationen, die einen Ursache-Wirkungs-Zusammenhang, eine Addition, eine Verknüpfung von Bedingungen mit Folgen, Problemen mit Lösungen etc. beinhalten (Taxonomie bei Sanders, Spooren und Noordman, 1992). Sie können an der Sprachoberfläche zum Beispiel durch die Verwendung von kausalen, temporalen, adversativen, additiven etc. Konnektiva markiert sein. Dabei wird generell davon ausgegangen, dass Kohärenzrelationen, die an der Sprachoberfläche die logischen Verknüpfungen zwischen Textelementen explizieren, den Aufbau einer kohärenten Textbasis erleichtern und sich positiv auf die Schnelligkeit des Lesens sowie das Verstehen und Behalten der betreffenden Textinformation auswirken.

Die Verarbeitungsrelevanz solcher Verknüpfungen wurde in einer Fülle von Untersuchungen an zumeist sehr kurzen, nur wenige Sätze umfassenden Texten überprüft (Überblick: Lorch und O'Brien, 1995; Sanders et al., 1992; Sanders, 1997). Die empirische Befundlage ist allerdings uneinheitlich, da die Stärke der Relation ebenso eine Rolle spielt wie die Textsorte, das Vorwissen der Leser/innen und das verwendete Behaltensmaß. Gleichwohl lassen sich einige generelle Tendenzen erkennen:

(1) Das Einfügen koreferentieller und kausaler Relationen führt gegenüber Texten ohne diese Relationen zu einer reibungsloseren und schnelleren Textrezeption und zu einer besseren Behaltensleistung (zum Beispiel Haberlandt, 1982; Britton und Gulgoz, 1991; Loxterman, Beck und McKeown, 1994). Dieser Effekt tritt insbesondere bei Lesern/innen auf, die keine expliziten Vorkenntnisse in einem Inhaltsbereich haben.

(2) Bei den Verknüpfungen haben sich vor allem kausale Verknüpfungen (‚weil', ‚deshalb', ‚daher') zwischen Sätzen als verarbeitungswirksam erwiesen. Sie führen im Vergleich zu adversativen, additiven sowie fehlenden

Verknüpfungen zu schnellerem Lesen und besserem Behalten der Textinformation (zum Beispiel Magliano, Trabasso und Graesser, 1999; Millis, Golding und Barker, 1995; Millis und Magliano, 1999). Prozessual ist dies darauf zurückzuführen, dass die jeweils antezedenten Sätze länger im Arbeitsgedächtnis bleiben und als Integrationsinstanz für nachfolgende Sätze zur Verfügung stehen (Millis und Just, 1994). Darüber hinaus wirken sie sich auch positiv auf die Qualität des Verstehens aus. Eine neuere Studie mit 18 unterschiedlichen längeren Texten zeigt eine signifikant bessere Beantwortung von Verstehensfragen bei Texten, deren kausale Relationen durch Konnektiva expliziert waren, gegenüber den gleichen Texten, bei denen die kausalen Relationen implizit blieben (Degand und Sanders, 2002).

2. Globale Kohärenz

Auf der Ebene der globalen Textorganisation geht es darum, den Lesern/innen Hinweise zu geben, wie einzelne Teilthemen aufeinander zu beziehen sind, und dadurch den Aufbau einer kohärenten Bedeutungsstruktur zu erleichtern. Dies geschieht zum einen durch rhetorische Relationen, zum anderen durch Signale. Rhetorische Relationen sind semantische Relationen, mit denen die Teilthemen eines Textes verknüpft werden. Meyer (1985; 2003) unterscheidet zum Beispiel fünf Typen rhetorischer Relationen: Problem/Problemlösung, Ursache/Folge oder Wirkung/Effekt, Vergleich (im Sinne einer Angabe von Ähnlichkeiten und Unterschieden zwischen Textgegenständen), Gruppierung und Beschreibung. Solche Relationen können an der Sprachoberfläche durch bestimmte Signalwörter kenntlich gemacht werden (zum Beispiel ‚weil', ‚deshalb', ‚führt zu', ‚Konsequenz aus' etc. zur Verdeutlichung der Relation ‚Verursachung') und geben den Rezipienten/innen Hinweise auf die zugrunde liegende thematische Struktur des Textes. Erkennt ein/e Leser/in an solchen Signalwörtern, dass ein Text nach einer bestimmten Struktur aufgebaut ist, dann wirkt sich das positiv auf das Behalten, aber auch auf die Verstehenstiefe aus (empirisch: zum Beispiel Loman und Mayer, 1983; Überblick: Meyer, 2003).

Die fünf Relationen von Meyer stellen dabei nur eine kleine Auswahl potenzieller Relationstypen dar, die zwar relativ generell sind, aber sicherlich nicht allen Texttypen und Textstrukturen gerecht werden können. Entsprechend wären dann zum Beispiel für Verwaltungstexte die jeweils enthaltenen impliziten Struktur-Merkmale herauszuarbeiten und an der Textoberfläche zu explizieren (ein differenziertes Inventar rhetorischer Relationen findet sich bei Mann und Thompson, 1988).

Signale sind Hinweise an der Sprachoberfläche, die die zentralen Themen des Textes und deren Interrelationen hervorheben, ohne dass weitere semantische Inhalte hinzugefügt werden (Meyer, 2003). Als Signale gelten Titel, Kapitelüberschriften und -unterüberschriften, die Wiederholung von Inhaltsaspekten (zusammenfassende Aussagen, Wiederholung von Aussagen zur Emphase), Kapitelüberblicke und -einleitungen, Funktionsindikatoren (Hinweiswörter wie ‚somit' und Hinweisphrasen wie ‚zusammenfassend lässt sich festhalten …'), Relevanzindikatoren (zum Beispiel ‚Hervorzuheben ist …'), numerische Aufzählungen (zum Beispiel von zentralen Gedanken und Argumenten), typographische Hinweise (zum Beispiel Unterstreichungen, Kursivdruck etc.) (vgl. Lorch, 1989). Die sehr umfangreiche Forschung zur Wirkung von Signalen geht davon aus, dass Texte meist um bestimmte zentrale Themen herum aufgebaut sind, die im Verstehensprozess erkannt werden müssen, weil sie den Kontext für die adäquate Verarbeitung der nachfolgenden Textinformation liefern. Werden Topics und deren Interrelationen durch Signale hervorgehoben, dann wird der Text als hierarchisch organisiertes Themengefüge enkodiert und repräsentiert; bei der Wiedergabe des Textes wird diese hierarchische Topic-Struktur als Abrufhilfe genutzt. Im Unterschied dazu werden Texte ohne Signale als Liste unverbundener Gedankeneinheiten enkodiert, die bei der Wiedergabe seriell abgerufen werden (Lorch, 1995; Sanchez et al., 2001). Bei der empirischen Überprüfung ist der verarbeitungserleichternde Effekt von Signalen für verschiedene Komponenten des Verarbeitungsprozesses (Aufmerksamkeit, Lesegeschwindigkeit, Leseverstehen, Inferenzbildung, selektive Informationssuche und Wiedergabe) nachgewiesen worden (differenzierter Überblick über empirische Befunde zur Wirkung verschiedener Signaltypen bei Lorch, 1989; Gaddy, van den Broek und Sung, 2001). Relativ gut gesichert ist dabei, dass Signale auf alle Fälle das Behalten der hervorgehobenen Information begünstigen und zu besser strukturierten Wiedergabeprotokollen führen (zum Beispiel Loman und Mayer, 1983; Lorch und Lorch, 1996; Lorch et al., 2001; Sanchez et al., 2001). Außerdem lassen sich positive Effekte von Signalen nachweisen, wenn der Text ineinander verwobene Themen aufweist, hinreichend komplex ist und die Übergänge zwischen den Teilthemen explizit gemacht werden (Lorch und Lorch, 1996; Sanchez et al., 2001). Generell profitieren insbesondere Leser/innen mit geringem Vorwissen erheblich von einer durch Signale verbesserten Textstruktur (empirisch: Xianyou, 2004).

Generell ist im Rahmen der neueren Textverarbeitungsforschung eindrucksvoll belegt worden, dass Texte umso besser verstanden werden, je klarer und deutlicher ein Text Hinweise gibt, wie die Textinformationen aufeinander zu beziehen sind, und je weniger Kohärenzlücken durch Schlussfolgerungen und Umstrukturierungen zu schließen sind.

IV. Anwendung: die Gewichtung der Dimensionen

Die Dimension der ‚Gliederung/Ordnung' ist also auch nach neueren Forschungsergebnissen die wichtigste Dimension bei der Herstellung der Verständlichkeit, gefolgt von der sprachlichen Einfachheit, der semantischen Redundanz und der motivationalen Stimulanz. Diese Gewichtung der Dimensionen verschiebt sich allerdings unter Umständen bei der Anwendung auf den Bereich der Verwaltungstexte. So dürfte zur Verbesserung der Verständlichkeit von Formularen und Bescheiden die Dimension der sprachlichen Einfachheit die gewichtigste sein, während die Dimension der motivationalen Stimulanz praktisch keine Rolle spielt. Anders sieht es hingegen bei der Optimierung von Informationsbroschüren aus: Hier dürften alle Dimensionen eine Rolle spielen, und zwar in der von der Forschung herausgearbeiteten Gewichtung.

Literatur

Anderson, S. (1985): Sprachliche Verständlichkeit und Wahrscheinlichkeit, Bochum: Studienverlag Brockmeyer.

Ausubel, D. P. (1963): The psychology of meaningful verbal learning, New York: Grune & Stratton.

Ausubel, D. P./*Novak*, J. D./*Hanesian*, H. (1968): Educational psychology: a cognitive view, New York: Holt, Rinehart and Winston.

Barnes, B. R./*Clawson*, E. U. (1975): Do advance organizers facilitate learning? Recommendations for further research based on an analysis of 32 studies, Review of Educational Research, 45, 637–659.

Beishuizen, J./*Stoutjesdijk*, E./*Spuijbroek*, S./*Bouwmeester*, S./*van der Geest*, H. (2002): Understanding abstract expository texts, British Journal of Educational Psychology, 2, 279–297.

Berkowitz, M. (1972): The effect of nominalisation on reading comprehension, Dissertation Abstracts International, 22 (6-A), 2757.

Berlyne, D. E. (1960): Conflict, arousal, and curiosity (dt.: Konflikt, Erregung, Neugier. Stuttgart: Klett 1974.), New York: McGraw-Hill.

Britton, B. K./*Gulgoz*, S. (1991): Using Kintsch's computational model to improve instructional text: effects of repairing inference calls on recall and cognitive structures, Journal of Educational Psychology, 83, 329–345.

Cardinale, L. A. (1993): Facilitating science learning by embedded explication, Instructional Science, 21, 501–512.

Christmann, U. (1989): Modelle der Textverarbeitung: Textbeschreibung als Textverstehen, Münster: Aschendorff.

– (2000): 17. Aspekte der Textverarbeitungsforschung, in: G. Antos, K. Brinker, W. Heinemann, S. F. Sager (Hrsg.), Text- und Gesprächslinguistik. Ein internationales Handbuch zeitgenössischer Forschung (S. 113–122), Berlin: de Gruyter.

Christmann, U./*Groeben*, N. (1996): Textverstehen, Textverständlichkeit – Ein Forschungsüberblick unter Anwendungsperspektive, in: H. P. Krings (Hrsg.), Wissenschaftliche Grundlagen der Technischen Kommunikation (S. 129–189), Tübingen: Narr.

– (1999): Psychologie des Lesens, in: B. Franzmann/K. Hasemann/D. Löffler (Hrsg.), Handbuch Lesen (S. 145–223), München: Schneider.

Coleman, E. B. (1964): The comprehensibility of several grammatical transformations, Journal of Applied Psychology, 48, 186–190.

Corkill, A. J. (1992): Advance organizers: Facilitators of recall, Educational Psychology Review, 4, 33–67.

Corkill, A. J./*Bruning*, R. H./*Glover*, J. A. (1988): Advance organizers: concrete versus abstract, Journal of Educational Research, 82, 76–81.

Cube, F. v. (1982): Kybernetische Grundlagen des Lehrens und Lernens, Stuttgart: Klett.

Dee-Lucas, D./*Larkin*, J. H. (1990): Organization and comprehensibility in scientific proofs, or „Consider a particle p …“, Journal of Educational Psychology, 82, 701–714.

Degand, L./*Sanders*, T. (2002): The impact of relational markers on expository text comprehension in L1 and L2, Reading and Writing: An Interdisciplinary Journal, 15, 739–757.

Dressler, W. U. (1972): Einführung in die Textlinguistik, Tübingen: Niemeyer.

Duffy, T. M./*Higgins*, L./*Mehlenbacher,* B./*Cochran,* C./*Wallace*, D./*Hill*, C. et al. (1989): Models for the design of instructional text, Reading Research Quarterly, 24, 434–457.

Evans, R. V. (1972/73): The effect of transformational simplification on the reading comprehension of selected high school students, Journal of Reading Behavior, 5, 271–281.

Faw, H. F./*Waller,* T. G. (1976): Mathemagenic behaviors and efficiency in learning from prose materials: review, critique and recommendations, Review of Educational Research, 46, 691–720.

Foss, D. J. (1969): Decision processing during sentence comprehension: effects of lexical item difficulty and position upon decision times, Journal of Verbal Learning and Verbal Behavior, 8, 457–462.

Gaddy, M./*van den Broek*, P./*Sung,* Y.-C. (2001): The influence of text cues on the allocation of attention during reading, in: T. Sanders, J. Schilperoord (Hrsg.), Text representation: linguistic and psycholinguistic aspects (S. 89–124), Amsterdam: Benjamins.

Gernsbacher, M. A. (1997): Coherence cues mapping during comprehension, in: J. Costermans, M. Fayol (Hrsg.), Processing interclausal relationships: studies in the production and comprehension of text, Hillsdale: Lawrence Erlbaum.

Groeben, N. (1972/1978): Die Verständlichkeit von Unterrichtstexten, Münster: Aschendorff.

– (1982): Leserpsychologie I: Textverständnis – Textverständlichkeit, Münster: Aschendorff.

Haberlandt, K. F. (1982): Reader expectations in text comprehension, in: J. F. LeNy, W. Kintsch (Hrsg.), Language and comprehension (S. 239–249), New York: North Holland.

Hakes, D. T. (1971): Does verb structure affect sentence comprehension, Perception and Psychophysics, 10, 229–232.

Halpern, D. F./*Hansen*, C./*Riefer*, D. (1990): Analogies as an aid to understanding and memory, Journal of Educational Psychology, 82, 298–305.

Hidi, S. (1990): Interest and its contribution as a mental resource for learning, Review of Educational Research, 60, 549–571.

Kieras, D. E./*Bovair*, S. (1984): The role of a mental model in learning to operate a device, Cognitive Science, 8, 255–273.

Kintsch, W./*Yarbrough*, J. C. (1982): The role of rhetorical structure in text comprehension, Journal of Educational Psychology, 74, 828–834.

Krapp, A./*Prenzel*, M. (Hrsg.) (1992): Interesse, Lernen, Leistung. Neuere Ansätze der pädagogisch-psychologischen Interessenforschung, Münster: Aschendorff.

Langer, I./*Schultz v. Thun*, F./*Tausch*, R. (1974): Verständlichkeit in Schule, Verwaltung, Politik und Wissenschaft, München: Reinhardt.

Loman, N./*Mayer*, R. E. (1983): Signalling techniques that increase the understandability of expository prose, Journal of Educational Psychology, 75, 402–412.

Lorch, R. (1989): Text-signaling devices and their effects on reading and memory processes, Educational Psychology Review, 1, 209–234.

– (1995): Integration of topic information during reading, in: R. Lorch, E. O'Brien (Hrsg.), Sources of coherence in reading (S. 279–294), Hillsdale: Erlbaum.

Lorch, R./*O'Brien*, E. (Hrsg.) (1995): Sources of coherence in reading, Hillsdale: Lawrence Erlbaum

Lorch, R./*Lorch*, E. (1996): Effects of organizational signals on free recall of expository text, Journal of Educational Psychology, 88, 38–48.

Lorch, R./*Pugzles Lorch*, E./*Ritchey*, K./*McGovern*, L./*Coleman*, D. (2001): Effects of headings on text summarization, Contemporary Educational Psychology, 26, 171–191.

Loxterman, J./*Beck*, I./*McKeown*, M. (1994): The effects of thinking aloud during reading on students' comprehension of more or less coherent text, Reading Research Quarterly, 29, 352–367.

Luiten, J./*Ames*, W./*Ackerson*, G. (1980): A meta-analysis of the effects of advance organizers on learning and retention, American Educational Research Journal, 17, 211–218.

Magliano, J. P./*Trabasso*, T./*Graesser*, A. C. (1999): Strategic processing during comprehension, Journal of Educational Psychology, 91, 615–629.

Mann, W./*Thompson*, S. (1988): Rhetorical structure theory: toward a functional theory of text organization, Text, 8, 243–281.

Mannes, S. M./*Kintsch*, W. (1987): Knowledge organization and text organization, Cognition and Instruction, 4, 91–115.

Marks, C. B./*Doctorow*, M. J./*Wittrock*, M. C. (1974): Word frequency and reading comprehension, Journal of Educational Research, 67, 259–262.

Mayer, R. E. (1982): Instructional variables in text processing, in: A. Flammer, W. Kintsch (Hrsg.), Discourse processing (S. 445–461), Amsterdam: North-Holland Publishing Company.

– (1984): Aids to text comprehension, Educational Psychologist, 19, 30–42.

Meyer, B. (1985): Signalling the structure of text, in: D. Jonassen (Hrsg.), The technology of text (S. 64–89), Englewood Cliffs: Educational Technology Publications.

– (2003): Text coherence and readability, Topics in Language Disorders, 23, 204–221.

Millis, K./*Golding,* J./*Barker,* G. (1995): Causal connectives increase inference generation, Discourse Processes, 20, 29–49.

Millis, K./*Just*, M. (1994): The influence of connectives on sentence comprehension. Journal of Memory and Language, 33, 128–147.

Millis, K./*Magliano*, J. (1999): The co-influence of grammatical markers and comprehender goals on the memory for short discourse, Journal of Memory and Language, 41, 183–198.

Paivio, A. (1991): Dual coding theory: retrospect and current status, Canadian Journal of Psychology, 45, 255–287.

Reder, L. M./*Charney*/D. H./*Morgan*, K. I. (1986): The role of elaborations in learning a skill from an instructional text, Memory and Cognition, 14, 64–78.

Reigeluth, C. (1983): Meaningfulness and instruction: relating what is being learned to what a student knows, Instructional Science, 12, 197–218.

Rossi, J.-P. (1990): The function of frame in the comprehension of scientific text, Journal of Educational Psychology, 82, 727–732.

Rothkopf, E. Z. (1970): The concept of mathemagenic activities, Review of Educational Research, 40, 325–336.

Rummer, R. (2003): Das kurzfristige Behalten von Sätzen, Psychologische Rundschau, 54, 93–102.

Sachs, J. (1967): Recognition memory for syntactic and semantic aspects of connected discourse, Perception and Psychophysics, 2, 437–442.

Sadoski, M. (2001): Resolving the effects of concreteness on interest, comprehension and learning important ideas from text, Educational Psychology Review, 13, 263–281.

Sadoski, M./*Goetz*, E. T./*Fritz*, J. B. (1993): Impact of concreteness on comprehensibility, interest, and memory for text: implications for dual coding theory and text design, Journal of Educational Psychology, 85, 291–304.

Sadoski, M./*Goetz*, E. T./*Rodriguez*, M. (2000): Engaging texts: effects of concreteness on comprehensibility, interest, and recall in four text types, Journal of Educational Psychology, 92, 85–95.

Sadoski, M./*Paivio*, A. (2001): Imagery and text: a dual coding theory of reading and writing, Mahwah: Erlbaum.

Sanchez, R. P./*Lorch*, E./*Lorch*, R. (2001): Effects of headings on text processing strategies, Contemporary Educational Psychology, 26, 418–428.

Sanders, T. (1997): Semantic and pragmatic sources of coherence: on the categorization of coherence relations in context, Discourse Processes, 24, 119–147.

Sanders, T./*Spooren*, W./*Noordman*, L. (1992): Toward a taxonomy of coherence relations, Discourse Processes, 15, 1–35.

Schiefele, U. (1996): Motivation und Lernen mit Texten, Göttingen: Hogrefe.

Schnotz, W. (1993): Aufbau von Wissensstrukturen, München: Oldenburg.

Shannon, C. E./*Weaver*, W. (1949): The mathematical theory of communication, Urbana: University of Illinois Press.

Teigeler, P. (1972): Satzstruktur und Lernverhalten, Bern: Huber.

Thiel, T./*von Eye*, A. (1986): Zum Einfluß von Bildhaftigkeit und Verarbeitungstiefe auf das Behalten von Texten, Zeitschrift für Experimentelle und Angewandte Psychologie, 33, 500–518.

Vidal-Abarca, E./*Vicente*, S. (1998): Levels of comprehension of scientific prose: the role of text variables, Learning and Instruction, 8, 215–234.

Wippich, W. (1987): Integrationsprozesse bei der Verarbeitung konkreter und abstrakter Texte, Zeitschrift für Experimentelle und Angewandte Psychologie, 34, 506–526.

Xianyou, H. (2004): The influence of text topics' familiarity and reading level on the effects of text signals, Psychological Science (China), 27, 595–597.

Verwaltungssprache als Element der Organisationskultur[1]

Peter Heinrich

I. Die Referenzbegriffe

Die beiden Referenzbegriffe dieses Beitrags sind die *Verwaltungssprache* und die *Organisationskultur*.

1. Verwaltungssprache

Gelegentlich wird bestritten, dass Verwaltungssprache überhaupt eine eigene Sprache darstellt. Pragmatisch könnte man sagen: Wäre es keine, dann würden wir uns auch gar nicht mit ihr beschäftigen (können). Verwaltungssprache („bürokratischer Code") ist eine eigene Sprachvarietät,

- weil sie eigene linguistische Merkmale besitzt, mit der sie beschreibbar ist,
- weil empirisch vorfindbare typische Texte relativ gut zuordenbar sind,
- weil sie eine gut definierbare Sprecher- beziehungsweise Produzentenpopulation besitzt und
- weil sie als kulturelles Phänomen mit eigener Geschichte historisch-gesellschaftlich deutungsfähig ist.

Nicht alle Texte, die aus der Verwaltung stammen, sind im bürokratischen Code abgefasst. Im Zeitablauf hat sich vieles geändert, und zwischen typischen und untypischen Verwaltungsschreiben gibt es einen fließenden Übergang. Wenn wir über die Verwaltungssprache nachdenken, dann tun wir dies daher mit Blick auf ihre typische Ausprägung.[2] Die Mitarbeiterschaft des

---

[1] Eine veränderte Fassung dieses Vortrags ist unter dem Titel „Verwaltungssprache zwingt sich auf, um sich nicht aussetzen zu müssen" erschienen in: *D. Treubrodt/D. Kirstein* (Hrsg.), Auf dem Weg zur Hochschule für öffentliche Aufgaben. Festschrift für Hans Paul Prümm. Berlin: Hitit 2008, S. 213–231.

[2] Leider gibt es außer vielen Beispielssammlungen und aus Erfahrung heraus zusammengestellten Merkmalslisten für typische Besonderheiten der Verwaltungssprache kaum empirisches Material. Die einzige umfangreichere Analyse eines Cor-

öffentlichen Dienstes ist selbstverständlich aber hinsichtlich ihrer Sprache keine homogene Gruppe. Es gibt auch Mitglieder der öffentlichen Verwaltung, die, soweit es möglich ist, auf bürokratische Aberrationen von unserem normalen Sprachgebrauch verzichten. Sie bedürfen daher auch keiner sprachpflegerischer Eingriffe in ihre Texte.

Auf die Tatsache, dass Verwaltungssprache eine Fachsprache ist, komme ich an späterer Stelle zurück.

2. Organisationskultur

Dieser zweite Referenzbegriff ist eher jüngeren Datums: Etwa seit dem Jahr 1980 gibt es eine Flut von Veröffentlichungen, die den Terminus Organisations- oder auch Unternehmenskultur verwenden.[3] Sie machen damit auf die Tatsache aufmerksam, dass Organisationen eine Art eigenen Arbeits- und Lebensstil entwickeln, der mehr ist als die Summe der formalen Organisationsziele und -regelungen. Einer stark formalen, auf vorgegebene Ziele, Strukturen, Ressourcen und Arbeitsroutinen gerichteten Betrachtung der Organisation wurde eine auf Lebendiges, Sinngebendes und Emotionales gerichtete Betrachtung gegenübergestellt.

Dem Verlust des Menschlichen in der Organisationswissenschaft der 60er und 70er Jahre des vergangenen Jahrhunderts folgte damit eine Rückgewinnung von Individualität, eine Re-Personalisierung der Bürokratie, aus der ja – oft unter Berufung auf Max Webers Idealtypus der Bürokratie – alles Persönlich-Emotionale verbannt worden war. So wie *Kultur* als Überformung der Natur durch den Menschen verstanden werden kann, ist *Organisationskultur* die Überformung, besser die Ausgestaltung einer Organisation durch ihre Mitglieder.

Der Begriff Organisationskultur hat für den Bereich der öffentlichen Verwaltung zwei Variationen erfahren:

pus aus Verwaltungstexten, die mir bekannt ist, ist aus heutiger Sicht schon nicht mehr aktuell: *H. Wagner*, Die deutsche Verwaltungssprache der Gegenwart. Düsseldorf 1970; vgl. auch *P. Heinrich*, Sprache als Instrument des Verwaltungshandelns. Berlin: Hitit 1994, S. 63 ff.

[3] Eine erste große Übersicht über die OK-Literatur wurde bereits 1985 vorgelegt: *M. Ebers*, Organisationskultur: Ein neues Forschungsprogramm? Wiesbaden 1985; vgl. auch *P. Heinrich/H. Bosetzky*, Organisations- und Bürokultur – Chancen und Elend eines neuen Ansatzes. In: R. Koch (Hrsg.), Verwaltungsforschung in Perspektive. Baden-Baden 1987, 202–215.

a) Bürokultur

Horst Bosetzky hat 1980[4] zum ersten Mal die Innenausstattung der Verwaltung als *Bürokultur* bezeichnet und in vielen Veröffentlichungen konkretisiert. Das Wechselwirkungsverhältnis von Mensch und Organisation als Prozess gegenseitiger Prägung lag ihm am Herzen. Das alltägliche Denken und Fühlen, die oft unreflektierten Traditionen und die handlungswirksamen Werte der Mitglieder der Organisation wurden den Faktoren, Dimensionen und Korrelationen der universitären Organisationswissenschaft entgegengehalten. „Jedes Büro ist eine Bühne, und alle Beamten und Angestellten agieren Tag für Tag in Dramen, Komödien und Tragikomödien – in Stücken, die sie selber schreiben, aber auch in solchen, in denen andere Regie führen."[5]

Mit dem Begriff der Bürokultur wollte Bosetzky also bewusst die subjektive Seite der Verwaltungsorganisationen mit einfangen, die sich in den noch so subtilen – und natürlich dennoch notwendigen – verwaltungswissenschaftlichen Theorien einerseits und in den auf verwertbares Herrschaftswissen ausgerichteten Führungshandbüchern andererseits nur schwer ausmachen lässt.

Wesentliche Aspekte dieser Organisations- beziehungsweise Bürokultur sind

- das Bild, das die Organisation von sich hat beziehungsweise von sich zeichnet und spiegelbildlich das Bild, das andere – die Gesellschaft – von ihr haben (Image und Corporate Identity),
- der Kommunikations- und Interaktionsstil der Mitglieder der Verwaltung untereinander einschließlich der informellen Regulationsprinzipien (wer darf was, wie wird mit Konflikten umgegangen etc.),
- die Einstellungen der Mitglieder einer Behörde gegenüber ihrer Arbeit, das heißt gegenüber den Arbeitsinhalten, den Arbeitsbedingungen und dem angemessenen Arbeitsaufwand,
- die Einrichtung der Räume, ihre Ausstattung und mehr oder weniger detailreiche Ausschmückung, das Mobiliar, die Gestaltung der Wartebereiche etc.,
- die Mythen, Rituale, Geschichten, Berichte über Personen und Ereignisse etc., also die Historie oder Traditionsbildung einer Behörde,

---

[4] *H. Bosetzky*, Organisationswirklichkeit anhand dreier Romane. Verwaltungsrundschau 1980, 26, 8–12.

[5] *H. Bosetzky/P. Heinrich/J. Schulz zur Wiesch*, Mensch und Organisation. Stuttgart: Kohlhammer 6. Aufl. 2002, S. V (1. Aufl. 1980).

– und schließlich eben die typische Sprache, und zwar sowohl die mündliche Sprache im Umgang der Mitglieder untereinander als auch die schriftliche Sprache insbesondere im Außenkontakt – die eigentliche Verwaltungssprache also.

b) Verwaltungskultur

Einen etwas anderen Schwerpunkt findet man in der Regel, wenn – auch etwa seit Beginn der 80er Jahre des vergangenen Jahrhunderts – von *Verwaltungskultur* gesprochen wird. Dieser Ausdruck verweist, bei großem Überschneidungsbereich mit Organisations- und Bürokultur, etwas mehr auf die Außenbeziehung der Verwaltung, auf ihre Rolle für die Gesellschaft, und ist damit eng mit der jeweiligen Staatsauffassung verbunden.[6] Die politischen Grundwerte, die sich in staatlichen Programmen widerspiegeln und die von den Mitgliedern der Verwaltung geteilt, zumindest aber in ihrem Handeln umgesetzt werden müssen, sind das normative Gerüst der meisten Verwaltungskulturbegriffe.

Der starke Legitimationsdruck, der seit Jahrzehnten auf der Verwaltung lastet, hat mit dafür gesorgt, dass der Begriff der Verwaltungskultur in Verbindung mit dem Wörtchen „neu" zu einem Hoffnungsträger par excellence wurde: Die Verwaltung fordert sich in einem permanenten Reformprozess immer wieder selbst dazu auf, eine neue Verwaltungskultur zu entwickeln, die einem modernen Staat einen modernen Unterbau geben soll.

So hat der Staatssekretär im Innenministerium Hans Bernhard Beus in einer Rede im Rahmen des Symposiums „Werte, Kultur und Führung im Staat der Zukunft" unter dem Titel „Moderner Staat – Verwaltungskultur im Wandel"[7] ausdrücklich „Kulturänderungen" im öffentlichen Dienst angemahnt. Und er sieht zugleich Erreichtes: Die Managementorientierung der Verwaltung, ein neues Führungsverständnis, die Einführung vielfältiger Personalmanagementinstrumente, der Abbau von Berührungsängsten gegenüber der Wirtschaft und schließlich der Einsatz der neuen Technologien, „der die Verwaltungen tief greifend verändert und zu einem Kulturwandel führt".

Damit sind die Referenzbegriffe Verwaltungssprache und Organisationskultur der Verwaltung begrifflich vorgestellt. Im Folgenden wird zwischen beiden die Verbindung hergestellt.

---

[6] *W. Jann*, Staatliche Programme und „Verwaltungskultur". Opladen: Westdeutscher Verlag 1983, S. 28; *F. Thedieck*, Verwaltungskultur in Frankreich und Deutschland. Baden-Baden 1992.

[7] Zitiert nach www.staat-modern.de/Modernes Verwaltungsmanagement.

II. Kultur und Sprachstil

Die leitende Frage ist dabei: Wie kommt es, dass sich Generation um Generation immer wieder neue Mitarbeiter der Verwaltung in offizieller Schreibe einen Sprachstil aneignen, den wir kritisch als Verwaltungssprache identifizieren und zugleich brandmarken.

1. Sprachaneignung

a) Sozialisation

Eine erste Antwort stammt aus der Sozialisationstheorie: Jedes Mitglied, das in eine neue Gruppe kommt, tut gut daran, deren Normen und „Selbstverständlichkeiten" ausfindig und sie sich nach Möglichkeit auch zu eigen zu machen. Wer das nicht tut, grenzt sich aus.

Beispielweise berichten Studierende der Fachhochschulen für öffentliche Verwaltung regelmäßig von empfindlichen sozialen Sanktionen, wenn sie im Praktikum amtliche Schreiben so verfassen wollten, dass sie aus dem Korsett verwaltungssprachlicher Besonderheiten ausbrechen sollten: Die Zurechtweisung, man solle sich gefälligst an die Vorgaben halten, wenn man mit einem ersprießlichen Berufsweg im öffentlichen Dienst rechnen wolle.

Dass diese Prägung auf eine besondere Sprachvarietät schon vorausgreifend wirken und junge Menschen zu einer bürokratischen Vergewaltigung ihrer Sprache treiben kann, zeigt der folgende Brief einer jungen Studienbewerberin:

Bezug: ohne *18.2.1992*

Betrifft: Studienausbildung für Rechtspfleger

Sehr geehrte Damen und Herren,

In vorgenannter Sache bitte ich Sie um Mitteilung darüber, welche Voraussetzungen für die Aufnahme einer Rechtspflegerausbildung vorliegen müssen.

Für Ihre Bemühungen bedanke ich mich im Voraus

Hochachtungsvoll!

b) Normierungen

Der besondere Schreibstil ist den Verwaltungsmitarbeitern also vorgegeben. Sie treffen ihn beim Eintritt in den öffentlichen Dienst an, wenn auch nicht in kodifizierter, lehrbuchartiger Form, sondern als eherne Tradition, die im Prozess der bürokratischen Sozialisation weitergereicht und damit bewahrt wird.

Die formalen Regelungen sind knapp: „Die Amtssprache ist Deutsch" heißt es im Verwaltungsverfahrensgesetz. Der Verwaltungsakt muss hinreichend bestimmt sein, muss Angaben über die erlassende Behörde und eine Reihe weiterer Informationen enthalten[8]. Geschäftsordnungen gehen zum Teil noch mehr in sprachliche Details und schließlich gibt es in vielen Behörden Dienstanweisungen, Rundschreiben, Richtlinien etc. zum angemessenen Schreibstil beziehungsweise Sprachgebrauch.[9]

Aus keiner dieser Regelungen ist natürlich eine Aufforderung zu entnehmen, die klassischen Merkmale der Verwaltungssprache zu verwenden. Im Gegenteil: Gerade die zuletzt genannten Texte fordern zu Anstrengungen bei der sprachlichen Gestaltung von Bescheiden im Sinne einer bürgernahen, verständlichen Schreibweise auf.

2. Wesensmerkmale der Verwaltungskultur

Das Wesen der Verwaltungssprache muss also in wesenhaften Merkmalen der Verwaltungskultur gesucht werden. Solche Wesensmerkmale sind oft beschrieben worden, in belletristischer Literatur ebenso wie in satirischen Beiträgen oder Karikaturen, mit stets kritischen, ja bissigen Aussagen über die Rolle der Beamten von ihrer sprichwörtlichen Faulheit über ihre rückständige Arbeitsweise bis zu ihrer fast libidinösen Freude am Erfinden neuer Normen.[10]

Wesentlich interessanter sind natürlich die fachlichen Äußerungen zum Thema. Hierzu gehören an prominentester Stelle die Ausführungen Max Webers, die er in den Merkmalen seines Idealtypus der Bürokratie zusammengefasst hat, wie zum Beispiel das Legalitätsprinzip, die hierarchische Struktur der Behörde, die Wirkung rationaler Amtsautorität, die so genann-

---

[8] *P. Heinrich*, Vermerk, Bescheid, Verfügung – Exemplarisches über Hürden der Fachsprachlichkeit in der Verwaltung. Ausbildung – Prüfung – Fortbildung 2003, 29, Bln 81–84.

[9] Vgl. zum Beispiel *U. Daum*, Fingerzeige für die Gesetzes- und Amtssprache. Wiesbaden 1998, *G. Anwander*/*D. Draf*, Bürgerfreundlich verwalten – Ein Leitfaden für Behördenkultur. Stuttgart 1998; als Beispiel für einen kommunenspezifischen Leitfaden: Stadt Bochum, Ein Leitfaden zur bürgernahen Verwaltungssprache u. v. a.

[10] Als Beispiele seien genannt: *H. de Balzac*, Physiognomie des Beamten (1841), zitiert nach ders. Beamte, Schulden, Elegantes Leben. München 1978; *W. E. Richartz*, Büroroman. Zürich 1976; *H. Bosetzky,* Dich reitet wohl der Schimmel. Reinbek 1987; *H. Bosetzky* (Hrsg.), Bekenntnisse Berliner Büroinsassen. Berlin 1996; *E. Ballhaus*, Die Paragraphenreiter. München 1997; *P. Doll* et al. (Hrsg.), Beamticon. Der Beamte in der Karikatur. Herford 1984.

te Aktenmäßigkeit der Verwaltung und eine strenge Amtsdisziplin. Und schließlich die Feststellung, dass die Verwaltung die Alltagsform von Herrschaft sei.

„Die bureaukratische Herrschaft ist da am reinsten durchgeführt, wo das Prinzip der Ernennung der Beamten am reinsten herrscht."[11] Es ist daher nicht verwunderlich, dass die so genannten hergebrachten Grundsätze des Berufsbeamtentums in enger inhaltlicher Beziehung zu diesen Bürokratiemerkmalen stehen: das Lebenszeitprinzip und das Alimentationsprinzip, das besondere Dienst- und Treueverhältnis, die Gehorsamspflicht, die Pflicht zur vollen Hingabe, die Verpflichtung auf strenge Amtsverschwiegenheit und andere.

Die verwaltungswissenschaftliche Literatur birgt noch eine ganze Anzahl weiterer Wesensmerkmale der öffentlichen Verwaltung oder ihrer Kultur. Im Kern laufen sie darauf hinaus, dass sich die Rolle der Mitarbeitenden durch eine *doppelte Machtunterworfenheit* einerseits und durch eine *eigene Machtposition* nach außen andererseits auszeichnet.

a) Legalitätsprinzip und Amtshierarchie

Für die Mitglieder der bürokratischen Organisation bergen beide Kulturelemente ein vernetztes Risiko: Sie müssen die Verantwortung für ihr Handeln übernehmen und laufen gleichzeitig Gefahr, den Erwartungen der Autoritäten nicht zu entsprechen oder in ihren Entscheidungen nicht den vielen Normen zu genügen, die ihre Arbeit regeln: die Verfassung, Gesetze, Verordnungen, Ausführungsvorschriften, interne Verfügungen und dienstliche Weisungen. Das historisch begründete besondere Gewaltverhältnis zwischen dem Staat und seinen Dienerinnen und Dienern mag in vielen Behörden oder in einzelnen Ämtern nicht mehr konkret wahrnehmbar sein, es ist aber doch als Grundzug des Dienstverhältnisses deutlich spürbar. Es wird mit Nachdruck in Ausbildungen und in offiziellen Verlautbarungen tradiert und hat eine Absicherung in dem ungeheuer differenzierten dienstrechtlichen Regelwerk einschließlich des Disziplinarrechts.

Dass dieses Regelwerk nicht für „die Welt da draußen", sondern speziell für das Leben in der Behörde selbst entwickelt wurde und dort bestens gedeiht, ist zugleich Ausdruck für eine tief sitzende, nicht persönlich sondern strukturell bedingte *Misstrauenskultur* in den eigenen Reihen. Der vielstufige Dienstweg, zeitaufwändige Mitzeichnungen, mehrfache Aufsichtsregelungen etc. sekundieren diesem Misstrauen und dem daraus ent-

---

[11] *M. Weber*, Wirtschaft und Gesellschaft, zitiert nach Studienausgabe Tübingen: Mohr 1972, S. 127.

springenden Kontrollbedürfnis. Neue Mitglieder lernen, dass es schlimmer ist, einen Fehler zu machen oder zu übersehen, als mit Kontrollen, Doppelarbeiten und langen Vorlagezeiten die Effizienz des Verwaltungshandelns zu minimieren. Und sie machen so die „Verwandlung des Entscheidungsträgers zum Bedenkenträger“[12] durch. Vorherrschend sei ein „Denken in Schranken und Vermeiden von Fehlern“, schreibt Thomas Faust[13] und Hermann Glaser spitzt ironisch zu, der allgemein-menschliche „Wille zur Schachtel … (sei) in der Verwaltung oft bewunderungswürdig am Werk“[14].

Das Prinzip der Rechenschaftspflicht gegenüber Vorgesetzten und das Prinzip der absoluten Bindung an Recht und Gesetz bilden damit potenzielle Gefährdungen: Ihre Nichtbeachtung führt zur Bestrafung, zieht Sanktionen nach sich, wenn auch oft nur soziale Sanktionen wie Kritik, Ermahnungen oder Vorwürfe mit den psychologischen Folgen von Verunsicherung, Peinlichkeit und Angst. Berufliche Entscheidungen tragen stets dieses Risiko in sich.

Die Statistiken weisen zwar aus, dass die formellen Sanktionen des Disziplinarrechts oder der Regressverpflichtungen nur selten angewandt werden. Sie werden aber immer als latente Drohungen empfunden. Und ähnliches gilt für die Gefahr rechtlicher Konsequenzen bei nicht gesetzeskonformen Entscheidungen oder Handlungen. Hier wird das einzelne Mitglied zwar durch seine Institution, die Behörde, geschützt: Rechtsmittel wenden sich nicht an die Bearbeiter, sondern an die Körperschaft. Dennoch muss damit gerechnet werden, dass ihr Schatten auch diejenigen erreicht, die sie durch ihre Entscheidung ausgelöst haben.

Das zugrunde liegende soziale Interaktionsmuster ist die (latente) Drohung, subjektiv das bewusste oder verdrängte Empfinden von Bedrohtsein durch die schwer berechenbaren Folgen des eigenen, nicht korrekten Verhaltens. Drohungen müssen nicht konkret ausgesprochen werden, um wirksam zu sein. Sie müssen nicht einmal in der Absicht der handelnden Akteure angelegt sein. Das Disziplinarrecht stellt keine unmittelbare, sondern eine strukturelle Drohung dar.

3. Schreiben als Risiko und Macht

An dieser Stelle können Sprache und Organisation verknüpft werden, und zwar aufgrund der Ähnlichkeit dieser potenziellen beruflichen Bedrohungs-

---

[12] *G. Armanski*, Das gewöhnliche Auge der Macht. Berlin: Transit 1983, S. 176.

[13] *Th. Faust*, Organisationskultur und Ethik: Perspektiven für öffentliche Verwaltungen. Berlin: Tenea 2003, S. 89.

[14] *H. Glaser*, Das öffentliche Deutsch. Frankfurt/M.: Fischer 1972, S. 59.

situation mit jeder Kommunikation, insbesondere in ihrer schriftlichen Form. Der schriftlichen Kommunikation hängt nämlich dieses selbe Gefährdungspotenzial an. „Alles Schreiben ist ein Risiko. Es hat immer etwas zu tun mit Bestätigung und Bewährung.“[15] Schreiben ist der Versuch, etwas Gemeintes in ein System von Zeichen zu bannen, aus dem es dann wieder zurückgeholt und in Information und Verstehen verwandelt werden muss. Darin liegt die existenzielle Verunsicherung durch Sprache: Wir wissen nicht, ob es uns immer gelingt, das „Richtige“ zu denken und es dann auch „richtig“ aufzuschreiben, und wir wissen nicht, ob die Anderen, die unseren Text aufnehmen, ihn „richtig“ decodieren und deuten. Ob sie ihn so verstehen, wie wir ihn gemeint haben.

Peter Sloterdijk hat diesen Gedanken als Einstieg in seine Frankfurter Vorlesung zur Poesie ausgewählt und sich dabei auf ein Zitat von Paul Celan gestützt: „Die Poesie zwingt sich nicht auf, sie setzt sich aus.“[16] Dieses Sichaussetzen gilt für alle Kommunikation. „Sprache“, sagt Hermann Glaser, „ist eben kein Besitz, sondern Wagnis“[17].

Mit unseren Schriftsätzen setzen wir Mitglieder von Verwaltungsorganisationen uns ebenfalls aus, und zwar

- den befürchteten Korrekturen durch Vorgesetzte
- den oft sehr unfreundlichen Reaktionen der Adressaten
- der fachlichen, das heißt vor allem rechtlichen Kritik von Anwälten und Gerichten.

Wer sich aber ständig in das Risiko begeben muss, durch ein Sichaussetzen auf Kritik, Zurechtweisungen und formelle Sanktionen zu stoßen – die Soziologie spricht hier auch von der „Normenfalle“[18] – der sucht nach Abhilfe. Strafe gebiert Angst und Angst sucht nach Mechanismen, sich ihrer zu erwehren. An dieser Stelle wäre ein gedanklicher Exkurs zum Stichwort „bürokratische Persönlichkeit“ lohnend, wenn er nicht den Rahmen dieses Beitrags sprengen würde.[19]

---

15 *H. H. Eggebrecht*, Musik im Abendland. München/Zürich 1996, S. 417.

16 *P. Sloterdijk*, Zur Welt kommen – zur Sprache kommen. Frankfurt/M.: Suhrkamp 1988, S. 7.

17 *H. Glaser*, Weshalb heißt das Bett nicht Bild? München: Hanser 1973, S. 129.

18 *J. Schulz zur Wiesch*, Normenfalle. In P. Heinrich/J. Schulz zur Wiesch, Wörterbuch der Mikropolitik. Opladen: Leske + Budrich S. 195–196.

19 Vgl. die Anregungen dazu im Abschlusskapitel von *H. Bosetzky/P. Heinrich/J. Schulz zur Wiesch*, Mensch und Organisation. Stuttgart: Kohlhammer/Deutscher Gemeindeverlag, 6./2002.

a) Verwaltungssprache als Technik der Risikominderung

Als eine solche grundsätzliche Abhilfe erweist sich die Verwendung der tradierten Verwaltungssprache, übrigens wie jeder Fachsprache.

Da ist zunächst und ganz nahe liegend der enge *Bezug zu Regelwerken,* der zugleich eine präzise *Detailgenauigkeit* zeigt oder zeigen soll.

„... hiermit werden Ihnen mit Wirkung vom 10. Oktober ... die Obliegenheiten eines Amtes der BesGr. A 14 zum Zwecke der späteren Beförderung nach § 23 der Verordnung über die Laufbahnen der Beamten des Verwaltungsdienstes (VLVO) in der Fassung vom 24. September 1986 (GVBl. S. 1550) in Verbindung mit § 2 Nr. 12 Buchst. d des Dritten Gesetzes über die Vereinheitlichung des Berliner Landesrechts vom 19. Dezember 1991 (GVBl. S. 294) übertragen."

Wer sich so auf Gesetze oder andere Normen beruft oder berufen kann, der scheint a priori schon einmal unangreifbar auf der richtigen Seite zu stehen. Er sichert sich durch den Bezug auf Bestehendes ab.

Die Verwendung neuer Formulierungen oder gar neuer Wörter erhöht unter Umständen die ästhetische Akzeptanz von Texten, behördenintern verstärkt sie aber auch das Risiko, dass die Normenfalle zuschnappt. Das Verharren beim Bewährten, das Wiederholen von Eingeschliffenem und die Ausbildung von Traditionen sind daher sichere Hilfen beim Versuch der Risikominderung. Verwaltungssprache ist also auch ein Versuch, Verantwortung auf die Sprache zu delegieren. Verwaltungssprache ist konservativ.

Sie sieht daher *alt* aus, wörtlich gesehen. Sie verwendet Wörter, die aus dem allgemeinen Sprachschatz der deutschen Hochsprache weitgehend verbannt sind: Die „Obliegenheiten" haben wir schon kennen gelernt. „Vorgenannt", „obig", „fertigen", „zur gefälligen Kenntnisnahme" sind weitere Beispiele.

Erfreulicherweise kann man aber auch feststellen, dass die Verwendung altmodischer Wörter und Floskeln in den vergangenen Jahrzehnten deutlich zurückgegangen ist. Ausdrücke wie „ergebenst" oder „mit vorzüglicher Hochachtung" sind nicht mehr ernsthaft im Gebrauch.

b) Verwaltungssprache als Fachsprache

Eine besondere Rolle spielt die *Fachsprachlichkeit* der Verwaltungssprache. Fachsprachlichkeit zeigt sich am deutlichsten an der Verwendung von Begriffen, die außerhalb der Fachsprache nicht zum üblichen Sprachreservoir gehören. Besonders auffällig sind Fremdwörter als Fachwörter: *Indemnität, Naturalobligation, Trichotillomanie, Pansophie oder Systematische*

Desensibilisierung sind leicht als Fachtermini zu erkennen. Kaum jemand, der nicht vom jeweiligen Fach ist, kann damit etwas anfangen.

Anders ist es mit vielen Fachtermini aus der Rechts- und Verwaltungssprache wie *Heilung, Erinnerung, Bereicherung, Wegfall, niederschlagen, freihändig, vertretbar, Nacheile oder Einrede.*

Hier handelt es sich um Wörter, die aus dem Vokabular unseres Alltags stammen, aber ihre besondere fachsprachliche Bedeutung haben, wie auch im folgenden Beispiel aus einem Kindergeldbescheid: *„Ein Wegfall der Bereicherung kann nicht unterstellt werden."*[20] „Bereicherung" ist in der Alltagssprache ein wertender Ausdruck, dem etwas Illegales, Unmoralisches und Unsolidarisches anhaftet. Tatsächlich ist hier das durch Bescheid zugebilligte Kindergeld gemeint, das aufgrund eines nicht erwarteten Einkommens des Kindes nunmehr – wie angekündigt – zurückgezahlt werden muss. Auch „unterstellen" ist nicht wirklich neutral, lässt die unruhige Frage aufkommen: „Wer will hier wem etwas unterstellen?" Und schließlich heißt „Wegfall" in diesem Zusammenhang „ausgegeben, nicht mehr verfügbar". Die Aussage des Satzes ist kindergeldrechtlich korrekt. Der Ton, der die Musik macht, ist dagegen verunsichernd und verletzend.[21]

Eine korrekte Fachsprachlichkeit von Verwaltungstexten ist vor allem ein Absicherungsfaktor nach innen, das heißt genauer nach „oben". Die Blöße, die man sich gegenüber den Vorgesetzten nicht geben will, würde die durchschnittliche Bescheidempfängerin gar nicht erkennen. Eher passiert es, dass Missverständnisse aufgrund unterschiedlicher Alltags- und Fachsprachenbedeutung entstehen oder dass Texte unverständlich werden, ohne dass sie fremde Wörter enthielten:

> „Einwendungen gegen Entscheidungen in diesem Bescheid können nur durch Einspruch gegen diesen Bescheid geltend gemacht werden. Ein anderer Bescheid, dem die in diesem Bescheid getroffenen Entscheidungen zugrunde gelegt werden, kann nicht mit der Begründung angefochten werden, dass die in diesem Bescheid getroffenen Entscheidungen unzutreffend seien."

Fachsprachlichkeit von Texten lässt sich aber auch positiv(er) interpretieren als Ausdruck von Fachkompetenz, die nach innen und außen und übrigens auch sich selbst gegenüber ein wichtiger Faktor der Selbstbestätigung ist, ein gesunder Mechanismus zur Entwicklung und Stabilisierung von

---

[20] *P. Heinrich*, Grenzverschiebung durch Sprache – eine Ausbildungsaufgabe. In: H. P. Prümm (Hrsg.), 25 Jahre Lehre und Forschung für die Verwaltung. Berlin: Hitit 1998, 89–102.

[21] Es gibt auch Wörter mit konkurrierenden Bedeutungen zwischen zwei Fachsprachen und zusätzlich der der Alltagssprache wie beim Beispiel ‚Tenor' – mal vorne und mal hinten betont; vgl. *P. Heinrich*, Der Tenor – Erkundungen zu einem Wort. Ausbildung – Prüfung – Fortbildung 2007, 33, 190–192.

Ich-Stärke. In weniger höflicher Form kann das auch Imponiergehabe genannt werden oder fachsprachlich „Impression Management“[22].

c) Verwaltungssprache als Ausdruck von Macht

Neben der Risikominderung ist es der Gestus der Macht, der die Verwaltungssprache als Element der Verwaltungskultur kennzeichnet. Die Verwaltungssprache kann als Ausdruck jenes Machtgefälles fungieren, bei dem die Verwaltungsmitglieder nicht unten sondern oben stehen: als Teil der Staatsmacht gegenüber den „Bürgern“, die heute nicht mehr Untertanen genannt werden, die aber in manchen Ämtern und eben in der Verwaltungssprache doch noch oft so behandelt werden.

„Poesie zwingt sich nicht auf, sie setzt sich aus.“ Dieses Zitat von Paul Celan können wir jetzt abwandeln: *Verwaltungssprache zwingt sich auf, um sich nicht aussetzen zu müssen.*

Da geht es um das Aufbauen der eigenen Position durch eine kräftig wirkende, kompakte Sprache mit dem herausragenden Merkmal des *Nominalstils* und weiterer Komprimierungstechniken:

Verben werden durch die Bildung auf „-ung“ in Substative umgewandelt: „Bescheidung“ oder gar „Erstbescheidung“, „Verbeamtung“, „die Tragung eines Risikos“.

Substantive werden zu *mehrgliedrigen Wörtern* zusammengesetzt: „Leistungsnachweiserbringungspflicht“, „wohngeldrechtsseitig“ und besonders gern und sinnvoll in Gesetzeskurztiteln wie „Professorenbesoldungsreformumsetzungsgesetz“.

Substantive werden zu längeren *Substantivketten* zusammengefügt: „Ihnen wird hiermit zugleich die Möglichkeit der Ableistung der gem. Verordnung über die Laufbahn der Beamten des Verwaltungsdienstes erforderlichen Einführungszeit in einem Beförderungs- statt in einem Einstiegsamt der Laufbahn eröffnet“ (10 Substantive).

Substantive und besonders *substantivierte Verben* werden mit schwachen Verben verbunden und ersetzen das einfache Verb: „In Augenschein nehmen“ statt „ansehen“, „zur Aufhebung bringen“ statt „aufheben“, „zur Anzeige bringen“ statt „anzeigen“.

Verwendung von unpersönlichen *Passivformen*: „Es wird darauf hingewiesen“, „Sie werden hiermit aufgefordert“, „Antragsteller haben … nachzu-

---

[22] *H. D. Mummendey*, Impression Management. In: P. Heinrich/J. Schulz zur Wiesch (Hrsg.), Wörterbuch der Mikropolitik. Opladen: Leske + Budrich 1998, S. 106–107.

weisen", „Die Dienststelle ist zu informieren", „In dieser Arbeit wurde sich um eine umfassende Gesamtdarstellung bemüht".

Durch *Partizipialkonstruktionen* werden Nebensätze vermieden: „die in der Bearbeitung befindlichen Vorgänge", „das zu erstellende aber hier noch nicht vorliegende Gutachten", „die getätigten Eintragungen".

Örtliche, zeitliche und sonstige Bestimmungen, aber auch Substantive werden *adjektivisch* gebraucht: „die seinerzeitige Genehmigung", „die diesseitige Auffassung", „die kindergeldrechtliche Berücksichtigung".

Der *Verzicht auf Artikel*: „beigefügte Kopie sende ich ...", „Weg wird winterdienstmäßig nicht behandelt" (in einem Stadtpark).

Diese Liste von sprachlichen Besonderheiten, die Verwaltungssprache kompakt machen und ihr den Eindruck von gedrängter Dichte, von Kompetenz und Fachlichkeit verleihen, ließe sich fortsetzen.[23] Im Ergebnis demonstrieren und sichern sie subjektiv die Machtposition.

Dies kommt schließlich in besonderem Maße durch die Verwendung von Bestimmungswörtern zum Ausdruck, die den *Handlungsspielraum der Adressaten stark eingrenzen* oder ganz aufheben: „unverzüglich", „umgehend", „umfassend", „genauestens", „sämtliche", „ausnahmslos" etc. Dies sind Formulierungen aus Befehlen. Sie lösen beim Adressaten Unsicherheit und Angst aus, gegebenenfalls aber auch Widerstand („Reaktanz"[24]): „Nun gerade erst recht!"

Ich nenne als letztes die Verwendung von Wörtern, deren Konnotationen das *Machtgefälle* zwischen der „Obrigkeit" und den „Petenten" offen legen. Das erste Beispiel: In vielen Zusammenhängen wird das Wort „gewähren" gewählt und damit eine gewisse gnädige Großzügigkeit der Handelns suggeriert. „Gewähren" setzt einen persönlichen Entscheidungsspielraum voraus, den man zugunsten eines Petenten nutzen *kann*, aber nicht *muss*. Man kann jemandem Aufschub gewähren, den man ihm auch versagen könnte. Man kann jemandem Einblick gewähren, um ihm einen Gefallen zu tun. Man kann jemandem Einlass gewähren, den man auch vor der Tür stehen lassen könnte. Gerade dieses letzte Bild ist als Grundmotiv von Kafkas „Vor dem Gesetz" besonders geeignet, die Machtdimension von „gewähren" deutlich zu machen.[25]

Viele Leistungen der Verwaltung kann man aber gerade nicht „gewähren" (nach dem Duden vor allem: „großzügigerweise geben"), weil sie geleistet

---

[23] Vgl. *P. Heinrich*, Sprache als Instrument des Verwaltungshandelns. Berlin 1994, S. 63 ff.

[24] *D. Frey/S. Greif* (Hrsg.), Sozialpsychologie. Beltz 4./1997.

[25] Vgl. dazu den Beitrag von *K. Lerch* „Vor dem Türhüter des Gesetzes – Verwaltungssprache und Rechtsgewährung" in diesem Band.

werden müssen, wenn die entsprechenden Voraussetzungen erfüllt sind. „Gewähren“ geschieht von oben nach unten. Beispiel: die neue W-Besoldung für Professoren an deutschen Hochschulen. § 33 Bundesbesoldungsgesetz sieht vor, dass den Professoren zusätzlich zum Grundgehalt variable Leistungsbezüge „gewährt“ werden können. Tatsächlich haben sie einen Anspruch zum Beispiel auf Funktionsleistungsbezüge im Falle der Übernahme eines Amtes wie das der Rektorin oder des Rektors.

Das zweite Beispiel ist ein Wort, das vielleicht das problematischste Fachwort der Verwaltung ist, das bisher aber trotz vieler Versuche nicht wirkungsvoll von seinem Thron gestoßen werden konnte, obwohl es sehr leicht ersetzbar wäre: die Rechtsbehelfsbelehrung. „Rechts-“ ist natürlich in Ordnung, „behelfs“ hat sehr unerfreuliche Assoziationen zu „Notlösung“, „behelfsmäßig“, „vorübergehend“, „improvisiert“ und ähnliche, und die „Belehrung“ schließlich zementiert die Rollen vom Erzieher und seinem Zögling, vom Lehrer und Schüler, von den Wissenden und den unbeholfen Unwissenden. Über das Unwort „Rechtsbehelfsbelehrung“ ist schon viel geklagt und debattiert worden. Als Ersatz bietet sich der Ausdruck „Ihr Recht“ ebenso an[26] wie der Verzicht auf eine Überschrift vor den Informationen über die rechtlichen Möglichkeiten, sich gegen den Verwaltungsakt zu wehren. Dass die Informationen gegeben werden müssen, ist zwingend vorgeschrieben, wenn der Fristlauf beschränkt werden soll. Ein Titel ist dafür aber nicht zwingend erforderlich.

III. Fazit

Die Verwaltungssprache ist eine Fachsprache. In einem sozialen Umfeld, dass – zugespitzt formuliert – durch eine dauerhafte, wenn auch latente Bedrohungssituation gekennzeichnet ist, gibt eine konservative und stark formalisierte Verwaltungssprache ihren Nutzern die Chance, mögliche negative Folgen eines Sichaussetzens zu vermeiden und sich zugleich durch einen sprachlichen Gestus der Macht selbstsicher zu etablieren.

---

[26] Für diese Lösung hat sich zum Beispiel die Deutsche Rentenversicherung entschieden.

Vor dem Türhüter des Gesetzes

Verwaltungssprache und Rechtsgewährung

Kent D. Lerch

I.

„Vor dem Gesetz steht ein Türhüter. Zu diesem Türhüter kommt ein Mann vom Lande und bittet um Eintritt in das Gesetz. Aber der Türhüter sagt, dass er ihm jetzt den Eintritt nicht gewähren könne (...). Solche Schwierigkeiten hat der Mann vom Lande nicht erwartet, das Gesetz soll doch jedem und immer zugänglich sein, denkt er ...“[1]

Bekanntlich scheitert der Mann vom Lande vor dem Gesetz: trotz aller Anstrengungen findet er keinen Eintritt. Das Gesetz bleibt ihm – wie allen Geschöpfen Kafkas – ebenso unverständlich wie unzugänglich. Sein Schicksal erfüllt sich in existenzieller Angst und Ratlosigkeit vor jenen Gesetzen, nach denen zu leben ihm bestimmt ist. Die kurze Erzählung ist in der Kafkaforschung vielfach interpretiert worden, nicht zuletzt, als Kafka selbst vierzehn Jahre lang als Beamter und Jurist mit der Interpretation von Gesetzen in besonderer Weise vertraut war.[2] Es nimmt daher nicht wunder, dass einige Interpreten annehmen, „dass der Türhüter als die unüberwindliche Barriere zwischen dem Mann vom Lande und dem Gesetz eine Barriere aus Sprache darstellt“.[3] Die Unverständlichkeit der Gesetzessprache produziere und reproduziere Angst, jene Angst, die das Prinzip der Legalität staatlicher Entscheidungen ursprünglich habe lindern wollen. Die Sprach- und Verstehensbarrieren äußerten sich für den Rechtssuchenden in Schwellenangst, Vertrauensverlust, Verunsicherung oder versäumten Möglichkeiten, ein Rechtsmittel zu ergreifen. Gestützt wird diese Annahme allem Anschein nach auch durch eine Reihe empirische Untersuchungen, welche als den

---

[1] *Franz Kafka,* Vor dem Gesetz, in: Selbstwehr. Unabhängige jüdische Wochenschrift. Herausgegeben von Siegmund Kaznelson, Jg. 9 (1915), Nr. 34 (7. September 1915).

[2] Siehe dazu *Klaus Hermsdorf,* Arbeit und Amt als Erfahrung und Gestaltung, in: Klaus Hermsdorf (Hrsg.), Franz Kafka: Amtliche Schriften. Berlin 1984, 9 ff.

[3] So *Oskar E. Pfeiffer/Ernst Strouhal/Ruth Wodak*, Recht auf Sprache. Verstehen und Verständlichkeit von Gesetzen. Wien 1987, 3.

Hauptkritikpunkt der Bevölkerung an den Institutionen Justiz und Verwaltung deren unverständliche Sprache ausgemacht haben.[4]

Die Kritik an der Rechtssprache ist indes nichts Neues, denn Klagen darüber, dass man das Recht nicht verstehen könne, erreichen uns schon aus dem alten Rom. Kaum hatte man das bis dahin nur mündlich überlieferte Gewohnheitsrecht schriftlich niedergelegt,[5] bemerkten die Römer, die sich nun endlich im Besitz des einen für alle verständlichen Rechts wähnten, dass die Zwölftafelgesetzgebung zwar das Recht festlegte, aber keineswegs die Rechtskunde gewährte:

> „Nachdem diese Gesetze gegeben worden waren, ergab es sich nach und nach, wie es gewöhnlich zu geschehen pflegt, dass die Auslegung derselben des Ansehens der Rechtsgelehrten und des nothwendigen Disputirens vor Gericht bedurfte."[6]

Je mehr Juristen sich zu Wort meldeten, desto subtiler und differenzierter wurden die Wörter des Zwölftafelgesetzes und die seiner Auslegungen ihrerseits ausgelegt. Mit dieser ständig anwachsenden Menge lesbaren Wissens wurde das Recht aber allmählich unüberschaubar. Die Suche nach dem allgemeinverständlichen Gesetz ist seither nicht mehr abgerissen. Auch in Deutschland verlangte man schließlich nach verständlichen Gesetzen. Schon 1643 forderte der Universalgelehrte Hermann Conring, man solle

> „die Gesetze in einer Sprache niederschreiben, die knapp, klar und vaterländisch ist. Das ist dann auch denen verständlich, die nach den Gesetzen zu leben verpflichtet sind. … Nichts ist nämlich ungerechter, als wenn man nach einem Gesetz leben soll, das man nicht versteht."[7]

---

[4] *Helmut Klages/Peter Schäfer/Wolfram Schmittel*, Kontakt zum Bürger als Verwaltungsleistung. Speyer 1983, *E. Kreisky*, Empirische Grundlagen über das Verhältnis der öffentlichen Verwaltung zur Bevölkerung, in: Gerhart Holzinger (Hrsg.), Bürgernahe Verwaltung. Wien 1981, *Rudolf Wassermann/Jürgen Petersen* (Hrsg.), Recht und Sprache. Beiträge zu einer bürgerfreundlichen Justiz. Heidelberg 1983, 9 ff., *Pfeiffer/Strouhal/Wodak*, Recht auf Sprache (Fn. 3).

[5] Die Entstehung des Zwölftafelgesetzes ist uns überliefert durch die Erzählungen von *Titus Livius*, Ab urbe condita. Die Anfänge Roms: Römische Geschichte I–V. Übersetzt von Hans Jürgen Hillen. München 1991, 3.31 ff., Dionysios, Archaiologia, in: The Roman Antiquities of Dionysius of Halicarnassus. Vol. I–VII. With an English Translation by Earnest Cary. Cambridge (Mass.) 1971, 10.54 ff. und Diodor, Bibliotheca, in: Diodorus of Sicily. Vol. 1–12. With an English Translation by Charles Henry Oldfather. Cambridge (Mass.) 1984, 12.23 f. Wie aus den Zwölf Tafeln „die Magna Charta der modernen römischen Rechtsgeschichte" wurde, schildert *Marie Theres Fögen*, Römische Rechtsgeschichten. Über Ursprung und Evolution eines sozialen Systems. Göttingen 2002, 65 ff.

[6] „His legibus latis coepit (ut naturaliter evenire solet, ut interpretatio desideraret prudentium auctoritatem) necessariam esse disputationem fori", D.1.2.2.5 (Sextus Pomponius).

[7] Igitur primum sermone utique scribendae leges fuerint brevi, plano, & patrio. Hic enim demum perspicuus est illis qui legibus vivere obstricti sunt. … Iniquius

Es sollte indes noch gute einhundert Jahre dauern, bis der Gedanke von der Verständlichkeit der Gesetze durch die deutschen Aufklärer aufgegriffen wurde, angestoßen von Montesquieu, der mit seiner Schrift „Vom Geist der Gesetze" die Maßstäbe setzte, nach denen sich die europäischen Gesetzgeber in Zukunft richten sollten. Hinsichtlich der Gesetzessprache verordnete er:

> „Ihr Stil muß knapp sein … Die Sprache des Gesetzes muß einfach sein; der schlichte Ausdruck wird immer besser verstanden als der ausgeklügelte … Wesentlich ist, daß die Worte des Gesetzes bei allen Menschen die gleichen Vorstellungen hervorrufen."[8]

Mochte man auch schon zuvor die Einfachheit der Gesetze zum Ideal erhoben haben, so erhielt der Ruf nach verständlichen Gesetzen nun einen politischen Gehalt. Durch die Lehren der Aufklärung wurde die Sprachfrage zu einer Forderung an den Gesetzgeber und die Gesetzessprache zum Gegenstand der Politik. Von den Geboten der Klarheit, Einfachheit und Bestimmtheit der Gesetzessprache sollte künftig jeder reden, der sich zu Fragen der Gesetzgebung äußerte. Nur ein Jahr nach dem Erscheinen der ersten Auflage von Montesquieus Erfolgsbuch legte der vom Geist der französischen Aufklärung inspirierte junge Preußenkönig Friedrich II. in seiner Abhandlung „Über die Gründe, Gesetze einzuführen oder abzuschaffen" sein Ideal einer guten Gesetzgebung so nieder:

> „Die einzelnen Bestimmungen müßten so klar und genau sein, daß jeder Streit um die Auslegung ausgeschlossen wäre. Sie würden in einer erlesenen Auswahl des Besten bestehen, was die bürgerlichen Gesetze ausgesprochen haben, und in einfacher und sinnreicher Weisen den heimischen Gebräuchen angepaßt sein. … Deutliche Gesetze geben keine Gelegenheit zur Rechtsverdrehung und müssen buchstäblich vollstreckt werden."[9]

Doch obgleich die Aufklärung die Verständlichkeit der Gesetze zu ihrem Anliegen gemacht hatte, wirkte sich dies kaum auf die Gesetzessprache aus; eine das Recht vereinfachende und die Gesetzesauslegung eindämmende Sprache wurde zwar in allen Staaten angestrebt, doch die Verwirklichung dieser Absicht ließ so sehr zu wünschen übrig, dass Friedrich der Große in einer Kabinettsorder zur Ausarbeitung des Allgemeinen Landrechts bemerken musste:

---

enim nihil est quam siquis secundum legem vivere debet, quam non intelligit, *Hermann Conring*, De origine iuris Germanici, in: ders., Opera. Bd. 6. Herausgegeben von Johann Wilhelm Göbel. Braunschweig 1730, 187.

8 *Charles Louis de Secondat de Montesquieu*, Vom Geist der Gesetze. Herausgegeben und übersetzt von Ernst Forsthoff. Tübingen 1951, Buch XXIX, 16. Kapitel, 364.

9 *Friedrich II.*, Über die Gründe, Gesetze einzuführen oder abzuschaffen, in: Die Werke Friedrichs des Großen, Bd. 8: Philosophische Schriften. Herausgegeben von Gustav Berthold Volz. Berlin 1913, 22.

„Was die Gesetze … betrifft, so finde ich es unschicklich, dass solche grösstenteils in einer Sprache geschrieben sind, welche diejenigen nicht verstehen, denen sie doch zur Richtschnur dienen sollen. Ihr müsst also vorzüglich dahin sehen, dass alle Gesetze für unsere Staaten und Unterthanen in ihrer eigenen Sprache abgefaßt werden.“[10]

Der König erwartete von der Gesetzgebungskommission, dass die „möglichste Deutlichkeit und Simplicité eines natürlichen und ungezwungenen Erzählerstyls“ erreicht werde und „affectirte Wendungen, neu gemachte Worte … imgleichen Termini technici, wenn sie nicht allgemein bekannter Verständlichkeit“ seien, vermieden würden.[11] Die Sprache des Gesetzbuchs, das dann nach dieser Direktive konzipiert wurde, galt unbestritten als volkstümlich, wie auch die Abfassung jedes Paragraphen in einem einfach und nachvollziehbar formulierten Satz gelungen war;[12] allerdings war der kurzen Fassung der Normen und ihrer kasuistischen Gestaltung nun ein Gesetz von über 19.000 Paragraphen geschuldet – ein Umstand, der den König zu der Bemerkung veranlasste: „Es ist aber Sehr Dicke und gesetze müssen kurtz und nicht Weitläufig seindt.“[13]

Der aufgeklärte Absolutismus war natürlich nicht um Bürgernähe bemüht, sondern vielmehr darum, wie die Rechtssprache beschaffen sein sollte, um das Verhalten der Rechtsunterworfenen in wirksamer Weise anleiten zu können. Alle Bemühungen um verständlichere Gesetze fanden daher mit der Abkehr vom Gedanken einer umfassenden, alle Rechtsverhältnisse der Bürger verbindlich anleitenden Kodifikation ein schnelles Ende. Erst nach der Gründung des Kaiserreichs sollte es wieder zu offener Kritik an der Sprache des Rechts kommen; vorgebracht wurde sie vor allem von dem 1885 gegründeten Allgemeinen Deutschen Sprachverein, der sich wie die Sprachgesellschaften des 17. Jahrhunderts der Pflege der Muttersprache widmete und dabei vor allem der „Verdeutschung“ von Fremdwörtern widmete.[14]

---

[10] Allerhöchste Königl. Cabinets-Order die Verbesserung des Justiz-Wesens betreffend. De Dato Potsdam, den 14. April 1780, in: Novum Corpus Constitutionum Prussico-Brandenburgensium Praecipue Marchicarum (NCC). Herausgegeben von Christian Otto Mylius. Berlin 1753–1822. Bd. 6, Sp. 1935–1944.

[11] Reglement vom 24.3.1781, in: NCC (Fn. 10), Bd. 7, Sp. 3007.

[12] *Franz Wieacker*, Privatrechtsgeschichte der Neuzeit. 2. Aufl., Göttingen 1967, 333 m. w. N.

[13] Zentrales Staatsarchiv Merseburg, Rep. 84 XVI, 3, Vol. 2, fol. 41.

[14] Welchen Erfolg die Bemühungen des Allgemeinen Deutschen Sprachvereins im Kampf gegen das „Fremdwortunwesen“ hatten, mag daran ersehen werden, dass im heutigen Amtsgebrauch selbst dann eingedeutschte Wörter verwendet werden, wenn in der Gemeinsprache der Gebrauch von Fremdwörtern üblich ist; daraus erklärt sich die Verwendung des nur in der Verwaltungssprache verbreiteten „Fernsprechers“ anstatt des ansonsten üblichen Wortes „Telefon“.

Als einflussreichste der sprachpflegerischen Schriften gilt die Arbeit des Gießener Juraprofessors Louis Günther zum „Juristendeutsch".[15] Angetreten im Kampf gegen die „Sprachverwilderung" bei den Juristen, hatte er es sich zur Aufgabe gesetzt, das „Juristendeutsch" näher auf seine Eigentümlichkeiten hin zu prüfen, von denen „nur die wenigsten entschuldbare, die Mehrzahl derselben dagegen leider als Fehler, Unarten oder Untugenden zu bezeichnen sind"; als solche kritisierte er die „Bevorzugung der passiven Satzbildung vor der aktiven", die „rücksichtslose Sucht nach Kürze des Ausdrucks", den unmittelbar damit verbundenen Telegramm- und Nominalstil, welcher gleichwohl „Satzungeheuer" und „Bandwurmsätze" nicht ausschließe, die häufige Kompositabildung, Schachtelsätze und „Zopfstil" sowie die Flut der Fremd- und Modewörter.[16] Nichts dokumentiert deutlicher den Einfluss, welchen der Allgemeine Deutsche Sprachverein mit dieser Form der Sprachkritik auszuüben vermochte, als die Tatsache, dass diese und ähnliche Kritikpunkte bis heute zum fixen Inventar der Stilfibeln, legistischen Richtlinien und „Fingerzeige" zur Verwaltungssprache zählen.[17] Die Schwäche und letztlich Wirkungslosigkeit solcher Hinweise liegt darin, dass sie selbst nicht weiter begründbar sind und eine Fach- und Sondersprache nur als Abweichung von einer als ideal erachteten Norm ansehen können.[18]

Auffällig ist vor allem die ideologische Ausrichtung der von Günther geübten Kritik. Er beklagt, dass die „einst so sinnlich-lebendige Rechtssprache in der Zeiten Lauf dem modernen, nüchternen, bis zum Toten abstrakt gewordenen Juristendeutsch hat weichen müssen."[19] Die allgemeine Sprachentwicklung wird als Niedergang empfunden, als der fortschreitende „Verlust manches wertvollen Besitztums vergangener Zeiten", wobei sich „die Juristen von den Vertretern aller Fakultäten am ärgsten gegen unsere Muttersprache versündigen": An die Stelle der Volkstümlichkeit und Poesie des Rechts seien abstrakte, anämische Normen getreten, die der Bildhaftigkeit und des Humors des germanischen Rechts entbehrten.[20] Begründet sieht

---

[15] *Louis Günther*, Recht und Sprache: ein Beitrag zum Thema vom Juristendeutsch. Berlin 1898.

[16] *Günther*, Recht und Sprache (Fn. 15), 3, 22 ff., 25 f., 41 f., 45, 161.

[17] Statt vieler siehe nur *Ludwig Reiners*, Stilkunst. Ein Lehrbuch deutscher Prosa. München 1943; Bürgernahe Sprache in der Verwaltung. Herausgegeben vom Bayerischen Staatsministerium des Inneren. München 1979; *Michael Schmuck*, Klare Sprache für Juristen, in: Volker Römermann/Christoph Paulus, Schlüsselqualifikationen für Jurastudium, Examen und Beruf. München 2003, sowie das Handbuch der Rechtsförmlichkeit und die Fingerzeige für die Gesetzes- und Amtssprache (beide eingehend besprochen unter II.).

[18] So die Kritik von *Pfeiffer/Strouhal/Wodak*, Recht auf Sprache (Fn. 3), 7 ff.

[19] *Günther*, Recht und Sprache (Fn. 15), 19.

[20] *Günther*, Recht und Sprache (Fn. 15), 5.

Günther diesen Sprachverfall im Recht in der unheilvollen Rezeption des römischen Rechts, im Aufkommen des Lateinischen und in der Verdrängung der Schöffen durch Berufsjuristen.

Die Klage über die Gesetzessprache verbindet sich hier mit der Klage über den Verlust einer besonders dem Deutschen innewohnenden Form des Poetischen, Gemüthaften und Schönen; einzig daran entzündet sich die Sprachkritik. Das Postulat der Verständlichkeit nimmt demgegenüber eine bloß marginale Stellung ein, ist legitimierendes Beiwerk, nicht aber Triebkraft der Kritik. Da der mystische Sprachbegriff ideologisch permissiv ist, konnte der Sprachpurismus im weiteren immer aggressivere Züge annehmen: „Gut deutsch gesinnte Männer" sind aufgerufen, mit unermüdlichem Eifer eine „Reinigung der Muttersprache als eines nationalen Gutes" anzustreben, sich im „Kampfe gegen die entbehrlichen fremden Bestandteile unseres Sprachschatzes", gegen die „Sprachverwelschung", zu bewähren.[21]

„Die Sprache eines jeden Volkes ist vermischt mit fremdem Sprachgut", doch „in dem Maße, wie bei den Deutschen das Volksbewußtsein erwachte, machten sie Front gegen die fremden Ausdrücke, die sie gut in ihrer eigenen Sprache wiedergeben konnten. Denn immer ruft in einem gesunden Volke jede Unsitte eine Gegenarbeit hervor, die jene zu beseitigen sucht."[22]

Die Reinigung der deutschen Sprache erfordere dabei neben dem „Kampfe gegen die entbehrlichen fremden Bestandteile unseres Sprachschatzes" vor allem auch „die Ausrottung der auf einheimischem Boden gewachsenen Schmarotzerpflanzen",[23] für die das Recht besonders anfällig erscheint:

„Sämtliche Gesetze sollen sich an die gute Sprache des Umgangs halten, nicht schwerfällig, kein Papierdeutsch und am wenigsten ein Juristendeutsch reden ... Immer wieder kann man in unseren Gesetzen lateinische Einflüsse feststellen. In erster Linie kommt hier die übertriebene Anwendung der Leideform in Frage, die dem deutschen Empfinden nicht entspricht. Die Tatform dagegen gibt neben der Kürze dem Ausdruck mehr Schärfe, die Leideform hat dagegen etwas Unschlüssiges, Zaghaftes an sich, wie sie auch das Leiden und Dulden bezeichnet, ausdrückt, daß man etwas über sich ergehen läßt. Das Gesetz ist danach Befehl von außen her. Nach deutscher Auffassung entsteht es aber frei von innen heraus, man kommt ihm nach, nicht weil man muß, dazu gezwungen wird, sondern kraft freiwilliger Unterordnung aus eigenem Entschluß, weil man als Staatsbürger und Volksgenosse nicht anders kann."[24]

Noch heute spielt ein mystisch-ästhetisierender Zugang – ebenso wie die Auffassung der juristischen Sprachproduktion als einer künstlerischen und

---

[21] *Günther*, Recht und Sprache (Fn. 15), V f., 70.

[22] *Otto Steuernagel*, Die Einwirkungen des Deutschen Sprachvereins auf die deutsche Sprache. Berlin 1926, 9 f.

[23] *Günther*, Recht und Sprache (Fn. 15), VI.

[24] *Steuernagel*, Die Einwirkungen des Deutschen Sprachvereins auf die deutsche Sprache (Fn. 22), 18 ff.

die Betonung des Vorbildcharakters „gut formulierter Gesetze“ – in der juristischen Diskussion eine nicht unbedeutende Rolle; nur allzu oft verliert sich eine solche ästhetisierende Sprachkritik, die an einem unwiederbringlichen, besseren Gestern der Sprachverhältnisse haftet, in einer lediglich bewahrenden Anstrengung. Das Fehlen einer rationalen Begründung der Kritik hat eine normative Stilistik zur Folge, welche Sprache als ein ideales Ganzes und das Abweichen von ihr als Verstoß gegen ein natürliches Gesetz erachtet.[25]

II.

Auch in der Bonner Republik sollte man sich dem Traum vom verständlichen Gesetz nicht verweigern und wieder auf das altehrwürdige Verständlichkeitspostulat zurückkommen – allerdings mit einer für ein demokratisches Staatswesen angemesseneren Begründung. Weder sollte es um eine wirksamere Anleitung des Verhaltens der Rechtsunterworfenen gehen noch um die Reinhaltung der deutschen Sprache, das Wiederaufleben der Verständlichkeitsdebatte stand nun vielmehr unter demokratietheoretischen Vorzeichen. Man erklärte, die Forderung nach Bestimmtheit und Verständlichkeit der Gesetze sei ein klassisches demokratisches und rechtsstaatliches Postulat,[26] führte aus, die Verständlichkeit von Gesetzen sei ein Element der politischen Kultur einer Gesellschaft und im Grunde eine „Bringschuld des demokratischen Rechtsstaates“,[27] und legte dar, dass die Verwirklichung eines Rechts auf Sprache durch verständliche Normen auf die Aufhebung von Entfremdung und die Möglichkeit der demokratischen Kontrolle im Rechtsstaat ziele.[28]

All dem hat sich der Gesetzgeber nicht verweigern wollen und daher in der Gemeinsamen Geschäftsordnung der Bundesministerien vorgeschrieben, dass Gesetze „sprachlich richtig und möglichst für jedermann verständlich gefasst sein“ sollen (§ 42 Abs. 5 Satz 1 GGO).[29] Die sprachliche Prüfung von Gesetzes- und Verordnungstexten erfolgt dabei einerseits durch das

25 Vgl. *Reinhard Martin Georg Nickisch*, Gutes Deutsch? Kritische Studien zu den maßgeblichen praktischen Stillehren der deutschen Gegenwartssprache. Göttingen 1975.

26 *Konrad von Bonin*, Verfassungsrechtliche Überlegungen zu Recht und Sprache, in: Wassermann/Petersen (Hrsg.), Recht und Sprache (Fn. 4), 64 ff., 66.

27 *Lothar Paul*, Sprachkritik in der Juristenausbildung, in: Wassermann/Petersen (Hrsg.), Recht und Sprache (Fn. 4), 115 ff.

28 *Pfeiffer/Strouhal/Wodak*, Recht auf Sprache (Fn. 3), 12.

29 Diese Normierung der im Jahr 2000 überarbeiteten Gemeinsamen Geschäftsordnung der Bundesministerien ist an die Stelle der alten Regelung des § 35 Abs. 1 GGO II getreten, der zufolge die Gesetze „soweit wie möglich für jedermann verständlich gefaßt sein“ sollten.

Bundesministerium der Justiz, das die Kriterien der Rechtsprüfung im *Handbuch der Rechtsförmlichkeit*[30] systematisch zusammengestellt hat, andererseits durch den Redaktionsstab der Gesellschaft für deutsche Sprache beim Bundestag, der die Aufgabe hat, die Gesetzesvorlagen auf ihre Eindeutigkeit, Verständlichkeit und sprachliche Richtigkeit zu prüfen;[31] die dabei zu berücksichtigenden Aspekte hat die Gesellschaft für deutsche Sprache in ihrem Ratgeber *Fingerzeige für die Gesetzes- und Amtssprache*[32] veröffentlicht.

Obwohl sich der Gesetzgeber der Kritik an der Rechtssprache angenommen und mit der institutionalisierten linguistischen Rechtsprüfung konkrete Maßnahmen zur Verbesserung der Verständlichkeit der Gesetze getroffen hat – bewirkt hat er lange Zeit nur wenig. Das mag daran liegen, dass von den 300 bis 400 Gesetzesentwürfen sowie an die 300 Verordnungsentwürfen, die jedes Jahr in den Bundestag gelangen, nur ungefähr 50–70 Vorlagen an den für die sprachliche Rechtsprüfung zuständigen Redaktionsstab beim Deutschen Bundestag weitergeleitet wurden, der damit allerdings auch vollends ausgelastet, weil gerade einmal mit einer halben Stelle ausgestattet war;[33] es liegt aber wohl auch daran, dass die Empfehlungen, die dem Gesetzgeber in Werken wie den *Fingerzeigen für die Gesetzes- und Amtssprache* oder dem *Handbuch der Rechtsförmlichkeit* für die sprachliche Gestaltung von Gesetzen und Rechtsverordnungen gegeben werden, wissenschaftlich völlig unfundiert sind. Grewendorf hat darauf hingewiesen, dass hier mit Begrifflichkeiten gearbeitet wird, die den zu verbessern-

---

30 Handbuch der Rechtsförmlichkeit: Empfehlungen des Bundesministeriums der Justiz für die rechtsförmliche Gestaltung von Gesetzen und Rechtsverordnungen nach § 42 Absatz 4 und § 62 Absatz 2 der Gemeinsamen Geschäftsordnung der Bundesministerien. Herausgegeben vom Bundesministerium der Justiz, 3. Aufl., Köln 2008. Das Handbuch der Rechtsförmlichkeit ist nach § 42 Abs. 4 GGO bei der Formulierung von Gesetzestexten zu berücksichtigen.

31 So sind „Gesetzentwürfe … grundsätzlich dem Redaktionsstab der Gesellschaft für deutsche Sprache beim Deutschen Bundestag zur Prüfung auf ihre sprachliche Richtigkeit und Verständlichkeit zuzuleiten“ (§ 42 Abs. 5 Satz 3 GGO).

32 Fingerzeige für die Gesetzes- und Amtssprache. Rechtssprache bürgernah. Herausgegeben von der Gesellschaft für deutsche Sprache im Einvernehmen mit dem Bundesministerium des Innern und dem Bundesministerium der Justiz, 11. Aufl., Wiesbaden 1998.

33 Neben dem seit 1966 bestehenden Redaktionsstab der GfdS beim Deutschen Bundestag wurde im April 2009 allerdings der Redaktionsstab Rechtssprache beim Bundesministerium der Justiz eingerichtet. Er prüft seitdem alle Gesetz- und Verordnungsentwürfe der Bundesministerien auf sprachliche Richtigkeit und Verständlichkeit und wird dabei nicht nur in einem wesentlich früheren Stadium des Gesetzgebungsprozesses tätig, sondern ist auch mit sieben Sprachwissenschaftlern und Sprachwissenschaftlerinnen besetzt, welche langjährige Erfahrung mit der sprachlichen Bearbeitung von Rechtstexten haben, und somit deutlich besser ausgestattet als der Redaktionsstab beim Deutschen Bundestag.

den begrifflichen Bestimmungen der Gesetzessprache an Unklarheit nicht nachstehen.[34] So stellt das *Handbuch der Rechtsförmlichkeit* fest:

> „Die Sprachwissenschaft beurteilt die Verständlichkeit von Texten nach folgenden Merkmalen: Einfachheit, Kürze und Prägnanz, Gliederung und Ordnung."[35]

Davon einmal abgesehen, dass völlig unklar ist, was unter der Einfachheit und Prägnanz eines Textes zu verstehen ist, wird von diesen Bestimmungen suggeriert, Verständlichkeit sei eine den Texten innewohnende oder aber fehlende Eigenschaft. Verständlichkeit ist aber ein relationaler Begriff: Ein Text ist nicht für sich genommen verständlich oder unverständlich, er ist allenfalls für jemanden verständlich oder unverständlich.[36] Diese Adressatenabhängigkeit der Verständlichkeit findet aber bei den genannten Bestimmungen in keiner Weise Berücksichtigung, wie es überhaupt den Anschein hat, als ob die Erkenntnisse der Verständlichkeitsforschung der letzten zwanzig Jahre nicht rezipiert worden wären, sondern die Verständlichkeit der Gesetzestexte nach Kriterien beurteilt würden, die sich sprachpflegerische Kreise in bester Absicht gemeinsam ausgedacht haben.[37]

Nicht allein die Merkmale, nach denen sich Verständlichkeit beurteilen soll, sind es indes, die erheblichen Bedenken begegnen – auch die konkreten Empfehlungen für die sprachliche Gestaltung von Gesetzen, wie sie im *Handbuch der Rechtsförmlichkeit* und in den *Fingerzeigen für die Gesetzes- und Amtssprache* zu finden sind, erscheinen allenfalls bedingt geeignet, die Verständlichkeit der Gesetze herbeizuführen. So heißt es in den allgemeinen Hinweisen des *Handbuchs der Rechtsförmlichkeit* zur Wortwahl, dass Wörter genau und logisch richtig verwendet werden sollen, dass die Wortwahl zeitgemäß und redlich sein muss, dass weder Modewörter noch Fremdwörter verwendet werden sollten; die gewählten Wörter sollten das Gemeinte zutreffend wiedergeben, und es solle auf die Beziehung der Wörter zueinander und den Sinnzusammenhang geachtet werden.[38] Auch wenn diese Empfehlungen durch Beispiele illustriert werden, kann doch bezweifelt

---

[34] Ausführlich zur fehlenden wissenschaftlichen Grundlage der gegebenen Empfehlungen *Günther Grewendorf*, Die sprachliche Pflege des Rechts. Linguistische Aspekte der Rechtsprüfung, in: Zeitschrift für Literaturwissenschaft und Linguistik 118 (2000), 96 ff.

[35] Handbuch der Rechtsförmlichkeit (Fn. 30), Rn. 53.

[36] *Ludger Hoffmann*, Wie verständlich können Gesetze sein? in: Günther Grewendorf (Hrsg.), Rechtskultur als Sprachkultur. Zur forensischen Funktion der Sprachanalyse. Frankfurt 1992, 122 ff., 124.

[37] Grewendorf hat dementsprechend geurteilt, es werde hier „mit pseudotheoretischen Kategorien gearbeitet, die offenkundig noch aus den animistischen Zeiten der Sprachwissenschaft stammen", *Grewendorf*, Die sprachliche Pflege des Rechts (Fn. 34), 109 f.

[38] Handbuch der Rechtsförmlichkeit (Fn. 30), Rn. 68–79.

werden, dass Empfehlungen dieser Art bei der Formulierung von Rechtsvorschriften von großem Nutzen sind; man kann sich kaum vorstellen, dass der Gesetzgeber Empfehlungen von dieser Allgemeinheit und Selbstverständlichkeit tatsächlich benötigt.

Die Ausführungen über Aktiv und Passiv dagegen, die sich im *Handbuch der Rechtsförmlichkeit* und den *Fingerzeigen für die Gesetzes- und Amtssprache* finden,[39] verraten stilistische Präferenzen, die eher auf einen Sprachpurismus zurückzuführen sind als auf Einsichten darüber, wie die Sprache funktioniert. Anders ist nicht zu erklären, warum die Amtssprache die Möglichkeiten der Sprache nur eingeschränkt nutzen sollte. So wird etwa in den *Fingerzeigen für die Gesetzes- und Amtssprache* angemerkt, dass sich die „Unnötigkeit" einer passivischen Fügung dann erkennen lasse, „wenn der Handelnde doch, meist mit Hilfe der Präpositionen *in, von, durch, seitens* in Erscheinung tritt."[40] Man fragt sich allerdings, warum natürliche Sprachen über derart unnötige Konstruktionstypen verfügen, die noch dazu als „hölzern" und „trocken" anzusehen sind.[41] Die Tatsache, dass es Bedeutungsunterschiede zwischen Aktiv- und Passivkonstruktionen gibt, und dass mit diesen Konstruktionen unterschiedliche informationsstrukturelle Eigenschaften verbunden sind, die es bei der Wahl der geeigneten Formulierung zu berücksichtigen gilt, scheint denjenigen entgangen zu sein, die die sprachliche Pflege des Rechts zu ihrer Sache gemacht haben.[42]

Es bleibt damit zu konstatieren, dass die vorliegenden Empfehlungen für das Formulieren von Rechtsvorschriften ein nur unzureichendes Instrumentarium für die sprachliche Pflege des Rechts liefern. Die Aussagen über die Verständlichkeit der Gesetze beruhen offensichtlich vor allem auf den Intuitionen der Kritiker, während Erkenntnisse der Verständlichkeitsforschung kaum Niederschlag gefunden haben. Nicht berücksichtigt wurde insbesondere, dass Sprach- und Kognitionswissenschaft die Vorstellung, Verständlichkeit sei eine Eigenschaft des Textes, inzwischen aufgegeben haben, und stattdessen einem kognitionsorientierten Ansatz folgen, nach dem Verständ-

---

[39] Handbuch der Rechtsförmlichkeit (Fn. 30), Rn. 104; Fingerzeige der Gesetzes- und Amtssprache (Fn. 32), Kap. 1.2 und 6.5.

[40] Fingerzeige der Gesetzes- und Amtssprache (Fn. 32), Kap. 1.2.

[41] „Überhaupt wirkt das Passiv hölzern, das Aktiv dagegen lebendig und dynamisch, weil es nicht wie das Passiv Geschehnisse beschreibt, sondern Taten", Fingerzeige der Gesetzes- und Amtssprache (Fn. 32), Kap. 1.2. Nicht unerwähnt bleiben sollte, dass die Gesellschaft für deutsche Sprache, welche die „Fingerzeige" herausgibt, eine Wiedergründung des Allgemeinen Deutschen Sprachvereins ist.

[42] Siehe *Grewendorf*, Die sprachliche Pflege des Rechts (Fn. 34), 109 f., der folgert: „Hier waren offenkundig Sprachschurigler am Werke, die sachlich vernünftige und fachlich fundierte „Sprachpflege" durch linguistische Ahnungen und idiosynkratische Stilpräferenzen ersetzen."

lichkeit als Ergebnis einer Interaktion von Text und Leser anzusehen ist.[43] Dies mag auch daran liegen, dass sich die Verständlichkeitsforschung meist mit Alltags- und Gebrauchstexten befasst und Rechtstexten kaum Aufmerksamkeit gewidmet hat; erst seit einigen Jahren zeigt sich ein wachsendes Interesse der Sprachwissenschaft an der Sprache des Rechts, wenngleich es an systematisch durchgeführter empirischer Forschungsarbeit noch weitgehend fehlt.[44] Gerade die völlig unzulängliche empirische Grundlage erweist sich aber als die entscheidende Schwäche der bisherigen Bemühungen um verständliche Gesetze.

Seit sich die Aufklärung angeschickt hat, uns verständliche Gesetze zu bescheren, sind nunmehr drei Jahrhunderte vergangen. Aufgeklärter Absolutismus, konstitutionelle Monarchie und parlamentarische Demokratie haben es allesamt nicht vermocht, das Gesetz auch denen verständlich zu machen, die nach den Gesetzen zu leben verpflichtet sind.[45] Denn erreicht wurde wenig, auch wo man sich um kundige Mithilfe bemühte: nach einhelliger Meinung waren die Gesetze noch nie so unverständlich wie heute. Es fragt sich daher, warum die nun schon mehr als 300 Jahre andauernden Bemü-

---

43 So muss die Verwendung eines komplexen Satzes oder eines Fachworts nicht notwendigerweise das Verstehen erschweren; gleichermaßen kommt aber auch das Verstehen eines einfachen Satzes oder eines wohl gewählten Wortes nicht automatisch zustande. Es kommt vielmehr darauf an, wie der sprachliche Ausdruck mit dem übrigen Text und mit dem Vorwissen des Lesers interagiert. Hier gibt es Unterschiede, die von der Textsorte, vom Rezipienten und vom jeweiligen sprachlichen Kontext abhängen. Siehe dazu *Walter Kintsch/Teun A. van Dijk*, Toward a model of text comprehension and production, in: Psychological Review 85 (1978), 363–394, *Wolfgang Schnotz*, Aufbau von Wissensstrukturen. Untersuchungen zur Kohärenzbildung beim Wissenserwerb mit Texten. Weinheim 1994, *Gerd Rickheit/Hans Strohner*, Grundlagen der kognitiven Sprachverarbeitung. Tübingen 1993 und *Wolfgang Schnotz*, Das Verstehen schriftlicher Texte als Prozeß, in: Klaus Brinker/Gerd Antos/Wolfgang Heinemann/Sven F. Sager, Text- und Gesprächslinguistik. Ein internationales Handbuch zeitgenössischer Forschung. 1. Halbband. Berlin 2000, 497 ff. m. w. N.

44 Die einzigen nennenswerten empirischen Studien zur Verständlichkeit von Gesetzestexten sind *Britt-Louise Gunnarsson*, Gebraucherbezogene Analyse der schwedischen Gesetzgebung, in: Theo Öhlinger (Hrsg.), Recht und Sprache – Fritz Schönherr-Gedächtnissymposium 1985. Wien 1986, 95 ff. und *Pfeiffer/Strouhal/Wodak*, Recht auf Sprache (Fn. 3).

45 Bemerkenswert ist allerdings, dass die Verständlichkeit der Gesetze unabhängig von der Staatsform als Wert empfunden und das Prinzip verschiedentlich auch ohne Rückgriff auf die Staatsform gerechtfertigt wurde; dies lässt argwöhnen, dass die gegenwärtig angeführte demokratietheoretische Legitimation des Verständlichkeitsbegehrens nicht die eigentliche Begründung des offensichtlich tief sitzenden Wunsches nach verständlichen Gesetzen ist, vgl. *Maximilian Herberger*, Unverständlichkeit des Rechts. Anmerkungen zur historischen Entwicklung des Problems und des Problembewußtseins, in: Wassermann/Petersen (Hrsg.), Recht und Sprache (Fn. 4), 19 ff.

hungen um mehr Verständlichkeit so wenig bewirkt haben. Wenn so viel Therapie fehlschlägt, muss die Diagnose fraglich werden. Dennoch herrscht nach wie vor eine durch nichts zu erschütternde Überzeugung, mit der sprachlichen Verbesserung der Gesetze könne auch deren Verständlichkeit erreicht werden.

III.

Klar und verständlich zu sein ist heutzutage Pflicht. Was aber ist unter Verständlichkeit zu verstehen? Wie sollen Juristen die Verständlichkeit beurteilen? Diejenigen unter den Juristen, die den Kontakt mit anderen Disziplinen nicht scheuen, haben Anleihen bei der Sprachwissenschaft versucht. Dabei ist aber geschehen, was so oft geschieht, wenn man versucht, sich in eine andere Disziplin einzuarbeiten: sie haben Erkenntnisse herangezogen, die den Kenntnisstand von vor 30 Jahren widerspiegeln. Aufgegriffen wurden vor allem ältere Ansätze in der Linguistik, welche Verständlichkeit mit quantitativen Methoden messen und die den Rat suchenden Juristen Genauigkeit und Sicherheit zu verbürgen schienen. Besonderer Beliebtheit erfreut sich dabei der sogenannte Flesch-Test, mit dem man die Lesbarkeit eines Textes zu messen sucht und bei dem lediglich zwei Parameter erfasst werden: die Anzahl von Worten pro Satz und die Anzahl von Silben pro Wort.[46] Lesbarkeitsformeln wie diese werden von den nach Verständlichkeit strebenden Juristen gepriesen, da sie „einen starken Anreiz zur Verwendung kurzer Wörter und kurzer Sätze“ vermittelten, was „in einer Zeit, in der die Lesebereitschaft und Lesefähigkeit auch in Deutschland in breiten Kreisen der Bevölkerung abnimmt, nicht gering zu schätzen“ sei; darüber hinaus aber lieferten sie „quantitative und damit objektive Kriterien, die ... präzise und kalkulierbar angewendet werden können.“[47]

Wer aber glaubt, mit der Heranziehung des Flesch-Tests seien die Erkenntnisse der Verständlichkeitsforschung nun endlich ausreichend berücksichtigt, hat weit gefehlt: ein derart um Verständlichkeitsmessung bemühter Jurist wird sich vielmehr den Vorwurf einhandeln, das, was er da treibe, sei nicht *state of the art,* sondern spiegele einen seit langem überholten Wissenstand der Linguistik wider und sei – kurzum – veraltet und weitgehend unbrauchbar. Vor allem die Lesbarkeitsforschung sei allenfalls „als Vorstufe zur eigentlichen Verständlichkeitsforschung“ anzusehen.[48] Das Urteil ist

---

[46] *Rudolph F. Flesch*, A new readability yardstick, in: Journal of Applied Psychology 32 (1948), 221 ff.

[47] *Jürgen Basedow*, Transparenz als Prinzip des (Versicherungs-)Vertragsrechts, in: VersR 50 (1999), 1045 ff., 1052 f.

[48] *Norbert Groeben*, Leserpsychologie: Textverständnis – Textverständlichkeit. Münster 1982, 173.

nicht unbegründet, war „Verständlichkeit" doch viele Jahrzehnte lang nur ein Randgebiet der sprachwissenschaftlichen und sprachpsychologischen Forschung. Da das Textverstehen aus der Sicht der damals vorherrschenden Forschungsparadigmen viel zu komplex schien, um als sinnvoller Gegenstand der Forschung in Betracht zu kommen, beschränkte man sich pragmatisch auf unmittelbar anwendungsorientierte Problemstellungen. Gekennzeichnet ist diese „praktische" Verständlichkeitsforschung durch die schon in der Lesbarkeitsforschung der dreißiger Jahre gestellte Ausgangsfrage „What makes a book readable?";[49] die viel ältere, hermeneutische beziehungsweise philologische Frage „What it means to comprehend" findet man dagegen erst rund vierzig Jahre später im Gefolge der kognitiven Wende und der daraus resultierenden Konstituierung einer interdisziplinär verstandenen Kognitionswissenschaft.[50]

Die aus dem anglo-amerikanischen Sprachraum stammende Lesbarkeitsforschung zielte dementsprechend allein darauf ab, einfache Maße zur Bestimmung der Lesbarkeit eines Texts aufgrund von objektiven Textmerkmalen zu finden. Man fasste daher leicht quantifizierbare sprachliche Parameter in Formeln zusammen, um die Schwierigkeit eines Textes in so genannten „Lesbarkeitswerten" zahlenmäßig zu bestimmen. Derart gewonnene Lesbarkeitsformeln waren die erste empirisch überprüfbare Methode, die zu erfassen versuchte, wie Leser einen Text wahrnehmen.[51] Die bekannteste und am häufigsten angewendete dieser Lesbarkeitsformeln ist die schon erwähnte, 1948 von Rudolph Flesch entwickelte Reading Ease-Formel, welche lautet: Reading Ease = 206,835 minus 0,846 multipliziert mit der durchschnittlichen Anzahl von Silben pro 100 Worte minus 1,015 multipliziert mit der durchschnittlichen Anzahl von Wörtern pro Satz. Der sich ergebende Reading Ease- oder Lesbarkeitswert eines Textes liegt zwischen 0 (sehr schwer lesbar) und 100 (sehr leicht lesbar).[52]

Wie aus der Reading Ease-Formel hervorgeht, sind die einzigen variablen Faktoren, welche in die Bestimmung des Lesbarkeitswertes einfließen, die Wort- und die Satzlänge. Wer einen möglichst lesbaren Text im Sinne eines optimalen Formelwertes produzieren will, muss also möglichst kurze Wör-

---

[49] *William S. Gray/Bernice E. Leary*, What makes a book readable? Chicago 1935.

[50] *John D. Bransford/Nancy S. McCarell*, A Sketch of a Cognitive Approach to Comprehension. Some Thoughts About Understanding, in: Walter B. Weimer/David S. Palermo (Hrsg.), Cognition and the Symbolic Processes. Hillsdale (New Jersey) 1974, 188 ff.

[51] So wird mit diesen Formeln schon seit 1921 gearbeitet, siehe dazu *Martin J. Jussen*, Verstehen geschriebener Sprache. Ein Beitrag zur empirischen Sprachdidaktik. Berlin 1983, 36.

[52] *Rudolph F. Flesch*, A new readability yardstick (Fn. 46), 221 ff.

ter verwenden und sich in kurzen Sätzen mitteilen. Diese Hinweise auf Wortwahl und Satzgestaltung erscheinen auf den ersten Blick durchaus einleuchtend, entsprechen sie doch weitgehend dem Alltagsverständnis von einem leicht lesbaren Text; da die Lesbarkeitsformeln darüber hinaus auch noch den Vorteil der leichten Handhabbarkeit bieten, ist es nur allzu nahe liegend, sie auch zur Beurteilung der Verständlichkeit von Rechtstexten heranziehen zu wollen. Dabei wird aber übersehen, dass die Autoren der Lesbarkeitsformeln keinen Anspruch darauf erheben, mit ihren Formeln die *Verständlichkeit* von Texten messen zu wollen und dies auch ganz ausdrücklich betonen.[53] Wenn in der Verständlichkeitsforschung dennoch Lesbarkeitsformeln zur Überprüfung eines Textes herangezogen werden,[54] wird nicht ausreichend berücksichtigt, dass Lesbarkeitsformeln nun einmal nur die *Lesbarkeit* eines Textes messen. Die Verständlichkeit eines Textes lässt sich aber entgegen der Alltagsintuition nicht allein durch bestimmte objektiv feststellbare Textmerkmale wie etwa Wortschwierigkeit, Wortlänge, Satzlänge oder Satzkomplexität bestimmen, sondern erfordert daneben auch die Berücksichtigung der semantischen Struktur und der Organisation von Textinhalten wie auch den Rückgriff auf das konkrete Verstehen eines Textes durch den Leser.[55]

Die Lesbarkeitsforschung beschäftigt sich dagegen lediglich mit dem Aspekt des Stils von Texten, und auch dies nur eingeschränkt, da sich die Lesbarkeitsformeln nur auf objektive Textmerkmale beziehen; die darüber hinausgehenden subjektiven Stilaspekte werden von der Lesbarkeitsforschung nicht berücksichtigt, obwohl die psychologische Forschung durchaus Verfahren zur Quantifizierung subjektiver Reaktionen – etwa in Form von Skalierungen – entwickelt hat.[56] Der Messbarkeitsanspruch der Lesbarkeitsforschung stellt demgegenüber auf mechanische, auf den schlichten Begriff der Zählbarkeit eingeschränkte Messoperationen ab. Darüber hinaus beschränken sich die Lesbarkeitsformeln aber nicht nur auf die objektiven Stilcharakteristika, sondern hier wiederum lediglich auf deren formale Aspekte; sie vernachlässigen also alle inhaltlichen Aspekte wie Anschaulichkeit, Gliederung und Strukturierung von Textinhalten, die bei der Rede vom

---

[53] „Erneut ist darauf zu verweisen, dass Lesbarkeitsformeln nicht als Index für die Verständlichkeit eines Textes zu verwenden sind. Ausnahmslos beurteilen alle Lesbarkeitsformeln nur Teilaspekte der komplizierten Bereiche des Verstehens von Texten“, *Jussen,* Verstehen geschriebener Sprache (Fn. 51), 44.

[54] So etwa *Ludwig Reiners*, Stilfibel. Der sichere Weg zum guten Deutsch. München 1951, 195.

[55] *Ursula Christmann/Norbert Groeben*, Psychologie des Lesens, in: Bodo Franzmann/Klaus Hasemann/Dietrich Löffler/Erich Schön (Hrsg.), Handbuch Lesen. München 1999, 145 ff.

[56] Siehe *Groeben*, Leserpsychologie (Fn. 48), 183.

„guten Stil“ in der Regel mitgemeint sind. Da in die Lesbarkeitsformeln nur leicht quantifizierbare Faktoren wie Wort- und Satzlänge einfließen können, gehen alle anderen Faktoren bei der Quantifizierung verloren. Es ist indes erwiesen, dass gerade Elemente wie Satzzusammenhang, Textaufbau und Themenentwicklung im Verstehensprozess eine entscheidende Rolle spielen.[57] Eine Erweiterung der Lesbarkeitsformeln, die auch diese Aspekte einbezöge, kann aber als ausgeschlossen gelten, da sie die engen Grenzen der Quantifizierung erheblich überschreiten würde. Die Lesbarkeitsforschung ist damit beschränkt auf den formal-stilistischen Aspekt der sprachlichen Oberflächenstruktur von Texten.

Allein die syntaktisch-stilistischen Oberflächenmerkmale von Texten erlauben aber keine Vorhersagen darüber, ob ein Text verstanden wird oder nicht. Dies konnte schon in den sechziger Jahren im Zuge der kritischen Auseinandersetzung mit der klassischen Lesbarkeitsforschung empirisch bestätigt werden.[58] Während die Reliabilität der einzelnen Lesbarkeitsformeln durchaus zufriedenstellend war, konnte dies nicht für ihre Validität gesagt werden, führte der Vergleich der Lesbarkeitsformeln miteinander doch zu außerordentlich unterschiedlichen Ergebnissen. Darüber hinaus gestatteten die berechneten Lesbarkeitswerte es auch nicht, ein anderes als das zur Aufstellung der Formel benutzte Zielkriterium zuverlässig vorherzusagen: So waren die Validierungsuntersuchungen mit dem Kriterium der Lesegeschwindigkeit zwar durchaus erfolgreich, nicht aber die Untersuchungen, die Experteneinschätzungen oder Verständniswerte als Zielkriterium ansetzten.[59]

Aufgrund der Beschränkung auf Merkmale der Textoberfläche erweisen sich die Anwendungsmöglichkeiten der Lesbarkeitsforschung also insgesamt als recht begrenzt. Da Aspekte der Struktur und Organisation von Textinhalten ebenso ausgeblendet bleiben wie die Verarbeitungsprozesse des Rezipienten, dessen kognitive Struktur und individuelle Verstehensvoraussetzungen, kann es kaum überraschen, dass prädikative Validität nur für die Lesegeschwindigkeit vorliegt, nicht jedoch für das Verstehen und Behalten von Textinhalten.[60] Bestätigt hat sich dies auch in einer Reihe von Versuchen, in denen Behördenschreiben nach Maßgabe der Erkenntnisse der Lesbarkeitsforschung überarbeitet wurden: die derart „optimierten“, mit Hilfe von Lesbarkeitsformeln konzipierten Steuerformulare hat niemand verstehen,

---

57 Statt vieler siehe nur *Robert de Beaugrande/Wolfgang Ulrich Dressler*, Einführung in die Textlinguistik. Tübingen 1981, m. w. N.

58 Grundlegend zu den Ergebnissen der Lesbarkeitsforschung *George R. Klare*, The measurement of readability. Ames (Iowa) 1963.

59 Siehe *Klare,* The measurement of readability (Fn. 59), 120 f., 155.

60 *Steffen-Peter Ballstaedt/Heinz Mandl/Wolfgang Schnotz/Sigmar Olaf Tergan*, Texte verstehen, Texte gestalten. München 1981.

geschweige denn ausfüllen können.[61] Der praktische Nutzen der Lesbarkeitsforschung ist daher mehr als zweifelhaft.[62] Davon abgesehen sind die Lesbarkeitsformeln ohnehin nur für englische Texte sinnvoll anwendbar, denn da im Deutschen einsilbige Worte viel seltener sind als im Englischen und auch die Wortlänge im Durchschnitt deutlich größer ist, wird der Lesbarkeitswert verzerrt und der Schwierigkeitsgrad eines deutschen Textes erheblich überschätzt.[63] Auch das unterstellte „Ideal der sprachlichen Einfachheit" ist nicht unproblematisch, da der tendenziell angestrebte „Trivialstil" nicht nur geeignet sein dürfte, den Leser zu ermüden, sondern auch, ihn mehr oder weniger zu entmündigen.[64] Darüber hinaus könnten die angestrebten Verkürzungen der Wort- und Satzlänge die syntaktische Komplexität eines Satzes verändern, so dass er subjektiv schwerer verständlich wird, anhand der Berechnungen mit Lesbarkeitsformeln aber als leicht lesbar eingestuft werden müsste.[65] Wenn schließlich gefordert wird, geläufige kurze Wörter zu verwenden, da diese leichter verständlich seien, steht dies bei Rechtstexten infrage, da gerade die Verwendung geläufiger Begriffe in fachsprachlicher Bedeutung eines der Hauptprobleme der Rechtssprache darstellt: Man glaubt zu verstehen, missversteht den Text aber unter Umständen vollkommen. Berücksichtigt man diese „Doppelbödigkeit der Rechtsbegriffe"[66], sieht man, dass das Postulat nach kurzen, geläufigen Wörtern nicht nur ergänzungsbedürftig ist, sondern grundsätzlich in die falsche Richtung weist.

Nicht nur der praktische Wert der Lesbarkeitsformeln, auch der theoretische Nutzen der Lesbarkeitsforschung ist indes mehr als fragwürdig: Letzt-

---

[61] Vgl. *Veda R. Charrow/Jo Ann Crandall/Robert P. Charrow*, Characteristics and functions of legal language, in: Richard Kittredge/John Lehrberger (Hrsg.), Sublanguage. Studies of language in restricted semantic domains. Berlin 1982, 188.

[62] Siehe auch *Thomas M. Duffy/Thomas E. Curran/Del Sass*, Document design for technical job tasks. An evaluation, in: Human Factors 25/2 (1983), 152 f.; *Fred Trapini/Sean Walmsley*, Five readability estimates. Differential effects of simplifying a document, in: Journal of Reading 24 (1981), 400 f.

[63] *Groeben*, Leserpsychologie (Fn. 48), 177.

[64] *Ballstaedt/Mandl/Schnotz/Tergan*, Texte verstehen, Texte gestalten (Fn. 60), 214, *Bernd Ulrich Biere*, Verständlich-Machen. Hermeneutische Tradition – Historische Praxis – Sprachtheoretische Begründung. Tübingen 1989, 40 f. Einer solchen Vereinfachung das Wort zu reden, darf man den sprachstatistischen Untersuchungen allerdings nicht anlasten; so wird vielmehr ausdrücklich vor einem derartigen Missverständnis dieser Arbeiten gewarnt, siehe *Helmut Meier*, Deutsche Sprachstatistik I/II. Hildesheim 1964, 183.

[65] *Walter Kintsch/Douglas Vipond*, Reading Comprehension and Readability in Educational Practice and Psychological Theory, in: Lars-Goran Nilsson (Hrsg.), Perspectives on Memory Research: Essays in Honor of Uppsala University's 500th anniversary. Hillsdale (New Jersey) 1979, 329 ff., 335.

[66] *Pfeiffer/Strouhal/Wodak*, Recht auf Sprache (Fn. 3), 27, 106.

lich sagen die Lesbarkeitsformeln kaum etwas darüber aus, was einen Text leicht oder schwer lesbar macht. Die Formeln indizieren nur Symptome, geben aber nicht die Ursache für Textschwierigkeiten an.

„Research on readability has been thoroughly practical and unanalytical, so that we now have techniques for measuring readability but little understanding of what we are measuring."[67]

Seit den sechziger Jahren wird die Lesbarkeitsforschung daher zunehmend kritisch eingeschätzt und ein komplexeres Verfahren zur Beurteilung der Verständlichkeit von Texten vorgeschlagen. Mit dem von Langer, Schulz von Thun und Tausch Anfang der siebziger Jahre entwickelten „Hamburger Verständlichkeitsansatz" wurden in die Messung der Verständlichkeit von Texten Texteigenschaften miteinbezogen, die sich quantitativ wie qualitativ von den in der Lesbarkeitsforschung berücksichtigten Merkmalen unterscheiden. Dies sind zum einen über die mit den Lesbarkeitsformeln gemessene Einfachheit von Texten hinaus relevante Texteigenschaften in weiteren „Dimensionen", zum anderen auch solche Eigenschaften, die nicht im schlichten Sinn der Abzählbarkeit messbar sind. Als Messdaten gelten nun auch die Ergebnisse subjektiver Einschätzungen von Texten (Ratings) hinsichtlich verschiedener qualitativer Eigenschaften beziehungsweise hinsichtlich verschiedener „Dimensionen" der Verständlichkeit.

Der induktiv-empirische Hamburger Verständlichkeitsansatz zielte darauf ab, die Verständlichkeit von Texten über Schätzurteile von Experten zu erfassen, um darauf aufbauend Dimensionen der Textverständlichkeit zu bestimmen, welche dann ökonomisch zur Verständlichkeitsmessung eingesetzt werden können.[68] Dazu sammelte die Hamburger Gruppe zunächst die verschiedenen Text- und Stilmerkmale, die in der Verständlichkeitsforschung, Rhetorik und Stilistik als verständlichkeitsrelevant erachtet wurden, und stellte sie zu 18 Gegensatzpaaren zusammen, um dann verschiedene Texte – von alltäglichen Gebrauchstexten bis zu wissenschaftlichen Informationstexten – von Experten auf diese Merkmale hin beurteilen zu lassen. Aufgrund der erhobenen Daten wurden die Zusammenhänge zwischen den verschiedenen Eindrucksmerkmalen korrelativ ermittelt und die einzelnen Textmerkmale anschließend durch eine faktorenanalytische Auswertung zu Dimensionen der Verständlichkeit zusammengefasst. Auf diese Art und Weise ermittelte die Hamburger Gruppe vier verschiedene Verständlichkeitsdimensionen:

- Sprachliche Einfachheit,
- Gliederung/Ordnung,

---

[67] *Kintsch/Vipond*, Reading Comprehension and Readability (Fn. 65), 333 f.

[68] *Inghard Langer/Friedemann Schulz v. Thun/Reinhard Tausch*, Verständlichkeit in Schule, Verwaltung, Politik und Wissenschaft. München 1974.

- Kürze/Prägnanz und
- zusätzliche Stimulanz.[69]

Die spätere praktische Verständlichkeitsmessung erfordert dann nur noch eine Einschätzung der zu beurteilenden Texte auf diesen vier Verständlichkeitsdimensionen mittels einer fünfstufigen Schätzskala; die resultierenden Kennwerte geben das Ausmaß der Verständlichkeit eines Textes an.[70]

Die Validität dieser Dimensionen wurde im Weiteren an den verschiedensten Texten mit unterschiedlichen Probandengruppen empirisch überprüft, wobei entsprechend dem Hamburger Verständlichkeitsansatz optimierte Texte signifikant besser verstanden wurden als Originalversionen der gleichen Texte.[71] Auf der Grundlage eines Überblicks über diese Studien versuchten die Autoren, eine Gewichtung der einzelnen Dimensionen anzugeben und bewerteten dabei die Dimension der sprachlichen Einfachheit als die „wichtigste", gefolgt von der Dimension Gliederung/Ordnung, die „von erheblicher Bedeutung" sei, während die Dimension Kürze/Prägnanz „weniger entscheidend" sei, „aber in ihrer Bedeutung häufig unterschätzt" werde, wohingegen die Dimension der zusätzlichen Stimulanz schon in der Benennung die Gewichtung enthält, dass sie nämlich nur zusätzlich, vor allem zur Dimension Gliederung/Ordnung einzusetzen sei.[72]

Das Hamburger Modell erfreut sich bis heute großer Beliebtheit in Unternehmen und wird häufig bei der Formulierung von Lehrtexten als Hilfsmittel eingesetzt, da es sich ebenso wie die Lesbarkeitsformeln durch eine hohe Anwendungsfreundlichkeit auszeichnet. Während die Messung der Verständlichkeit durch ein Expertenrating als „sehr ökonomisch und praktisch" bezeichnet wird, gilt sie aber auch als „relativ subjektiv."[73] Verglichen mit den „objektiv" messbaren Faktoren der Wortlänge beziehungsweise Satzlänge ist die Beurteilung des Ausprägungsgrades einer Texteigenschaft in einem Schätzverfahren in der Tat subjektiver. Die Wahl eines solchen Verfahrens ermöglicht es jedoch auch, weitaus komplexere Texteigenschaften zu berücksichtigen. Deshalb wird aus linguistischer Sicht auch weniger die Subjektivität des Verfahrens, als vielmehr das Festhalten an einem im-

[69] *Langer/Schulz v. Thun/Tausch*, Verständlichkeit (Fn. 68), 13 ff.

[70] Eine eingehende Darstellung des methodischen Vorgehens der Hamburger Gruppe findet sich bei *Ursula Christmann*, Verstehens- und Verständlichkeitsmessung. Methodische Ansätze in der Anwendungsforschung, in: Kent D. Lerch (Hrsg.), Recht verstehen. Verständlichkeit, Missverständlichkeit und Unverständlichkeit von Recht. Berlin 2004, 33 ff., 39 ff.

[71] *Langer/Schulz v. Thun/Tausch*, Verständlichkeit (Fn. 68), 70.

[72] *Langer/Schulz v. Thun/Tausch*, Verständlichkeit (Fn. 68), 24 f.; vgl. auch *Groeben*, Leserpsychologie (Fn. 48), 196 f.

[73] *Groeben*, Leserpsychologie (Fn. 48), 197.

mer noch ausschließlich am Begriff des Textmerkmals orientierten Verständlichkeitskonzept kritisiert.[74] Streng genommen sind die in der faktorenanalytischen Untersuchung der Hamburger Gruppe angesetzten 18 Gegensatzpaare keine Merkmale des zu beurteilenden Textes, sondern dem Beurteiler vorgegebene, mehr oder weniger alltagssprachliche Prädikate zur Beurteilung eines gegebenen Textes. Die auf der Sieben-Punkte-Skala zwischen den Extremwerten liegenden fünf Schätzwerte stellen Graduierungsmöglichkeiten der vorgegebenen Prädikate dar, die eine quantifizierbare Einstufung des gegebenen Textes hinsichtlich des betreffenden Kriteriums ermöglichen. Der Text wird also hinsichtlich verschiedener Eigenschaften „benotet".[75] Bei dieser Art von Benotung durch Einstufung auf einer Skala ist jedoch zu bedenken, dass es nicht unproblematisch ist, den „Wert" auf der Skala verbal zu interpretieren, da die Notenstufen durch graduierende Partikel nicht eindeutig voneinander abgegrenzt werden können.

Diese Problematik illustriert Langer selbst in der Versuchsanleitung, wo er anhand eines Beispiels eine verbale Interpretation eines Profils vorschlägt:

> „Klar gegliedert --- -- - 0 - -x- --- Ungegliedert.
>
> Wenn sie dieses Profil in der obigen Weise angekreuzt hätten, so würde das bedeuten: der beurteilte Text ist zwar nicht extrem, aber immerhin recht ungegliedert."[76]

Der Grad der Gegliedertheit oder Ungegliedertheit wäre hier also mit Hilfe des Gradpartikels *recht* spezifiziert. Die Einbettung des spezifizierten Bewertungsprädikats in eine syntaktische Konstruktion wie *zwar nicht extrem, aber immerhin* macht darüber hinaus deutlich, dass es ein Extrem der Ungegliedertheit gibt, an dem gemessen der zu beurteilende Text nur als *recht ungegliedert* einzustufen ist. Aber auch ein solches Anwendungsbeispiel garantiert nicht, dass die zahlenmäßige Einstufung eindeutig interpretierbar wird, obwohl der „Wert" relational, also in Bezug auf das System möglicher Werte eindeutig bestimmt ist. Die entstehenden Zuordnungsprobleme sind nicht zuletzt darin begründet, dass die Semantik von Einstufungsausdrücken und deren Spezifizierungen relativ komplex ist.[77]

---

[74] *Biere*, Verständlich-Machen (Fn. 64), 42.

[75] *Inghard Langer/Friedemann Schulz von Thun/Reinhard Tausch*, Sich verständlich ausdrücken. 5. Aufl., München 1993, 138.

[76] *Inghard Langer*, Verständnisfördernde Merkmale der sprachlichen Gestaltung von Unterrichtstexten. Diss., Hamburg 1971, 11.

[77] Siehe zu Ausdrucksmöglichkeiten des Bewertens *Barbara Sandig*, Ausdrucksmöglichkeiten des Bewertens. Ein Beschreibungsrahmen im Zusammenhang eines fiktionalen Textes, in: Deutsche Sprache 2 (1979), 137 ff., zur Semantik der Gradpartikel *Hans Altmann*, Die Gradpartikeln im Deutschen. Untersuchungen zu ihrer Syntax, Semantik und Pragmatik. Tübingen 1976, und *Joachim Jacobs*, Fokus und Skalen. Tübingen 1983. Die Problematik des Bewertens als Sprechakttyp

Abgesehen von der Bewertungs- und Graduierungsproblematik stellt sich natürlich auch die Frage, warum gerade diese 18 Eigenschaftspaare angesetzt werden, und wie diese im Einzelnen zu verstehen sind oder von den Beurteilern tatsächlich verstanden werden. Die Text-Einschätzung ist eine spezifische Art von sprachlicher Handlung, die Handlung des Bewertens eines Textes mit Hilfe von vorgegebenen bewertenden Prädikaten. Dabei wird der Beurteiler durch die Instruktion mit den vorgegebenen Bewertungsprädikaten „angeleitet".[78] Was der Beurteiler nun aber beurteilt und inwiefern verschiedene Beurteiler „das Gleiche" beurteilen oder ihre Beurteilungen „vergleichbar" sind, hängt entscheidend davon ab, wie sie jeweils die Instruktion verstehen. Obwohl der Instruktionstext auf den ersten Blick relativ unproblematisch erscheint, werden in ihm doch eine ganze Reihe problematischer Voraussetzungen gemacht, so etwa, dass „einschätzen" und „beurteilen" als synonyme Ausdrücke verstanden werden, und dass „Beurteilung" als etwas verstanden werden kann, bei dem man nach seinem „spontanen Eindruck" vorgehen kann. Gleichermaßen muss vorausgesetzt werden, dass die verschiedenen Beurteiler die Gegensatzpaare weitgehend identisch verstehen, denn nur dann sind ihre Beurteilungen überhaupt sinnvoll quantifizierbar. Vorausgesetzt wird aber auch ein Verständnis des zu beurteilenden Textes, zumindest bei denjenigen Gegensatzpaaren, die sich nicht ausschließlich auf sinnunabhängige Textmerkmale beziehen. Will ein Beurteiler etwa entscheiden, ob ein Text (mehr oder weniger gut) zwischen „Wesentlichem und Unwesentlichem" unterscheidet, so muss er schon verstanden haben, was das Wesentliche und was das Unwesentliche ist. Eine Beschränkung auf die „Art der Darstellung", auf das bloße „Wie", erscheint bei Prädikaten dieser Art schlechterdings nicht möglich.

Auffällig ist im Übrigen, dass im Zusammenhang mit den methodischen Problemen des Rating sowie der Verständnisprüfung nicht auch der leserbezogene Begriff des „Verstehens" oder „Verständnisses" neben dem textbezogenen Begriff der „Textverständlichkeit" thematisiert wird.[79] Das Hamburger Konzept erweist sich damit trotz aller Kritik an der Lesbarkeitsforschung gleichermaßen auf formal-stilistische Textmerkmale ausgerichtet: durchweg ist von der „Messung von Verständlichkeit" oder von der „Mes-

---

erörtert *Werner Zillig*, Bewerten. Sprechakttypen der bewertenden Rede. Tübingen 1982.

[78] Siehe *Biere*, Verständlich-Machen (Fn. 64), 43 f.

[79] Der Begriff des „Verstehens" oder „Verständnisses" wurde entweder als unproblematisch vorausgesetzt oder mit dem leichter operationalisierbaren Begriff des „Behaltens" bzw. mit dem „Erreichen des Lernzieles" identifiziert, *Inghard Langer/Friedemann Schulz v. Thun/Jörg Meffert/Reinhard Tausch*, Merkmale der Verständlichkeit schriftlicher Informations- und Lehrtexte, in: Zeitschrift für experimentelle und angewandte Psychologie 10 (1973) 269 ff., 275.

sung von Texten", nicht aber von einer „Messung des Verstehens" die Rede.[80] Obwohl sich das methodische Vorgehen mit der Verwendung des Rating gegenüber der Lesbarkeitsforschung bereits deutlich verschoben hat, blieb doch die Fiktion eines leserunabhängigen, rein textmerkmalbezogenen Begriffs von Verständlichkeit weitgehend erhalten. Der Beurteiler selbst sitzt dieser Fiktion auf, sofern er glaubt, aufgrund entsprechenden Trainings nun tatsächlich objektive Eigenschaften oder Merkmale von Texten naiv und spontan einschätzen zu können. Er reflektiert nicht mehr seinen eigenen Verstehensprozess, sondern wird zu einem – wenn auch „subjektiven" – „Messinstrument", das passiv-rezeptiv auf Texteigenschaften anspricht. Gerade diese methodisch erzwungene passiv-rezeptive Haltung des Raters gegenüber dem Text lässt ihn allerdings auch ungeeignet erscheinen, als Modell des Lesers zu figurieren, das auf dem Hintergrund der Idee einer Leser-Text-Interaktion zu entwickeln gewesen wäre.[81]

Kritik erfährt das Hamburger Modell aber nicht nur wegen der methodischen Schwächen des Rating-Verfahrens, sondern auch hinsichtlich der vier „Dimensionen" oder „Merkmale" der Verständlichkeit, die eine „induktive, aus Eindrucksurteilen hervorgehende empirische Abstraktion" darstellen.[82] Die zunächst ungeordnet dargebotenen Beurteilungsmerkmale (Texteigenschaften) werden im Hamburger Verständlichkeitskonzept als Teilaspekte eines komplexen Merkmals aufgefasst und diesem Merkmal zugeordnet. Zur Beurteilung der Ausprägung des betreffenden komplexen Merkmals (Einfachheit; Gliederung-Ordnung; Kürze-Prägnanz; anregende Zusätze) in einem gegebenen Text muss jedoch wieder auf einzelne Texteigenschaften rekurriert werden, um das komplexe Merkmal operationalisieren zu können. Andererseits sollen aber gerade „nicht die einzelnen Aspekte", sondern es soll der „Gesamteindruck" beurteilt werden, in dem die Teilaspekte „zu einem Gesamturteil verschmelzen."[83] Dennoch dürfte den einzelnen Texteigenschaften auch nach ihrer Zusammenfassung zu Dimensionen oder Merkmalen der Verständlichkeit eine nicht zu unterschätzende Bedeutung zukommen: So muss man gerade dann auf die einzelnen Eigenschaften zurückgehen, wenn man konkrete „Ratschläge" für die „Textoptimierung" geben will. Gemessen daran sind die „Eindrucksmerkmale" dann aber „doch zu unpräzis festgelegte Charakteristika."[84]

---

[80] *Langer/Schulz v. Thun/Tausch*, Verständlichkeit (Fn. 68), 18 ff.

[81] So *Biere*, Verständlich-Machen (Fn. 64), 49 f.

[82] *Groeben*, Leserpsychologie (Fn. 48), 190.

[83] *Friedemann Schulz v. Thun/Inghard Langer/Reinhard Tausch*, Trainingsprogramm für Pädagogen. Zur Förderung der Verständlichkeit bei der Wissensvermittlung. Kiel 1972, 14.

[84] *Groeben*, Leserpsychologie (Fn. 48), 198.

Dies wird vor allem an dem von der Hamburger Forschergruppe als wichtigste Dimension der Verständlichkeit erachteten Merkmal der sprachlichen Einfachheit erkennbar, das weitgehend mit dem Lesbarkeitsaspekt vergleichbar sein dürfte. Das Merkmal der „Einfachheit“ wird „definiert“ oder expliziert durch die Texteigenschaften „einfache Darstellung“, „kurze, einfache Sätze“, „geläufige Wörter“, „Fachwörter erklärt“, „konkret“, „anschaulich“. Ähnlich wie in der Lesbarkeitsforschung sind hier der Wort- und der Satzfaktor zentral, kurze Sätze und geläufige Wörter gelten hier wie dort als kennzeichnend für den „einfachen“ Text. In der als komplexes Merkmal verstandenen Dimension „Einfachheit“ kann das Kriterium der Wort- und Satzlänge jedoch einerseits differenziert, andererseits durch andere Faktoren relativiert werden. So wird das quantitative Kriterium der Satzlänge durch ein syntaktisches Kriterium ergänzt, wenn „einfache“ und „verschachtelte“ Sätze gegenübergestellt werden, allerdings ohne dass auf eine entsprechende Syntaxtheorie Bezug genommen würde, die Kriterien für die Bestimmung der Satzkomplexität liefern könnte.

Gleichfalls bleibt die theoretisch brisante Frage unbeantwortet, aufgrund welcher „konkreteren“ Texteigenschaften ein Text als „komplizierte Darstellung“, ein Satz als „verschachtelt“ oder „überladen“ eingeschätzt wird.[85] Zwar werden bei einer intuitiven Beurteilung der syntaktischen Komplexität durchaus alltagssprachlich „abgesunkene“ Theoriefragmente aktiviert, solche impliziten „Theorien“ müssten jedoch mit expliziten linguistischen Ansätzen zur Konzeptualisierung und Operationalisierung eines sinnvollen Begriffs von syntaktischer Komplexität konfrontiert werden, um die Angemessenheit des Ansatzes überprüfbar zu machen.[86] Solange dies nicht geschieht, bleibt die an sich sinnvolle qualitative Differenzierung des rein quantitativen Begriffs der Satzlänge einerseits theoretisch unbegründet, andererseits wird das neue qualitative Kriterium aber auch nicht so weit operationalisiert, dass der Beurteiler wüsste, welche Eigenschaften ein Satz haben muss, damit er etwa als „verschachtelt“ eingestuft werden kann. Auch hier wird man also zurückgeführt auf die unterhalb des Abstraktionsniveaus des Textmerkmals liegenden konkreten Eigenschaften des Textes. Ähnliche Probleme tauchen auf der Wortebene auf: So fehlt im Hamburger Modell jeglicher Hinweis darauf, wie man die „Geläufigkeit“ eines Wortes einschätzen kann. Jeder Beurteiler ist auf seine individuelle Sprachkompetenz verwiesen, also letztlich auf seine persönlichen Schwierigkeiten beim Verstehen des zu beurteilenden Textes, für deren Explikation ihm in den Merkmalsdimensionen und den ihnen zugeordneten „Texteigenschaften“ quasi-diagnostische Prädikate angeboten werden.[87]

---

[85] *Langer/Schulz v. Thun/Tausch,* Verständlichkeit (Fn. 68), 50.

[86] So *Biere,* Verständlich-Machen (Fn. 64), 45 f.

Bedenken muss schließlich das gesamte Konzept der Textoptimierung hervorrufen, soweit es von dem Grundgedanken ausgeht, dass „verschieden gestaltete Texte mit gleichem Sachinhalt zu unterschiedlich gutem Verstehen und Behalten“ führen und dass die „Ursache hierfür in der Art der Darstellung gesucht werden“ müsse.[88] Die implizite Annahme, der „Sachinhalt“ sei prinzipiell unabhängig von der „Art der Darstellung“ dieses Inhalts, ist aus linguistischer und zeichentheoretischer Sicht mehr als fragwürdig. Die Hamburger Gruppe hat in ihrem Untersuchungsdesign jedoch keinerlei Prüfungsmodalität für die inhaltliche Äquivalenz von Ausgangstext und optimiertem Text vorgesehen.[89] Auch wenn man annimmt, es sei evident, dass man „das Gleiche“ auf verschiedene Art und Weise sagen kann – beispielsweise mehr oder weniger verständlich –, so erscheint es andererseits doch ebenso evident, dass es eine Grenze des Umformulierens geben muss, an der man nicht nur eine andere Textformulierung, sondern in der Tat einen anderen Text produziert hat.

Obwohl das Hamburger Verständlichkeitskonzept gegenüber der Lesbarkeitsforschung eine adäquatere Konzeptualisierung des Verständlichkeitsproblems darstellt, wird also letztlich nur ein eher simplistisches Verfahren gegen ein methodisch fragwürdiges eingetauscht. An die Stelle einer objektiven, im Sinne von mechanischer Abzählbarkeit quantifizierbaren Messung tritt nun eine Messung komplexer Merkmale im Ratingverfahren, dessen Schätzurteile aber vor allem ein momentanes, subjektives Empfinden widerspiegeln: Die Beurteiler neigten dazu, Texte, die ihnen besser gefielen, verständlicher einzustufen als andere Texte.[90] Auch erlaubt es ein solches Rating nicht, zwischen tatsächlichem und vermeintlichem Verstehen zu unterscheiden, worauf es aber gerade bei der Verständlichkeit von Rechtstexten

---

87 Es erübrigt sich, auf die vergleichbaren Schwierigkeiten mit den anderen Merkmalen der Verständlichkeit hinzuweisen; siehe dazu die eingehende Kritik von *Biere*, Verständlich-Machen (Fn. 64), 46 f.

88 *Langer/Schulz v. Thun/Tausch*, Verständlichkeit (Fn. 68), 11.

89 Eine gewisse Ausnahme stellt *Friedemann Schulz v. Thun*, Effektivität und Trainierbarkeit bei der schriftlichen Informationsvermittlung. Diss., Hamburg 1973, 30 ff., dar, der das Problem der „inhaltlichen Äquivalenz“ kurz anspricht. Er hält die nahe liegende und notwendige „Forderung nach inhaltlicher Äquivalenz“ bei einer Optimierung in allen vier Dimensionen für „nahezu unerfüllbar“. Sie sei jedoch insofern „inadäquat“ als sie „jeden einmal verfassten Text nahezu unantastbar“ mache. Eine „pragmatische“ Lösung bestehe einerseits in einer „konservativen Optimierungsstrategie“, („die Optimierungen wurden so gestaltet, daß inhaltlich eine möglichst enge Annäherung an den Originaltext gewährleistet war“) andererseits in einer „Oberprüfung“ der inhaltlichen Äquivalenz durch Experten (zum Beispiel Juristen für juristische Texte). Mehr über die offensichtlich informellen Äquivalenzprüfungen erfahren wir allerdings auch hier nicht.

90 *Werner Früh*, Verständlichkeit und Leserurteil, in: Rundfunk und Fernsehen 27 (1979), 444 ff., 449; *Joachim Grabowski*, Der propositionale Ansatz der Textverständlichkeit: Kohärenz, Interessantheit und Behalten. Münster 1991, 182.

entscheidend ankommt. Es konnte experimentell nachgewiesen werden, dass es zwischen dem Schätzurteil eines Lesers über die Verständlichkeit eines Textes und seiner tatsächlichen Verstehens- oder Behaltensleistung keinen Zusammenhang gibt.[91] Auch wenn sich differenziertere Hinweise auf Verbesserungsmöglichkeiten der Textgestaltung ergaben als bei der Lesbarkeitsforschung, war nicht von der Hand zu weisen, dass es dem Hamburger Modell vor allem an einer Theorie des Textverstehens fehlte, auf die es sich hätte stützen können.[92] Dem versuchte es durch die Annahme zu entgehen, „der Sprachteilhaber beherrsche genau das, was der Theoretiker nicht kann und sei auch bereit, ihm das aufrichtig und detailliert mitzuteilen."[93]

Die weitere Entwicklung der Verständlichkeitsforschung zeigte daher eine zunehmende Theoretisierung des zunächst rein praktisch-pragmatischen Problemverständnisses. Mit dem Versuch, einen theoretischen Rahmen zu finden, innerhalb dessen das Problem der Textverständlichkeit auch eine angemessene theoretische Klärung erfahren kann, rückte zunehmend der Begriff des Textverstehens in den Mittelpunkt des Interesses. Die Kognitionsforschung lieferte im Weiteren das Vokabular für die Explikation verständlichkeitsorientierter Problemstellungen; an hermeneutische Traditionen wird dabei allenfalls beiläufig erinnert. Der Versuch, die kognitionswissenschaftlichen Modellbildungen durchgängig auf den Problemhorizont der Textverständlichkeit zu beziehen, hat allerdings dazu geführt, dass die Konturen eines eigenständigen Forschungsbereichs „Verständlichkeit" immer stärker verschwimmen: Verständlichkeitsforschung scheint in der grundlagentheoretischen Thematisierung des Textverstehens, des Behaltens und der Wiedergabe von Texten aufzugehen.[94] Dementsprechend ist im Weiteren auch mehr von theoretischen Entwürfen als von praktischen Anleitungen für Autoren und Leser die Rede.

IV.

Wenn heute danach gefragt wird, was „Verstehen" ist, so ist dies in erster Linie eine Frage nach Prozessen des Textverstehens und deren theoretischer Modellierung, eine Frage danach, wie Texte oder Informationen „verarbeitet" werden.[95] Kognitionspsychologie und Textwissenschaft fassen „Textver-

---

91 *Werner Früh*, Verständlichkeit und Leserurteil (Fn. 90), 449.

92 *Ballstaedt/Mandl/Schnotz/Tergan*, Texte verstehen, Texte gestalten (Fn. 60), 215.

93 *Hans Jürgen Heringer*, Verständlichkeit: ein genuiner Forschungsbereich der Linguistik, in: Zeitschrift für Germanistische Linguistik 7 (1979), 225 ff., 264.

94 *Biere*, Verständlich-Machen (Fn. 64), 63.

95 Vgl. *Hans Hörmann*, Der Vorgang des Verstehens, in: Wolfgang Kühlwein/Albert Raasch (Hrsg.), Sprache und Verstehen. Kongreßberichte der 10. Jahrestagung der GAL. Mainz 1979, 17 ff.

arbeitung" als „Informationsverarbeitungsprozess" auf, in dem Texte den „Input" darstellen, der im „kognitiven System encodiert und gespeichert" wird.[96] Am Anfang dieser Textverarbeitungsforschung stehen die propositionalen Textbeschreibungsmodelle, in denen Texte auf eine semantische Basis zurückgeführt werden, die aus einer Liste von hierarchisch organisierten Propositionen besteht, welche als Textbasis bezeichnet wird. Diese Propositionen sind über semantischen Relationen miteinander verknüpft und etablieren die Kohärenz des Textes.[97] Die ersten Entwürfe eines Propositionenmodells konzentrierten sich im Wesentlichen noch auf Textmerkmale: Werden in einem Text in einer bestimmten Sequenz nur eine festgelegte Anzahl von Propositionen verwendet und stehen diese Propositionen zueinander in Beziehung, so die Theorie, ist ein Text verständlich. Dieser Ansatz wurde als elementaristisch additiv kritisiert, da das Zusammenstellen von diskreten, semantischen Elementen nur so lange dem Kommunikationsprozess adäquat beschreibt, bis Missverständnisse auftreten.[98]

Neue Ansätze beziehen nun auch das Vor- und Weltwissen und die den Rezipienten umgebende Situation mit ein,[99] so dass die Annahmen flexibler und die Gegebenheiten angemessener dargestellt werden; gleichzeitig wird aber auch die Überprüfbarkeit mit den bekannten Untersuchungsmethoden geringer. Aufgrund ihrer Vielseitigkeit und Komplexität werden diese Modelle wie auch die Netzwerkmodelle als schlechthin untestbar erachtet.[100] Darüber hinaus berücksichtigen sie den illokutionären Aspekt sprachlichen Handelns nicht, sondern beschränken sich auf das Erfassen der inhaltlichen Seite.[101] Es spricht daher vieles dafür, dass der Prozess des Verstehens weitaus differenzierter und individueller ist, als er im Rahmen von Propositions- oder auch Netzwerkmodellen dargestellt werden kann.[102]

---

96 Kritisch zu der aus der Informatik übernommenen Terminologie *Biere*, Verständlich-Machen (Fn. 64), 63 f., 84.

97 Die Idee, Texte anhand von Propositionen zu analysieren und daraus ein Modell der Textverarbeitung abzuleiten, geht auf *Kintsch* und *van Dijk* zurück, siehe *Walter Kintsch/Teun A. van Dijk*, Toward a model of text comprehension and production, in: Psychological Review 55 (1978), 363 ff.

98 Siehe dazu *Susanne Motamedi*, Verstehen und Verständlichkeit. Eine psycholinguistische Studie zum Verstehen von Führungsgrundsätzen in Wirtschaftunternehmen. Wiesbaden 1995, 55.

99 *Walter Kintsch*, The role of knowledge in discourse comprehension: a construction-integration model, in: Psychological Review 95 (1988), 163 ff.

100 *Friedhart Klix*, Gedächtnis und Wissen, in: Heinz Mandl/Hans Spada (Hrsg.), Wissenspsychologie. München 1988, 19 ff.

101 *Biere*, Verständlich-Machen (Fn. 64), 70 ff.

102 Es wird daher sogar dafür plädiert, den Begriff der Textverständlichkeit aufzugeben, da dieser Begriff suggeriert, dass Text invariante und bestimmbare Ausprägungen auf dem Merkmal der Verständlichkeit annehmen können, die in einem ge-

Angesichts der schnellen Abfolge immer differenzierterer Modelle des Verstehensprozesses sieht sich die neuere kognitionswissenschaftliche Forschung zum Textverstehen dem Einwand ausgesetzt, sie vermittele letztlich ein zu komplexes Bild, um für einen Praktiker noch hilfreich zu sein; sie sei zu sehr grundlagen- und zu wenig anwendungsorientiert. Wenn man wirklich praktische Hilfe bieten wolle, benötige man eine stärker präskriptiv orientierte Forschung, die auf die Gewinnung umsetzbaren Wissens abziele: Es seien konkrete Anweisungen erforderlich, wie Texte zu gestalten sind.

Konfrontiert damit, musste die Verstehensforschung eingestehen, dass die Probleme der Wissensvermittlung in der Tat äußerst komplex, semantisch reichhaltig und meist schlecht definiert seien.[103] Die geeignete Gestaltung eines Textes erfordere die Koordination einer Vielzahl von Bedingungen: Es müsse für ein adäquates Verhältnis zwischen notwendiger Anleitung und kognitiver Selbständigkeit des Lesers gesorgt werden, es sei eine Balance zwischen den Informationserwartungen des Lesers und dem Informationsangebot des Textes herzustellen, und die sprachlichen Merkmale der Textoberfläche müssten als mentale Such- und Konstruktionsanweisungen auf den aktuellen Verstehenskontext und die individuelle Verstehensvoraussetzungen des Lesers abgestimmt werden. Strikte algorithmische Regeln zur Textgestaltung, die für jede Situation genaue Maßnahmen vorschreiben und quasi mechanisch anwendbar sind, würden daher kaum zu einer befriedigenden Lösung führen.[104] Statt der Entwicklung fertiger Rezepte zur Wissensvermittlung mit Texten komme es daher darauf an, die Sensibilität von Autoren oder Praktikern zu unterstützen, um so zu reflektierteren und fundierteren praktischen Lösungen zu gelangen, die den Gesetzmäßigkeiten des Aufbaus von Wissensstrukturen besser Rechnung tragen. Die Gestaltung von Instruktionen bleibe somit auch weiterhin eine kreative Tätigkeit, die zwar systematisiert und durch Hintergrundwissen gestützt werden könne, aber immer auch ein intuitives Moment erfordere und insofern nicht zum Gegenstand einer mechanischen Regelanwendung gemacht werden könne: „Andernfalls würde man den Praktiker letztlich entmündigen und ihn zugleich von der Verantwortung für die von ihm getroffenen Maßnahmen zur Wissensvermittlung befreien."[105]

---

setzesförmigen Zusammenhang mit empirischen Kriterien stehen, beispielsweise mit der Verstehens- oder Behaltensleistung, alle möglichen Modifikationen eines Textes seitens der Leser durch diesen Begriff aber unberücksichtigt bleiben, *Joachim Grabowski*, Der propositionale Ansatz der Textverständlichkeit (Fn. 90), 182.

[103] *Heinz Neber* (Hrsg.), Angewandte Problemlösepsychologie. Münster 1986.

[104] *David H. Jonassen* (Hrsg.), The technology of text. Principles for structuring, designing, and displaying text. Englewood Cliffs (New Jersey) 1982.

[105] *Wolfgang Schnotz*, Aufbau von Wissensstrukturen. Untersuchungen zur Kohärenzbildung beim Wissenserwerb mit Texten. Weinheim 1994, 312.

So differenziert und ausgewogen diese Stellungnahme auch sein mag, wird sie dem, der einen verständlichen Verwaltungsakt zu erlassen hat, doch nur ein geringer Trost sein. Er hat nun die Wahl zwischen instruktionspsychologischen Ansätzen, die veraltet sind, ihm aber konkrete Handlungsanweisungen geben, und kognitionspsychologischen Ansätzen, die zwar den neuesten Stand der Erkenntnis wiedergeben, deren Praktikabilität aber gering ist. Die Instruktionspsychologie geht davon aus, dass die von ihr explizierten Textmerkmale ökonomisch, anwendungsrelevant und auch umsetzbar sind. Die erreichte Ökonomie geht allerdings eindeutig zu Lasten der Präzision, so dass die relevanten Konstrukte eher den Status von Beschreibungs- als den von Erklärungskonstrukten haben. Auch das Zielkriterium der Umsetzbarkeit wird nicht befriedigend erreicht, da die dafür relevanten Voraussetzungen, nämlich das Vorliegen gesicherter empirischer Gesetzmäßigkeiten zwischen Textmerkmalen und Behaltenserfolg, nicht durchgängig erfüllt sind. Dagegen haben die kognitionspsychologischen Ansätze den Anspruch, die Textbedeutungsstruktur möglichst objektiv, vollständig und präzise zu beschreiben und auf dieser Grundlage Behaltensvorhersagen zu treffen. Präzision ist allerdings bei den propositionalen Beschreibungsmodellen an eine auf formalsemantische Relationen rekurrierende Beschreibung gebunden, die eindeutig zu Lasten der Ökonomie geht. Eine Anwendung außerhalb der Grundlagenforschung erscheint daher nicht möglich. Auch wird das behauptete Ausmaß an Präzision nicht erreicht und der Anspruch, subjektive Verstehensprozesse bei der Textbeschreibung auszuschließen, wird weder erfüllt, noch ist er beim Gegenstand Text als erfüllbar anzusehen. In denjenigen Fällen, in denen komplexere Beschreibungseinheiten entwickelt worden sind, die eine ökonomischere Textbeschreibung ermöglichen, sind die jeweiligen Konstruktexplikationen wiederum so unscharf, dass die Intersubjektivität gefährdet ist.[106]

Instruktions- und kognitionspsychologische Modelle lassen sich mithin als die Pole eines Kontinuums möglicher Modelle zum gleichen Gegenstandsbereich auffassen. Während der kognitionspsychologische Pol durch Präzision, Erklärungshaltigkeit der Konstrukte, die Verwendung niedrigkomplexer Einheiten, den Ausschluss subjektiver Verstehensprozesse, geringe Ökonomie und Anwendungsrelevanz sowie eine textimmanente Betrachtungsweise charakterisiert ist, zeichnet sich der instruktionspsychologische Pol durch Anwendungsrelevanz und Ökonomie, suboptimale Explikation der relevanten Konstrukte, eingeschränkte Erklärungskraft, die Verwendung komplexer Einheiten sowie eine texttranszendente Betrachtungsweise aus.[107] Methodologisch ist damit folgendes Dilemma zu konstatieren: In den Fäl-

---

106 So *Ursula Christmann*, Modelle der Textverarbeitung: Textbeschreibung als Textverstehen. Münster 1989, 5.

107 *Christmann*, Modelle der Textverarbeitung (Fn. 106), 6.

len, in denen Textmerkmalsbeschreibungen relativ präzise, ausdifferenziert und potentiell erklärungskräftig sind, sind sie unökonomisch, in den Fällen, in denen sie ökonomisch sind, sind sie unpräzise.

V.

Die Sprachwissenschaft kann derzeit nur einen begrenzten Beitrag leisten, wenn es darum geht festzustellen, warum Texte verständlich sind und warum nicht – abgesehen davon, dass es noch völlig ungewiss ist, ob und inwieweit die vorwiegend anhand von alltagssprachlichen Texten gewonnenen Erkenntnisse der Verständlichkeitsforschung überhaupt auf Rechtstexte angewandt werden können. Gefragt werden muss insbesondere, welche Funktion das „Verstehen" von Gesetzestexten im Rahmen der juristischen Tätigkeit hat. Anders als etwa im Bereich der Philologien ist es nicht das Ziel der juristischen Auslegung, ein Verständnis (oder ein „besseres" Verständnis) eines Textes zu ermöglichen, sondern innerhalb eines institutionellen Handlungszusammenhangs eine Entscheidung herbeizuführen. Daher ist das entscheidende Kriterium des Verstehens für die juristische Auslegung im Gegensatz zur philologischen Interpretation nicht etwa die Fähigkeit, eine passende Paraphrase des interpretierten Textes angeben zu können, sondern die erfolgreiche Aufarbeitung der argumentativen Anschlüsse in der richterlichen Begründung des streitentscheidenden Urteils.[108]

Auch kann die Entscheidung eines konkreten Falles nicht lediglich auf die Interpretation eines einzigen Normtextes zurückgeführt werden. Sie ist zum einen das Ergebnis eines komplexen Argumentationsprozesses, an deren Ende sie steht, zum anderen steht sie in einem Geflecht systematischer und dogmatischer Wissensbezüge. Die juristische Textarbeit besteht gerade darin, dass für einen konkreten Fall der Alltagswelt die für seine juristische Lösung notwendigen Rechtstexte erschlossen werden. Mit Hilfe der Zuordnung von Fallkonstellationen zu Rechtstexten wird eine rechtliche Wirklichkeit konstruiert, die rezeptiv unter Einbezug institutioneller Prozeduren und Wissensrahmen rekonstruiert werden kann. Der Versuch der Überführung juristischer Texte in eine allgemeinverständliche Textfassung wird diesem institutionell gebundenen Textverstehen nicht gerecht.[109]

---

[108] So *Dietrich Busse*, Recht als Text. Linguistische Untersuchungen zur Arbeit mit Sprache in einer gesellschaftlichen Institution. Tübingen, 254 ff., 269. Siehe auch *Dietrich Busse*, Textinterpretation. Sprachtheoretische Grundlagen einer explikativen Semantik. Opladen 1991, 187 ff., 191 ff., wo zwischen „Verstehen", „Interpretieren" und „Arbeit mit Texten" differenziert wird.

[109] *Peter Kühn*, Juristische Fachtexte, in: Gerhard Helbig (Hrsg.), Deutsch als Fremdsprache. Ein internationales Handbuch zeitgenössischer Forschung. Handbücher zur Sprach- und Kommunikationswissenschaft Bd. 19. Berlin 2001, 582 ff., 584.

Größtmögliche Textverständlichkeit ist ein Optimierungsziel, das für Texte sinnvoll sein mag, deren Hauptaufgabe die Informationsvermittlung ist. Gesetzestexte haben aber in ihrem spezifischen gesellschaftlichen Kontext institutionelle Funktionen, die sich nicht auf bloße Informationsübermittlung reduzieren lassen und daher in Konflikt mit dem in alltäglichen Verständigungssituationen durchaus legitimen Anspruch der größtmöglichen Verständlichkeit geraten können.[110]

Die Verständlichkeit von Vordrucken und Bescheiden der Verwaltung wiederum ist bestimmt durch den Konflikt zwischen den institutionalisierten Kategorien der Verwaltung und den Alltagskategorien der Adressaten, an die sich die Verwaltung mit ihren Schreiben richtet. Die Verständlichkeit von Verwaltungsbescheiden erweist sich daher nicht so sehr ein semantisches oder syntaktisches Problem als eines des Handlungssinns, den die Verwaltung mit ihren Kategorien für die akzeptablen Antworten des Antragstellers setzt.[111] Die den Bürger beim Aufsetzen seiner Steuererklärung bewegende Frage ist nicht: Wie ist denn die nominale Fügung „Aufwendung für Arbeitsmittel“ syntaktisch zu entschlüsseln und was heißt eigentlich „Arbeitsmittel“, sondern: Was von meinen Ausgaben kann ich hier aufführen und was davon wird vom zuständigen Sachbearbeiter im Finanzamt anerkannt? Die Frage nach der syntaktischen Struktur und begrifflichen Bedeutung ist im Vergleich damit eine zweitrangige Frage, welche erst im Rahmen der handlungstheoretischen Fragestellung nach den Handlungsbedingungen relevant wird, die ein Bescheid oder Formular für den Adressaten setzt.[112] Dementsprechend ist an den bisherigen Versuchen, die Maximen der Verständlichkeit von Verwaltungsbescheiden in Empfehlungen zu konkretisieren, vor allem zweierlei zu kritisieren:

- Das Subjekt des Verstehens von Bescheiden wird nur ganz global als „der Bürger“ angesprochen. Das Problem der Verständlichkeit zieht seine Brisanz aber gerade daraus, dass Behörden mit ihren Bescheiden und Formularen ganz unterschiedliche Gruppen von „Bürgern“ erreichen sollen, die über ganz unterschiedliche Möglichkeiten sprachlichen Handelns verfügen.
- Die Empfehlungen konzentrieren sich meist auf die Ebene der sprachlichen und graphischen Indikatoren (Anrede, Fachbegriffe, Satzbau, Gliede-

---

110 *Dietrich Busse*, Verstehen und Auslegung von Rechtstexten – institutionelle Bedingungen, in: Kent D. Lerch (Hrsg.), Recht verstehen. Verständlichkeit, Missverständlichkeit und Unverständlichkeit von Recht. Berlin 2004, 7 ff., 11.

111 Dazu eingehend *Norbert Lüdenbach/Wolfgang Herrlitz*, Zur Verständlichkeit von Formularen. Ein handlungstheoretischer Versuch, in: Ingulf Radtke (Hrsg.), Der öffentliche Sprachgebrauch. Bd. 2: Die Sprache des Rechts und der Verwaltung. Stuttgart 1981, 305 ff, 305.

112 *Lüdenbach/Herrlitz*, Zur Verständlichkeit von Formularen (Fn. 111), 306 f.

rung etc.), wogegen das Problem der Handlungsfunktion von Bescheiden und Formularen, also des Gegensatzes von Alltagsverstehen und institutionalisiertem Verwaltungswissen, die durch das Ausfüllen eines Formulars einander vermittelt werden sollen, ganz in den Hintergrund tritt.[113]

Das Grundproblem des Verstehens von Verwaltungsbescheiden und -formularen besteht aber weniger in der schwierigen Interpretation sprachlicher Ausdrücke als vielmehr in der Unsicherheit und Komplexität der Handlung des Zuordnens persönlicher Sachlagen zu allgemeinen Kategorien eines Verwaltungsprogramms.[114] Erkennbar wird dies bereits, wenn man die Funktion von Verwaltungsbescheiden und Vordrucken betrachtet. Als Mittel der Kommunikation mit den Bürgern verwendet die Verwaltung Formulare deswegen, weil sie sich auf konditionale Entscheidungsprogramme beschränken möchte.[115] Durch diese Beschränkung wird die Verwaltung in die Lage versetzt, aufgrund allgemeiner Kategorien einfache Handlungsschemata in Gang zu setzen, die ebenso leicht erlernbar wie kontrollierbar sind und so mit minimalem Aufwand maximal ihren Zweck erfüllen. Allerdings führt gerade dies dazu, dass der Antragsteller nun das leisten muss, wovon der Sachbearbeiter entlastet wird: er muss dem konditionalen Entscheidungsprogramm die Handlungsprämissen dadurch liefern, dass er die einschlägige Sachlage seiner Person in den allgemeinen Kategorien darstellt, die ihm das Formular vorschreibt.[116]

Mit ihren Vordrucken erreicht die Verwaltung die Abwälzung komplexer Zuordnungshandlungen auf die Bürger und die Beschränkung ihrer Sacharbeiter auf quasi konditionierte Reaktionen (zumindest der Tendenz nach). Der Bürger muss die Brücke von den Kategorien seines Alltagswissens, in denen er seine persönliche Sachlage beurteilt, zu den allgemeinen Kategorien der Verwaltung selbst schlagen. Der Sachbearbeiter kann sich den mühsamen Verständigungsprozess ersparen, durch umfassende Erläuterungen und erschöpfende Einzelfragen herauszufinden, welche für einen Verwaltungsakt entscheidenden Fakten im jeweiligen Fall vorliegen; der Bürger selbst muss diese Fakten im Lichte vorgegebener Kategorien namhaft machen und nachweisen, ebenso wie er auch das Risiko und die Konsequenzen

---

[113] So die Kritik von *Lüdenbach/Herrlitz*, Zur Verständlichkeit von Formularen (Fn. 111), 307 am Fünf-Punkte-Programm von *Wolfgang Mentrup*, Kurzbericht – Diskussionsverlauf – Fünf-Punkte-Programm, in: Siegfried Grosse/Wolfgang Mentrup (Hrsg.), Bürger – Formulare – Behörde. Wissenschaftliche Arbeitstagung zum Kommunikationsmittel „Formular", Oktober 1979. Tübingen 1980, 112 ff.

[114] *Lüdenbach/Herrlitz*, Zur Verständlichkeit von Formularen (Fn. 111), 307 f.

[115] *Niklas Luhmann*, Lob der Routine, in: Politische Planung. Aufsätze zur Soziologie von Politik und Verwaltung. Opladen 1971, 113 ff. und *Niklas Luhmann*, Legitimation durch Verfahren. 3. Aufl., Frankfurt am Main 1978, 130 ff., 210.

[116] *Lüdenbach/Herrlitz*, Zur Verständlichkeit von Formularen (Fn. 111), 308.

falscher Zuordnungsleistungen zu tragen hat. Der Sachbearbeiter kann sich demgegenüber auf die Kontrolle der Zuordnungshandlungen des Bürgers beschränken, wobei der Bürger wiederum der Nachweispflicht unterliegt.[117]

In dem skizzierten Verständigungsprozess, in dem das Formular als Medium dient, ist die Dominanz des Sachbearbeiters durch zwei Prinzipien gesichert:

- „Im Zweifel gegen den Beschiedenen“: Wenn der Sachbearbeiter ein Faktum so sehen kann, als ob es einer Kategorie nicht zuzuordnen wäre, so möge er es auch tun; es gilt also Belegpflicht für den Bürger.[118]
- „Die Kategorien der Verwaltung entscheiden“: Nicht die Alltagskategorien des Bürgers, sondern die Kategorien der Verwaltung, wie unbekannt, unmotiviert und unscharf sie auch sein mögen, bieten die Kriterien, nach denen über die Richtigkeit jeder Zuordnung entschieden wird.[119]

Die Schwierigkeiten des Antragstellers beim Verstehen von Formularen liegen darin begründet, dass er einerseits den komplexen Teil der Verwaltungsaufgabe selbst lösen muss, andererseits die Komplexität seiner Aufgabe aber nur so reduzieren kann, wie die Verwaltung es vorschreibt. Wenn Probleme der Verständlichkeit in diesem Handlungszusammenhang entstehen, so müssen sich Analysen und Maximen zur Verständlichkeit ebenfalls auf diesen Handlungszusammenhang beziehen. Erforderlich ist daher ein Perspektivenwechsel: der Blick ist nicht so sehr auf die allgemeinen syntaktischen und semantischen Strukturen eines Verwaltungsbescheids zu richten, sondern vielmehr auf die Handlungsbedingungen, die dieser Text für die Zuordnungshandlungen des Bürgers setzt.

Der Behauptung, dass Verwaltungsbescheide und -formulare unverständlich sind, widersprechen bestenfalls Mitglieder der Verwaltung. Die Einmütigkeit dieses negativen Urteils überrascht deswegen, weil sich die Verständigung vermittels Formularen tagtäglich in großem Ausmaß ereignet: auf dem Amtsweg findet Verständigung vielmillionenfach mit Hilfe von Formularen statt. Diesem Widerspruch gegenüber geht die Forderung nach mehr Verständlichkeit offenbar von der stillschweigenden Annahme aus, dass Formulare zwar vielen Personen verständlich sind, aber nicht allen, die sie verstehen sollen. Diese Annahme muss genauer untersucht werden, wenn der immer wieder erhobene Ruf nach mehr Verständlichkeit auch in praktikable Empfehlungen umgesetzt werden soll.

---

[117] Siehe dazu das Handlungsmodell von *Lüdenbach/Herrlitz*, Zur Verständlichkeit von Formularen (Fn. 111), 308 f.

[118] Vgl. *Don H. Zimmermann*, Normen im Alltag, in: Kölner Zeitschrift für Soziologie und Sozialpsychologie. Sonderheft 20: Soziologie des Alltags. 1978, 87 ff.

[119] *Lüdenbach/Herrlitz*, Zur Verständlichkeit von Formularen (Fn. 111), 308.

Eine Reihe verwaltungssoziologischer Studien hat gezeigt, dass nur ein Teil der potentiellen Klienten, der zum Bezug öffentlicher Antragsleistungen berechtigt ist, diese auch tatsächlich bezieht. Viele Untersuchungen ermittelten, dass nur etwa zwei Drittel der potentiellen Klienten auch zu aktuellen werden; in Untergruppen, etwa bei sozialhilfeberechtigten alten Menschen, kann dieser Anteil bis auf ein Drittel sinken.[120] Nichtwissen ist dabei der wichtigste Einzelfaktor der Unternutzung. Da die Unverständlichkeit von Formularen das in der Bevölkerung meistkritisierte Merkmal des Verwaltungskontaktes ist,[121] sind zwei Annahmen naheliegend:

- Ein Teil der potentiellen Klienten oder Adressaten verzichtet von vornherein auf die Beantragung von Leistungen, weil frühere Erfahrungen mit Formularen deren Unverständlichkeit für sie erwiesen haben (sogenannte Non-User).
- Ein Teil der Adressaten versucht zwar, das Formular auszufüllen, lässt es aber schließlich sein angesichts des zu erkennenden großen Zeitaufwandes oder der zu erkennenden Notwendigkeit, Helfer hinzuziehen oder zur Behörde zu gehen (sogenannte Abbrecher). Wie die Non-User werden auch die Abbrecher nicht zu aktuellen Klienten oder Antragstellern.[122]

Damit ergibt sich hinsichtlich unseres Ausgangswiderspruchs: Formulare sind zwar verständlich für Antragsteller oder aktuelle Klienten, aber nicht für alle potentiellen Klienten oder Adressaten, für die sie es sein sollen. Außerdem muss auch bei den Adressaten differenziert werden zwischen Antragstellern, die den Antrag für sich selbst ausfüllen, und den sogenannten „Übersetzern", die den Antrag für andere ausfüllen. Schließlich stellt ein Teil der Adressaten einen Antrag, ohne ihn unbedingt zu verstehen versuchen; ein anderer Teil liest den Antrag, verzichtet aber wegen Nichtverstehens auf Antragstellung und wird Abbrecher, während ein weiterer Teil von vornherein auf Antragstellung verzichtet und Non-User wird. Mithin wird nur ein Teil der Leser und Adressaten zu Antragsausfüllenden.

Die Existenz von Übersetzern – Lesern also, die als Nichtadressaten den Antrag ausfüllen – bedeutet, dass Antragstellung nicht mit Verstehen durch und Verständlichkeit für Antragsteller gleichzusetzen ist. Nach einer Untersuchung verschiedener Kölner Verwaltungsbereiche hat nur die Hälfte der Antragsteller ihren Antrag alleine ausgefüllt. Als (verwaltungs-)externe Übersetzer werden dabei einerseits Bekannte und Verwandte, andererseits

---

120 *Lüdenbach/Herrlitz*, Zur Verständlichkeit von Formularen (Fn. 111), 312.

121 So schon Sozialwissenschaftliches Institut Nowak und Soergel, Folgen des Bürokratismus. Einstellung der Wahlbevölkerung zur öffentlichen Verwaltung in der Bundesrepublik. Heidelberg 1978, 11, IFAK Institut für Markt- und Sozialforschung, Formulare in Deutschland. Taunusstein 1979 und seither viele andere mehr.

122 *Lüdenbach/Herrlitz*, Zur Verständlichkeit von Formularen (Fn. 111), 312.

professionelle Stellen wie Steuerberater oder Lohnsteuerhilfevereine tätig, so in den Bereichen Sozialhilfe, Wohngeld, Arbeitslosengeld bei etwa 21% der Antragsteller, während bei 28% der Antragsteller im Bereich Wohngeld und 26% in den anderen Bereichen der Sachbearbeiter der Behörde selbst als interner Übersetzer tätig ist.[123]

Formulare sind also nicht nur für einen Teil der Adressaten, sondern auch nur für einen Teil der Antragsteller verständlich.[124] Diese Ausdifferenzierung des Adressatenkreises ist nicht lediglich eine Spitzfindigkeit, heißt es doch in Empfehlungen zur Verbesserung von Formularen immer wieder: „Vor allem bei Vordrucken in hoher Auflage sollten die Entwürfe mit einer repräsentativen Benutzergruppe getestet werden."[125] Je nach dem Verständnis davon, was eine „repräsentative Benutzergruppe" darstellt, wird ein solcher Test aber sehr unterschiedlich ausfallen, sind die unterschiedlichen Teilgruppen von Adressaten und Lesern eines Formulars ja gerade dadurch charakterisiert, dass sie zu den von einem Formulare geforderten Zuordnungshandlungen in ganz unterschiedlichem Ausmaß bereit und fähig sind.[126]

Wenn falsche handlungstheoretische Prämissen zu falschen Konkretisierungen der Verständlichkeitsmaxime führen, setzt sich dieser Fehler auf der Ebene der normativen Handlungsanweisungen fort. Wer untersucht, welche Textmerkmale ein Formular für Antragsteller unverständlich machen und ein entsprechendes Verbot daraus ableitet, hat damit ein Verbot formuliert, das zunächst nur Verständlichkeit für Antragsteller befördert: weil die Maxime falsch konkretisiert wurde, ist das Verbot trotz richtiger Ableitung schlecht begründet.[127] Es zeigt sich damit, dass selbst die Beantwortung so elementarer Fragen wie der, für wen Formulare verständlich sein sollen, keineswegs selbstverständlich ist.

Die Verwaltungssprache mag ein dankbares Thema für die Verfasser von Sprachglossen sein, sie erschöpft sich aber nicht in einzelnen semantischen und syntaktischen Erscheinungen, sondern muss als Ganzes betrachtet werden. Verwaltungssprache ist aufzufassen als eine spezifische Form sprachlichen Handelns, die Bestandteil eines Kommunikationsprozesses in oder mit

---

123 *Wolfgang Bick/Paul J. Müller*, Informationssysteme und Informationsverhalten – Soziologische Grundlagen für eine Informationspolitik. Eggenstein 1979.

124 *Lüdenbach/Herrlitz*, Zur Verständlichkeit von Formularen (Fn. 111), 313 f.

125 So das 5-Punkte-Programm von *Wolfgang Mentrup,* Kurzbericht – Diskussionsverlauf – Fünf-Punkte-Programm, in: Siegfried Grosse/Wolfgang Mentrup (Hrsg.), Bürger – Formulare – Behörde. Wissenschaftliche Arbeitstagung zum Kommunikationsmittel „Formular", Oktober 1979. Tübingen 1980, 112 ff., 123.

126 Die Zahlen über Nutzungsfrequenz und Häufigkeit der Unterstützung durch Dritte sprechen hier eine deutliche Sprache.

127 *Lüdenbach/Herrlitz*, Zur Verständlichkeit von Formularen (Fn. 111), 317.

einer Verwaltungsinstitution ist.[128] Dabei gilt es, den Begriff differenziert anzuwenden: es muss unterschieden werden zwischen den verschiedenen Institutionen, es muss präzisiert werden, ob es sich um Kommunikation innerhalb einer Institution oder zwischen der Institution und ihren Klienten handelt, und es muss geklärt werden, welche Funktion den jeweiligen sprachlichen Handlungen oder auch den verschiedenen Textsorten zukommt, welchen Zwecken sie dienen und welche Ziele durch sie erreicht werden sollen.

Die gängigen Anleitungen zur Gestaltung und Verbesserung der Verwaltungssprache, die Verständlichkeit als eine Texteigenschaft ansehen und sich weitgehend auf stilistische Änderungen beschränken, gehen dagegen von der Annahme aus, es handele sich bei Texten um ein von Inhalten und Anwendungsbedingungen abstrahiertes Arbeitsmittel, das seine Brauchbarkeit quer zu allen Verwaltungseinheiten und -aufgaben zu beweisen hat und dessen Einstellung entsprechend zentralisiert werden muss.[129] Dieses Textverständnis resultiert aus einer spezifischen Vorstellung von Verwaltung, die als eine von speziellen Zwecken unabhängig funktionierende Organisation gesehen wird, deren Außenbeziehungen wie auch Innenstruktur von ihren Aufgaben und Klienten kaum beeinflusst wird. Die angemessene Gestaltung von Verwaltungstexten bedürfe daher lediglich der Analyse der formalen Strukturen einer Verwaltung.[130]

Diese Annahmen entsprechen indes nicht der sozialen Wirklichkeit, ist die Kommunikation des Bürgers mit der Verwaltung doch gekennzeichnet durch die ungleichen Handlungsmöglichkeiten, die sich aus den vorab festgelegten Handlungszwecken ergeben.[131] Daraus entstehen Konflikte, die sich wiederum auf die Kommunikation und das Verhältnis zwischen Agenten und Klienten der Verwaltung auswirken. Die gängigen anwendungsorientierten Ansätze zur Verbesserung der Verwaltungssprache erwähnen die fachlichen und klientenbezogenen Anforderungen zwar, der zugrundeliegende Kommunikationsprozess, die unterschiedlichen, ihn beeinflussenden und steuernden Komponenten, die möglichen Störfaktoren und vor allem die

---

128 So die Definition von *Elisabeth Gülich*, Formulare als Dialoge, in: Ingulf Radtke (Hrsg.), Der öffentliche Sprachgebrauch. Bd. 2: Die Sprache des Rechts und der Verwaltung. Stuttgart 1981, 322 ff, 326f.

129 *Hans Brinckmann/Klaus Grimmer/Anne Höhmann/Stefan Kuhlmann/Wolfgang Schäfer*, Formulare im Verwaltungsverfahren. Wegbereiter standardisierter Kommunikation. Darmstadt 1986, 28.

130 *Brinckmann/Grimmer/Hohmann/Kuhlmann/Schäfer*, Formulare im Verwaltungsverfahren (Fn. 129), 28.

131 *Michael Becker-Mrotzek*, Die Sprache der Verwaltung als Institutionensprache, in: Lothar Hoffmann/Hartwig Kalverkämper/Ernst Wiegand (Hrsg.), Fachsprachen, Handbücher zur Sprach- und Kommunikationswissenschaft. Bd. 14.2. Berlin 1999, 1391ff., 1392.

Kommunikationspartner werden aber allenfalls am Rande erwähnt.[132] Letztlich zielen die bisherigen Bemühungen allein auf die Verwaltungssprache, nicht aber auf die Verwaltungskommunikation, zu deren Gelingen es weit mehr als der Verständlichkeit einzelner Textmerkmale bedarf. Gerade bei der Kommunikation zwischen der Verwaltung und ihren Klienten, deren Ziel Handlungssteuerung und -beeinflussung ist, reicht das Abstellen auf die Verständlichkeit von Verwaltungsschreiben nicht aus.[133]

VI.

Das Recht zeigt dem Streben nach Verständlichkeit deutliche Grenzen auf. Das wird dem, der sich auf die Sprache des Rechts ernsthaft einlässt, nur allzu schnell bewusst. Auch die gängige Deutung, der Türhüter versinnbildliche die Barriere aus Sprache zwischen dem Mann vom Land und dem Gesetz, erscheint damit in anderem Licht. So ist die Vorstellung, dass das Gesetz jedem zugänglich sein sollte und auch von vielen aufgesucht würde, offensichtlich unrealistisch.[134] Der Mann vom Land hat idealisierte und naive Vorstellungen über das Rechtswesen: Der Türhüter, der vor dem Gesetz steht, ist der Beamte, der zwischen Rechtssuchendem und Gesetz die Verbindung verhindert. Durch seine hinhaltenden Angaben verurteilt er den Mann vom Land zum sinnlosen Warten bis zum Tod. Lässt man sich auf die Diktion der Erzählung ein, beginnt also hinter der Tür das Gesetz. Demnach ist vor der Tür ein gesetzesfreier Raum. So handelt auch der Türsteher, der sehr bestimmt auftritt und sich niemandem gegenüber zu rechtfertigen hat, entweder willkürlich oder er vollzieht ein dumpfes vorbestimmtes Schicksal. In beiden Fällen gibt es keine Gesetzmäßigkeit, keine Regel, wodurch man in die Sphäre des Gesetzes gelangen kann oder davon ferngehalten wird.[135]

Auffällig ist aber, dass, „das Tor zum Gesetz offensteht wie immer“, obwohl der Türhüter dem Mann den Eintritt verweigert und der Mann auch

---

132 Siehe dazu *Kerstin Grönert*, Verständigung und Akzeptanz in der Kommunikation zwischen Bürger und Verwaltung. Beobachtung und Analyse der kommunikativen Interaktion anhand von Bescheiden und Formularen. Diss., Bielefeld 2004, 13 ff.

133 Dies wird auch belegt durch empirische Studien, die gezeigt haben, dass es sich bei den Ursachen der Kommunikationsstörungen nicht immer um ein Verständlichkeitsproblem im Sinne von Textverstehen handelt, siehe *Kerstin Grönert*, Verwaltungssprache: eine empirische Optimierung. Am Beispiel der Briefvorlagen für den Kundenschriftverkehr der Volkshochschule Bielefeld. Magisterarbeit, Bielefeld 2000, 93 ff. und *Grönert*, Verständigung und Akzeptanz in der Kommunikation zwischen Bürger und Verwaltung (Fn. 132), 35 ff.

134 *Peter-André Alt*, Franz Kafka: Der ewige Sohn. München 2005, 411.

135 *Alt*, Franz Kafka (Fn. 134), 412.

nicht hineingeht, als der Türhüter beiseite tritt. Der Mann vom Lande scheut die Verantwortung, er verschanzt sich hinter Gebot und Verbot. Er sucht für jeden Schritt die Genehmigung, die ihn der Verantwortlichkeit enthebt. Er bleibt gefangen im Labyrinth seiner eigenen Vorstellungen und seines Sicherheitsbedürfnisses. Einfacher und bequemer ist es, die Verantwortung auf einen anderen oder besser noch auf eine unpersönliche Instanz – das Gesetz – abzuwälzen.[136] Obwohl er doch zunächst um des Gesetzes willen gekommen war, konzentriert er seine Aufmerksamkeit ausschließlich auf den Türhüter, indem er ihn zu bestechen sucht und dann, als diese falschen Mittelchen nicht anschlagen, indem er ihn beobachtet. Statt sich auf die allgemeingültige Welt der Gesetze zu konzentrieren, betreibt er also nun das Studium des Türhüters.[137] Erst am Ende erfährt der Mann, dass niemand sonst hier Einlass erhalten konnte, denn dieser Eingang war nur für ihn bestimmt. Der Zugang zum Gesetz – das ist die Lehre – ist ein je eigener und individueller, und es sind die eigenen Entscheidungen, die den Mann vom Lande in die Irre geführt haben.

Die Parabel *Vor dem Gesetz* hat, wie die meisten Erzählungen Kafkas, kein wirkliches Ende. Es gibt keine endgültige Deutung der Türhüterparabel, sondern unzählige Deutungsmöglichkeiten. Die Aufgabe des Interpreten formuliert sich somit in einer unendlichen Sinn-Suche, die vergleichbar ist mit dem Streben nach dem Gesetz. Nicht der Autor, sondern erst der Leser bestimmt, was der Text bedeutet. Verschriftetes kann immer neu und anders verstanden werden. Die Deutung verrät damit mehr über den Leser als über den Autor selbst.

---

[136] *Alt*, Franz Kafka (Fn. 134), 411.

[137] *Bernd Witte*, Das Gericht, das Gesetz, die Schrift. Über die Grenzen der Hermeneutik am Beispiel von Kafkas Türhüter-Legende, in: Klaus-Michael Bogdal (Hrsg.), Neue Literaturtheorien in der Praxis. Textanalysen von Kafkas „Vor dem Gesetz“. Opladen 1993.

Ist die Gerichtssprache wirklich deutsch?

Harald Walther*

I. Sprache und Recht – Die Quadratur des Kreises

Sprache und Recht – ein in vielen Fällen scheinbar unauflösbarer Gegensatz. Nicht nur der Gesetzgeber verwendet eine Sprache, die über fachlich begründete und dadurch zu erklärende Notwendigkeiten hinaus zunehmend unverständlicher und bürgerferner zu werden droht, sondern in logischer Konsequenz auch jene, die Gesetze anwenden, auslegen, kommentieren oder sie auf ihre Vereinbarkeit mit der Verfassung überprüfen. Gelegentlich sind Bestrebungen zu verzeichnen, neben dem Staatsziel Kultur auch die deutsche Sprache im Grundgesetz zu verankern.[1] Das Miteinander von Bürgern und Rechtsprechung ist dessen ungeachtet noch nicht vollends auf dem Weg der Besserung. Zu sehr unterscheidet sich in der Regel die verwendete Sprache der Justiz von der Alltagssprache der Bürger. Über das Thema Sprache und Recht wird seit Jahrzehnten geschrieben[2] – regelmäßig mit der wiederkehrenden Zielsetzung, zur Behebung der festgestellten Insuffizienzen und Kommunikationsdefiziten einen Beitrag leisten zu müssen. Die

* Der Verfasser, Richter am Verwaltungsgericht, Dipl.-Verwaltungswissenschaftler und Mediator BM® sowie Lehrbeauftragter an der Deutschen Universität für Verwaltungswissenschaften Speyer und an der Johannes-Gutenberg-Universität Mainz, ist zurzeit an das Amtsgericht Rüsselsheim (Familiensachen, Gerichtsverwaltung und Güterichter) abgeordnet. Er war bei verschiedenen Verwaltungsgerichten sowie im Hessischen Ministerium für Wissenschaft und Kunst und im Hessischen Kultusministerium tätig.

1 Die für Kultur zuständige Arbeitsgruppe der Koalitionsverhandlungen von Union und FDP einigte sich Anfang Oktober 2009 darauf, die deutsche Sprache im Grundgesetz zu verankern. Auf Wunsch der Union soll es dann im Grundgesetz heißen: „Die Sprache der Bundesrepublik ist Deutsch." Ähnlich wurde dies bereits vom damaligen saarländischen Ministerpräsidenten Peter Müller auf dem CDU-Parteitag im Dezember 2008 in Saarbrücken vorgeschlagen.

2 *Albrecht,* Amtssprache – Historisch-kritische Hinweise auf Ärgernisse durch Recht und Verwaltung in Deutschland, Auszug aus: Möglichkeiten und Grenzen der Verbesserung von Texten aus der Verwaltung, Mannheim, 1985; *Ammon*, Amtsdeutsch, BB 1990, 1427; *May*, Sprachungenauigkeiten in Gerichtsentscheidungen, SGb 1989, 364; Zum Verhältnis der Verwaltungssprache in Ost und West: *Rudisile*, Sprachirritationen, VwBlBW 1992, 33.

Praxis des (verwaltungs-)gerichtlichen[3] Alltags belehrt den aufmerksamen Beobachter eines Anderen, nicht immer Besseren.

Ein Beispiel: In einer mündlichen Verhandlung vor der Kammer[4] eines Verwaltungsgerichts trägt der Berichterstatter in Gegenwart des ohne Anwalt erschienenen Klägers den Sachbericht vor. So sieht es § 103 Abs. 2 VwGO vor. Der Vortrag des Sachberichts dient der Information der ehrenamtlichen Richter[5] und macht als Ausprägung des Grundsatzes des rechtlichen Gehörs den Beteiligten deutlich, von welcher Sachlage das Gericht ausgeht. Der Richter erläutert freundlich und zum Wohlgefallen des Klägers, dass er nicht die Absicht habe, den vorbereiteten schriftlichen Tatbestand im Wortlaut vorzutragen, vielmehr wolle er den Sach- und Streitstand kurz mündlich zusammenfassen. Nach den einleitenden Worten des Richters wird dann gleichwohl der fachlich nicht zu beanstandende, indes für den Laien kaum verständliche Tatbestand wörtlich vorgelesen. Bei der durchaus üblichen Formulierung „Der Kläger wiederholt und vertieft sein Vorbringen aus dem Vorverfahren." entfährt es dem aufmerksam und konzentriert der Verhandlung folgenden Kläger spontan: „Was? Was soll ich gemacht haben?" Erst nach einem erläuternden Gespräch mit der Kammer des Verwaltungsgerichts wird klar, dass mit dem für den Kläger unverständlichen Begriff des Vorverfahrens das erfolglose Widerspruchsverfahren gemeint war. Völlig korrekt hat sich der Richter des Wortlauts der §§ 68 ff. VwGO[6] bedient, wenngleich umgangssprachlich und weitaus verständlicher der Begriff „Widerspruchsverfahren" sein dürfte und darüber

---

[3] Die Bearbeitung befasst sich vorwiegend mit dem Problemkreis Recht und Sprache bei den Verwaltungsgerichten. Gerade das Verhältnis „Bürger und Staat" vor den dafür eingerichteten allgemeinen (und besonderen) Verwaltungsgerichten zeigt deutlich die Insuffizienzen und Problemlagen der Sprache der Juristen auf.

[4] Die Kammer ist besetzt mit drei Berufsrichtern und zwei ehrenamtlichen Richtern (§ 5 Abs. 3 Satz 1 VwGO).

[5] Ob alle ehrenamtlichen Richter den in der mündlichen Verhandlung in der Regel erstmals vernommenen oder in Schriftform erhaltenen Tatbestand wirklich verstehen, ist mehr als zweifelhaft. Zudem ist die Mitwirkung der ehrenamtlichen Richter an der Abfassung des Urteils nicht vorgesehen; auch regelt das Gesetz nicht, dass sie eine Abschrift des Urteils erhalten sollen. Damit ist der Beitrag der ehrenamtlichen Richter in der Verwaltungsgerichtsbarkeit jedenfalls zu einer größeren Verständlichkeit der Gerichts- und Urteilssprache eher zu vernachlässigen.

[6] Vorverfahren vor Erhebung der Anfechtungs- oder Verpflichtungsklage. Selbst die Terminologie des Gesetzgebers ist ungewöhnlich uneinheitlich: In den §§ 68 Abs. 1 Satz 1, 69, 73 Abs. 2 Satz 1, 162 Abs. 1 und Abs. 2 Satz 1 VwGO heißt es: Vorverfahren; in der seit dem 01.01.1996 geltenden Fassung des § 71 dagegen überraschend und einmalig: Widerspruchsverfahren. Das Verwaltungsverfahrensgesetz spricht dagegen, ebenso wie z. B. § 54 Abs. 2 BeamtStatG einheitlich vom Vorverfahren.

hinaus selbst bei der Verwendung dieses Terminus noch die eine oder andere Erläuterung erforderlich gewesen wäre.[7]

Dass ein Bürger ohne Anwalt vor einem Verwaltungsgericht erscheint, ist im Grunde vom Gesetzgeber gewollt[8]. Der Weg zu den Gerichten soll erleichtert und die Gewährung effektiven Rechtsschutzes gefördert werden. Das Verwaltungsgericht ist hierbei besonders verpflichtet, seiner Hinweis- und Beratungspflicht nachzukommen (§§ 173 VwGO i.V.m. 139 ZPO). Der Gesetzgeber betont in § 139 Abs. 1 ZPO ausdrücklich die Notwendigkeit eines „offenen Gesprächs“ zwischen dem Gericht und den Parteien.[9] Die mündliche Verhandlung bildet die Grundlage der gerichtlichen Entscheidung (§ 101 Abs. 1 VwGO); von diesem Grundsatz der Mündlichkeit und Unmittelbarkeit des richterlichen Entscheidungsverhaltens kann nur in den vom Gesetz zugelassenen Fällen abgewichen werden. Damit wird dem Gericht wie auch den Prozessbeteiligten die Gelegenheit eröffnet, die Sach- und Rechtslage im Rechtsgespräch angemessen zu erörtern. Transparenz des Verfahrens[10] und Akzeptanz der unmittelbar auf der mündlichen Verhandlung beruhenden Streitentscheidung oder Streitschlichtung werden somit durch mündliches Verhandeln ermöglicht.[11] Der Erfolg und die Akzeptanz einer mündlichen Verhandlung und ebenso eines Erörterungstermins (§ 87 Abs. 1 VwGO) hängen davon ab, inwieweit das Gericht und die Beteiligten des Verwaltungsstreitverfahrens in der Lage sind, eine gemeinsam verstandene Sprache zu verwenden. Verfällt das Gericht in eine auf fachliche Termini begrenzte Diktion, so wird gegebenenfalls ein vom Richter diktierter Vergleich die Beteiligten zu einem „erzwungenen“ Konsens veranlassen. Ob indes alle Anwesenden alles verstanden und akzeptiert haben, bleibt zweifelhaft. Hier bestehen Bedenken, ob ein solches Vorgehen dem Verfassungsgebot des effektiven Rechtsschutzes (Art. 19 Abs. 4 GG) Rechnung trägt.

---

[7] Das seit dem 1. April 1960 in der Verwaltungsgerichtsordnung verankerte „Vorverfahren“ wurde und wird mit dem „Widerspruchsbescheid“ abgeschlossen; nicht dagegen mit dem noch bis zum 31. Dezember 1990 gemäß § 84 VwGO geltenden „Vorbescheid“. Dieser wiederum wurde durch den „Gerichtsbescheid“ ersetzt, wobei der Begriff „... bescheid“ für eine gerichtliche Entscheidung ebenfalls eher untypisch war und ist, bezeichnet er doch dem herkömmlichen Sprachgebrauch nach Maßnahmen der Verwaltung. Im österreichischen Recht knüpft – wie beim bundesdeutschen Verwaltungsakt – das gesamte Rechtsschutzsystem an diesen Begriff an (vgl. das Bundes-Verfassungsgesetz und das Allgemeine Verwaltungsverfahrensgesetz).

[8] Ebenso bei den Arbeitsgerichten und Amtsgerichten (§ 11 Abs. 1 Satz 1 ArbGG); in der Sozialgerichtsbarkeit sogar noch beim Landessozialgericht (§ 73 Abs. 1 SGG).

[9] *Musielak*, ZPO, Kommentar, 7. Aufl. 2009, Rn. 4 zu § 139.

[10] Zur angestrebten Transparenz auch in strafrechtlichen Verfahren: *Landau*, Chancen und Risiken einer Reform des Strafverfahrens, ZRP 2004, 146.

[11] *Ortloff* in: Schoch/Schmidt-Aßmann/Pietzner, VwGO, 17. Lfg. 2008, Rn. 2 zu § 101.

Die Ursachen der von vielen Teilen der Bevölkerung nur ungenügend verstandenen Sprache der Verwaltungsgerichte wurzeln viel tiefer, als es der Blick auf die Entwicklung der vergangenen 50 Jahre erkennen lässt. Sie finden sich in den Grundlagen des Gerichtsorganisations- und Gerichtsverfassungsrechts des späten 19. Jahrhunderts. Mit dem Erlass der Reichsjustizgesetze im Jahre 1877 sind die Grundlagen für ein Justiz- und Gerichtswesen gelegt worden, das damals wie heute vorwiegend an streitigen Entscheidungen und nicht am Erreichen eines Konsenses orientiert ist. Rechtschutzgewährende und Rechtsschutzsuchende befinden sich nicht auf der gleichen sprachlichen Ebene. Allenfalls kann dies durch die Einschaltung von Rechtsanwälten als Rechts- oder Sprachmittler erfolgen, wobei dies aber voraussetzt, dass Rechtsanwälte in der Lage sind, die juristische Fachsprache für ihre Mandanten in verständliches Deutsch zu übersetzen. Ursachen der zunehmend beklagten Verständigungsprobleme vor Gericht sind außerdem die in den letzten Jahren sprunghaft wachsende Verrechtlichung unseres Gemeinwesens, die damit einhergehende Normenflut, die in der Folge zwingend erforderliche hohe Zahl an Richtern (2012: etwa 21.000) und letztlich in logischer Konsequenz eine ins schier uferlose wachsende Anzahl von Rechtsanwälten (2012: etwa 169.000).

II. Die rechtlichen Grundlagen der Gerichtssprache

1. Das geltende Recht

Ist die Gerichtssprache wirklich deutsch? Nach der geltenden Gesetzeslage, die durch § 184 Satz 1 des Gerichtsverfassungsgesetzes zum Ausdruck gebracht wird, ist dies wohl der Fall. Die §§ 9 Abs. 2 ArbGG, 61 Abs. 1 SGG, 52 Abs. 1 FGO und 173 Satz 1 VwGO stellen die Geltung der die Gerichtssprache Deutsch regelnden Bestimmungen des Gerichtsverfassungsgesetzes auch für die Verfahren vor den Arbeits-, Sozial-, Finanz- und Verwaltungsgerichten sicher. Das Gesetz ist hier einfach, klar verständlich und deutlich und geht davon aus, dass mit der Regelung hinreichend Sorge dafür getragen wird, dass ein jeder vor Gericht die dort gesprochene Sprache versteht. Die Bestimmung erweist sich als unmittelbare Umsetzung des Rechtsstaatsprinzips und des Grundsatzes des rechtlichen Gehörs. Indes hat der Gesetzgeber noch in jüngerer Vergangenheit eher Anlass gesehen, sprachliche Minderheiten ausdrücklich zu schützen, als dafür Sorge zu tragen, dass die Form des vor Gericht gesprochenen oder geschriebenen Deutsch den für die Rechtsschutzgewährung erforderlichen Verständlichkeitsgrad erreicht.[12] Wie hör-,

---

[12] § 184 GVG wurde aufgrund des Einigungsvertrages mit Wirkung vom 25.04.2006 durch das Gesetz vom 19.04.2006 (BGBl. I S. 866) um folgenden Satz 2

sprach- oder sehbehinderten sowie blinden Beteiligten eine adäquate Partizipation am Verfahren zu gewährleisten ist, bestimmen §§ 186 und 191a GVG. Seit dem 1. Juni 2007 ist insoweit zudem die Verordnung zur barrierefreien Zugänglichmachung von Dokumenten für blinde und sehbehinderte Personen im gerichtlichen Verfahren vom 26. Februar 2007 zu beachten.[13] Der Name dieser Verordnung ist symptomatisch für die Neigung der Juristen, in ihrer Sprache dem Substantiv den Vorzug zu geben. Nur zu oft wird dadurch die Verständlichkeit des „Dokuments" gerade auf Seiten derer erschwert, die es betrifft, wenn auch der Inhalt der Regelung ausdrücklich den erleichterten Zugang bezweckt. Jenen Personen, die der deutschen Sprache nicht mächtig sind, stehen im gerichtlichen Verfahren Dolmetscher zur Verfügung (§ 187 GVG). An die Notwendigkeit der Übersetzung der juristischen Fachsprache für den anwaltlich nicht vertretenen Bürger im Verwaltungsprozess ist vom Gesetzgeber freilich noch nicht gedacht worden. Das in § 184 GVG vorgeschriebene Deutsch bedarf selbstverständlich keiner Übersetzung.

Ergänzt wird die für das gerichtliche Verfahren geltende Norm durch weitere Bestimmungen, die Deutsch als Amtssprache anordnen. Für die Verwaltungsbehörden in der Bundesrepublik Deutschland legen § 23 Abs. 1 des Verwaltungsverfahrensgesetzes (VwVfG) und die gleichlautenden Bestimmungen der Länder die deutsche Sprache als Amtssprache fest. Für Bundes- und Landesfinanzbehörden gilt § 87 Abgabenordnung (AO 1977)[14], für Sozialbehörden § 19 Abs. 1 Sozialgesetzbuch X (SGB X). Wegen § 126 Satz 1 des Patentgesetzes[15] ist Deutsch sowohl die Sprache des Patentamts als auch des Patentgerichts. Beachtlich ist, dass hier der Sprachgebrauch des Gesetzgebers von der umgangssprachlichen Bedeutung des Worts „Amtssprache", wie sie oben beschrieben ist, insofern abweicht, als dass „Amtssprache" und „Gerichtssprache" begrifflich nicht unterschieden werden. Der gesetzliche Terminus „Amtssprache" erfasst indes nicht, wiederum abweichend von der gemeinen Bedeutung, die Sprache des Gesetzgebers. In Ermangelung einer Vorschrift im Grundgesetz ist eine solche überhaupt nicht festgelegt. Sämtliche Gesetze, die in der Bundesrepublik Deutschland erlassen wurden, sind aber auf Deutsch verfasst. Durch die Europäische Charta der Regional- und Minderheitensprachen sind Behörden einzelner Bundesländer jedoch verpflichtet, auch in den Regionalsprachen Niedersächsisch

erweitert: „Das Recht der Sorben, in den Heimatkreisen der sorbischen Bevölkerung vor Gericht sorbisch zu sprechen, ist gewährleistet."

13 Zugänglichmachungsverordnung, ZMV, BGBl. I 2007, 215.

14 Wie zunehmend schwierig die in „deutscher Sprache" selbst erstellte Steuererklärung geworden ist, vermag ein jeder für sich zu beurteilen; vgl. Berliner Zeitung vom 10.01.2007: „Umfangreich, umständlich, unverständlich".

15 Wortgleich ist § 93 Markengesetz.

(umgangssprachlich als Niederdeutsch bezeichnet), Friesisch, Dänisch oder Sorbisch[16] zu korrespondieren.

2. Verfahrens- und Prozessrecht – eine weitere Ursache für eine unverständliche Fachsprache

Im gesamten Deutschen Reich bestanden mit den Reichsjustizgesetzen von 1877 zum ersten Mal einheitliche Gerichtsarten und einheitliche Verfahrensregeln. Die für alle anderen auch nachkonstitutionellen Prozessgesetze maßgebliche Zivilprozessordnung gibt bis heute unverändert in § 300 ZPO die Richtschnur vor: Das Gericht entscheidet, soweit nichts anderes bestimmt ist, durch Urteil. Die Arbeitsweise der Gerichte orientierte sich über Jahrzehnte an dem Gebot streitiger Entscheidungen. § 107 VwGO enthält das gleiche Gebot für die Verwaltungsgerichte. Die streitige Entscheidung steht im Mittelpunkt, was die Statistiken belegen: Die Vergleichsquote in der Verwaltungsgerichtsbarkeit ist mit drei bis fünf Prozent eher gering.[17]

Die Lesbarkeit von Entscheidungen wird durch die juristische Arbeitsweise der Trennung zwischen Zulässigkeit und Begründetheit erschwert. Die Abweisung einer verwaltungsgerichtlich Klage „als zulässig, jedoch unbegründet“ irritiert so manchen Leser. Er muss zum einen erkennen, dass die „Zulässigkeit“ (oder muss es „Zulassung“ heißen?) einer Klage noch lange nichts über deren Erfolg aussagt. Auch wundert er sich darüber, dass seine Klage „unbegründet“ sei, obwohl er oder sein Rechtsanwalt die Klage doch ausführlich schriftlich „begründet“ hatten.

3. Das juristische Ausbildungs- und Prüfungswesen – Wegbereiter der Juristensprache

Die Juristenausbildung in der Bundesrepublik Deutschland orientiert sich – allen europäischen Entwicklungen zum Trotz – weiterhin an dem seit Jahrhunderten bewährten und auf preußischen Wurzeln fußenden Einheitsjuristen: Dem Gerichtsassessor[18]. Ziel ist der Erwerb der Befähigung zum

---

[16] § 184 Satz 2 GVG; siehe Fn. 12.

[17] Unberücksichtigt bleiben allerdings übereinstimmend für erledigt erklärte oder zurückgenommene Verfahren, wodurch das Bild verfälscht wird. Die Vergleichsquote vor den ordentlichen Gerichten (Amtsgerichte) ist höher; auch die Zahlen der Sozialgerichtsbarkeit sind hinsichtlich der Zahl der unstreitigen Erledigungen zu ergänzen. Nicht wenige Fälle werden nach richterlichem Hinweis hinsichtlich der Aussagekraft eines maßgeblichen medizinischen Gutachtens durch Rücknahme der Klage oder Anerkenntnis des geltend gemachten Anspruchs erledigt.

[18] Zum Thema „Bologna-Prozess und deutsche Juristenausbildung“ vgl. nur http://www.jura.uni-duesseldorf.de/news.asp?id=1129

Richteramt. Erst nach dem Ersten und Zweiten Staatsexamen finden die erforderlichen Spezialisierungen durch die Wahl des Tätigkeitsbereichs statt. In seiner Ausbildung erfährt der junge, heranwachsende Jurist eine auch an überkommenen sprachlichen Anforderungen orientierte Prägung besonderer Art. Er lernt, wie ein Jurist zu sprechen und zu schreiben. Nur diese Art des mündlichen wie schriftlichen Vortrags befähigt ihn zur Teilhabe an der juristischen Klasse. In der Ausbildung unverzichtbar ist das Erlernen der juristischen Methodenlehre, die Auslegung von Gesetzen nach Entstehungsgeschichte und Wortlaut, nach systematischen Grundsätzen und nach Sinn und Zweck der Norm. Dieser Vorgang ist eingebettet in eine besondere überkommene, in der Sache ebenso bewährte wie auch die Unverständlichkeit in hohem Maße fördernde Argumentations- und Arbeitsweise, der Subsumtionstechnik. Das Unterordnen eines Lebenssachverhaltes unter eine anwendbare Rechtsnorm, die logische Überprüfung der zu erfüllenden Tatbestandsmerkmale und ihr Abgleich mit der bereits ergangenen Judikatur oder den vorhandenen Veröffentlichungen der Fachpresse sowie die Ermittlung der sich daraus ergebenden Rechtsfolge. Gerade das erlernen Juristen in Verbindung mit einer fachlich orientierten und eine eigene Überlegenheit aufweisende Sprache, bei der es in erster Linie auf eine an fachlichen Maßstäben orientierte Klarheit und Präzision und weniger auf das Verständnis gegenüber der breiten Masse der Rechtsschutzsuchenden ankommt.

Von besonderer Bedeutung sind sowohl die Konzeption als auch das Resultat der für den weiteren beruflichen Werdegang nach wie vor bedeutsamen juristischen Staatsexamina. Die in den Staatsprüfungen geforderten Leistungen sind im wesentlich schriftlich zu erbringen; das Assessorexamen ist in allen Bundesländern mittlerweile nach Abschaffung der Hausarbeit als Prüfungsleistung ein reines Klausurenexamen mit einer mündlichen Prüfung. Die schriftlich zu erbringenden Leistungen orientieren sich an den in den juristischen Berufsfeldern (Justiz, Verwaltung, Anwaltschaft) anfallenden schriftlichen Arbeiten (Urteil, Beschluss, Gerichtsbescheid, Behördenentscheidungen in Form von Erst- und Widerspruchsbescheid, Anklageschrift, Anwaltsschriftsatz und gegebenenfalls ergänzende Gutachten). Völlig unberücksichtigt bleibt – von sprachlichen Anforderungen abgesehen – beispielsweise die Erarbeitung eines nach Für und Wider abgewogenen Vergleichsvorschlages auch unter Einbeziehung wirtschaftlicher Überlegungen und Verteilung der Kostenlast. Die zu erbringenden mündlichen Leistungen im Staatsexamen orientieren sich ebenfalls nur auf die Wiedergabe auch schriftlich abprüfbarer Themen. Auch hier werden von den Kandidaten im Ergebnis überwiegend die Beherrschung der Subsumtionstechnik und damit die Reproduktion juristischer Fachsprache verlangt.

Berücksichtigt man die hohe Anzahl derer, die nach dem Zweiten Staatsexamen den Anwaltsberuf ergreifen (müssen), so erweisen sich die im Examen zu erbringenden Leistungen nur begrenzt als berufsbezogen. Nicht oder nur unzureichend erfasst wird die den Berufsalltag überwiegend prägende Anwaltsleistung der Beratung des Mandanten in streitvermeidender oder konsensual den Konflikt beilegenden Weise. Ebenso bleibt die streitbeilegende, schlichtende Tätigkeit des Richters außer Betracht. Jene Normen, die wie etwa die §§ 287 ZPO, 87 und 106 VwGO oder 54 ArbGG, die die gütliche Beendigung eines Prozesses in den Blick nehmen, sind nicht Gegenstand der schriftlichen Prüfung im Staatsexamen. Gleichwohl bilden sie einen wesentlichen Teil der späteren Arbeit. Ebenso ist ihre im Wesentlichen auf kommunikativen Fähigkeiten beruhende Beherrschung unverzichtbar für die Bewältigung der bei den Gerichten anfallenden Verfahren. In vielen Fällen führen nur der Ausgleich und der Konsens unter der sprachlich geschickten Begleitung eines erfahrenen Richters zu dem auch von der Rechtsordnung gewollten und daher zu erreichenden Ergebnis.

Erst zum 1. Juli 2003 wurde das Richtergesetz in § 5a Abs. 3 dahin geändert, dass zum Gegenstand der Ausbildung nicht nur das Kennenlernen der juristischen Berufsfelder, sondern ausdrücklich auch die Bereiche Verhandlungsmanagement, Gesprächsführung, Rhetorik, Streitschlichtung, Mediation, Vernehmungslehre und Kommunikationsfähigkeit gehören. Dass eine solche, ausdrücklich auf kommunikative Fähigkeiten abstellende Norm erst zu einem derart verspäteten Zeitpunkt erlassen wurde, zeigt neben der zunehmenden Anwaltsorientierung der Ausbildung in aller Deutlichkeit auf, wie wenig bislang auf die sprachlichen Fähigkeiten des juristischen Nachwuchses geachtet wurde. Die Befähigung, sich in der Fachsprache auszudrücken, war schon immer nachprüfbarer Gegenstand der Ausbildung. Neu ist das an den Anforderungen der Rechtsschutzsuchenden und damit kundenorientierte Petitum an eine kommunikationsfähige Justiz. Der Gesetzgeber hat – hoffentlich nicht zu spät – erkannt, dass die gewachsenen Ansprüche der immer mehr an den staatlichen Entscheidungsprozessen teilhabenden Bürgergesellschaft eine breitere, den Bürger erreichende Sprachkompetenz von den Juristen erfordern. In der Folge mehren sich an den Universitäten und Hochschulen in den rechtswissenschaftlichen Fachbereichen die Angebote zum Erlernen jener Schlüsselqualifikationen und „Soft Skills“[19], die noch vor wenigen Jahren im Wesentlichen als Fremdkörper im juristischen Berufsfeld angesehen wurden.

[19] *Fritzemeyer*, Die Bedeutung der „Soft Skills“ für die Juristenausbildung und die juristischen Berufe, NJW 2006, 2825; *Eckstein/Wilkening*, Das Dilemma des Referendars und die Lösung über das Zweite Staatsexamen, ZRP 2009, 59.

III. Das Rechtsstaatsprinzip und die Juristensprache

Der Kritik an unverständlicher Amts- oder Gerichtssprache kann sehr leicht der Wortlaut einschlägiger Vorschriften entgegengehalten werden. Behördliche Entscheidungen (Verwaltungsakte) unterliegen unter anderem Anforderungen an ihre Bestimmtheit (§ 37 Abs. 1 VwVfG) und an ihre Begründung (§ 39 Abs. 1 VwVfG). Soweit das Bestimmtheitserfordernis auch Vollstreckungsgrundlage ist, wird klar, dass bei der Formulierung einer Verwaltungsentscheidung jene Sorgfalt anzuwenden ist, die den Tenor eines Bescheides oder einer Verfügung in jedem Fall vollstreckungsfähig sein lässt. Ebenso muss die Begründung von Verwaltungsakten sowohl die tatsächlichen als auch rechtlichen Erwägungen beinhalten, die für die Entscheidung maßgeblich sind (§ 39 Abs. 1 Satz 2 VwVfG). Die vom Gesetz aufgestellten und von der Rechtsprechung fortentwickelten Anforderungen an die korrekte Anwendungen von Verfahrensbestimmungen sowie die Anforderungen an die Auslegung von materiell-rechtlichen Normen finden sich in den Verwaltungsentscheidungen in eben jener Sprache wieder, wie sie zuvor von Richtern in ihren Urteilen und von den Verfassern der Fachliteratur vorgegeben wurde. Auf diese Weise werden auch jene fachlichen Wendungen über Jahrzehnte hinweg tradiert und fortgeschrieben, deren Formulierungen sich als unverständlich und bürgerfern erwiesen haben. Doch welche Behörde möchte schon das Risiko eingehen, mit einer „kundenorientierten" Verwaltungsentscheidung nicht den Ton des zur Kontrolle befugten Verwaltungsgerichts zu treffen und deswegen die Aufhebung des entsprechenden Bescheides besorgen zu müssen? Und welches Verwaltungsgericht verlässt ohne Not die sprachlich einheitliche Phalanx der Entscheidungen des Gerichtszweiges?

„Grundrechtsschutz durch Verfahren" ist ein durch das Bundesverfassungsgericht[20] in besonderer Weise betontes Petitum. Eigentlich zugleich eine Garantie für eine das Grundrecht auf effektiven Rechtschutz sichernde Sprache in Verwaltung und Justiz gerade bei Prozessen zwischen Bürger und Staat. Der seit Jahren zu konstatierende Rückbau der Beteiligungsrechte im Verwaltungsverfahren[21] zugunsten der anzustrebenden materiellen

---

[20] BVerfG, Beschl. v. 14.05.1985 – 1 BvR 233, 341/81 –, (Brokdorf-Beschluss); dazu *Walther*, JA 1995, 372; zu den verfassungsrechtlichen Anforderungen an die Behandlung Deutschunkundiger in Gerichts- und Verwaltungsverfahren vgl. allg. *Ingerl*, Sprachrisiko im Verfahren, 1988.

[21] Schon früh beklagte dies unter anderem *Kopp*, Beteiligung, Rechts- und Rechtsschutzpositionen im Verwaltungsverfahren, in: Verwaltungsrecht zwischen Freiheit, Teilhabe und Bindung, Festschrift zum 25-jährigen Bestehen des BVerwG, 1978, 387. Das Prozessrecht schließt sich an: § 114 Satz 2 VwGO ermöglicht den Behörden das Nachschieben von Gründen im Verwaltungsprozess, auch wenn zuvor

Gerechtigkeit führt zu einer zunehmenden, indes vom Gesetz gedeckten Vernachlässigung der Bürgerbeteiligung zum Beispiel im Rahmen der Anhörung. Soweit nicht sogar Vorschriften zur Bürgerbeteiligung für unanwendbar erklärt wurden[22], erweist sich die Anhörungspraxis in der Regel als unzureichend. Entweder wird die in „Amtsdeutsch“ konzipierte Verwaltungsentscheidung im Entwurf übersandt und damit zwar den Erfordernissen des § 28 Abs. 1 VwVfG entsprochen, wenngleich das beabsichtigte Verständnis beim Bürger nicht zwingend sichergestellt ist. Oder die Anhörung unterbleibt aktiv aber – mit Blick auf die bis zum Abschluss des verwaltungsgerichtlichen Verfahrens mögliche Heilung (§ 45 Abs. 1 Nr. 3 VwVfG) – folgenlos. Auch ein solches „sprachloses“ Verhalten der Behörden überzeugt nicht. Viele gerichtliche Auseinandersetzungen wären zu vermeiden, würde in einem frühen Stadium des Konflikts Bürger – Staat in eine sinnvolle und ergebnisorientierte Kommunikation eingetreten, die in einer von allen in gleicher Weise gesprochenen und verstandenen Sprache geführt wird.

Gerichtsentscheidungen – und ebenso natürlich Verwaltungsentscheidungen – sollen zudem in der Regel frei sein von persönlichen, emotionalen Wendungen. Zudem werden von jeher neutrale, nüchterne und an euphemistischen Grundsätzen orientierte Formulierungen bevorzugt. Auch wenn ein Gericht zutiefst davon überzeugt sein sollte, dass ein Kläger im Prozess bewusst und absichtlich die Unwahrheit gesagt hat, um die Richter zu täuschen, so findet sich nur selten das Wort „Lüge“ im (abweisenden) Urteil. Auch die Zurückweisung eines offensichtlich missbräuchlichen und wider jede Vernunft gestellten Befangenheitsgesuchs wird von dem hierüber zur Entscheidung berufenen Spruchkörper mit einer Sprache kommentiert, die jegliche gefühlsmäßige Regung zu Recht auszuschließen versucht, um dem Kläger und Befangenheitsantragsteller schon gar keine neue Angriffsfläche zu bieten. Das ist im Grundsatz verständlich und unterstreicht die objektive und neutrale Stellung staatlicher Organe. Wie oft dagegen bedarf es bei der Arbeit als Richter der umso gründlicheren Lektüre von Schriftsätzen der Beteiligten oder ihrer Bevollmächtigten, um den wahren Kern des Konflikts aus dem auch für sich selbst oder für den Mandanten Geschriebenen herauszuarbeiten.

---

die Kommunikation mit dem Bürger unzureichend gewesen sein mag und selbst wenn dieser auch die nachgeschobenen Gründe nicht verstehen kann.

[22] § 62 der Hessischen Bauordnung erklärt ausdrücklich die §§ 13 und 28 des Verwaltungsverfahrensgesetzes über die Beteiligung und die Anhörung im Rahmen des Nachbarschutzes für unanwendbar.

IV. Die Prägung der Sprache durch das berufliche Selbstverständnis

Die Aufrechterhaltung der beklagenswerterweise in weiten Teilen unverständlichen Fachsprache wird auch dadurch bestärkt, dass sich die Reduktion der – oftmals nur allzu mühsam erlernten – Fachsprache auf ein vom Bürger verstandenes Maß schon wegen des damit einher gehenden Verlustes an beruflicher Autorität verbietet. Letztlich birgt die Vereinfachung der Rechtssprache in Richtung einer wünschenswerten Bürgernähe die Gefahr eines Wertungswiderspruchs mit dem eigenen Werdegang und der damit untrennbar verbundenen fachlichen (juristischen) Qualifikation. Wer will schon von dem (auch gesellschaftlich) Erreichten wieder herabsteigen, um mit dem Bürger auf einer Ebene zu kommunizieren? Das darin als logische Folge aufkommende Abgrenzungsdefizit zu anderen Berufsgruppen muss bereits im Keim erstickt und vermieden werden. In gleicher Weise unterstützen die hierarchischen Strukturen in der Verwaltung ebenso wie jene, in differenzierter Form in der Justiz vorfindlichen Rahmenbedingungen, die Aufrechterhaltung der insuffizienten Justizsprache.

Sprachliche Hemmnisse sind damit denknotwendige Konsequenz des im Verhältnis Bürger – Staat trotz der sich entwickelnden Bürgergesellschaft weiter vorherrschenden Über-Unterordnungs-Verhältnisses, welches auch die Grundlage bildet für die Gesamtheit des Verwaltungsverfahrens- und Verwaltungsprozessrechts.[23] Gleichwohl gibt es beachtliche Beispiele in der Literatur, dass es auch einem Hochschullehrer gelingen kann, in einer unvergleichlich verständlichen Sprache das Recht dem Leser nahe zu bringen; und zwar nicht nur dem adressierten Nichtjuristen, sondern auch und gerade den Kollegen der gleichen Fachrichtung.[24]

Einer an „Bürgerfreundlichkeit“ und „Verständlichkeit“ orientierten Rechtssprache bei den Gerichten steht auch der Umstand entgegen, dass deren Entscheidungen zum Zwecke der Rechtsfortbildung in fachlichen Print- und Onlinemedien, in Entscheidungssammlungen und Rechtsprechungsdatenbanken, veröffentlicht werden. Auch der hier angestrebte und sich nur allzu oft an wissenschaftlichen Veröffentlichungen orientierende Anspruch der Kollegen an sich selbst ist für ein allein dem Fachpublikum vorbehaltenes Sprachniveau verantwortlich. Ob und inwieweit jene der Rechtsfortbildung dienenden Urteile – auch von Verwaltungsgerichten erster

---

[23] Die Wechselbezüglichkeit zwischen Verfahrensrecht und materiellem Recht bewirkt das Übrige; vgl. hierzu *Pitschas*, Verwaltungsverfahren und Verwaltungsverantwortung, 1990.

[24] *Wesel*, Fast alles, was Recht ist, Jura für Nichtjuristen, 1991; vgl. insbesondere das 1. Kapitel: „Alle Sprachgewalt geht vom Volke aus“.

Instanz – dann in gleicher Weise zugleich für die Beteiligten verständlich sind und den rechtsschutzsuchenden Bürger erreichen konnten, darf in vielen Fällen bezweifelt werden. Untypisch sind daher auch – jedenfalls nach überkommenem klassischen Verständnis – jene Ausführungen in einem Urteil eines Verwaltungsgerichts, die beispielsweise nach dem Widerruf des in einem Ortstermin geschlossenen Vergleichs nochmals den Inhalt des Vergleichsgesprächs aufgreifen und den Beteiligten deutlich machen, warum insbesondere in dem konkreten Fall der Nachbarkonflikt durch die erforderliche streitige Entscheidung nicht endgültig beigelegt wurde.[25] Mögen solche Hinweise für die konkret von der gerichtlichen Entscheidung betroffenen sehr förderlich sein, so sind sie doch nach herkömmlicher Auffassung überflüssig und damit entbehrlich. Wie oft Urteile ihrer eigentlichen Zweckbestimmung nach in der Rechtswirklichkeit für die Parteien oder Beteiligten geschrieben werden oder sich nicht vielmehr doch an den tradierten Kategorien orientieren, ist empirisch nicht belegt. Für die Verwaltungsgerichtsbarkeit jedenfalls ist nur allzu oft eine entbehrliche „Verwissenschaftlichung" der Entscheidungen beklagt worden.[26] Die Präsidenten des Bundesverwaltungsgerichts und der Oberverwaltungsgerichte und Verwaltungsgerichtshöfe der Länder haben in ihrem Positionspapier vom 7. März 2004 unter der Überschrift „Standards verwaltungsgerichtlicher Arbeit" auch die an die Sprache der Urteile zu stellenden Anforderungen klar herausgestellt. Die Entscheidungen müssen „sich in gebotener Kürze auf das Wesentliche konzentrieren" sowie „lebensnah und für alle Beteiligten verständlich sein". Die Sprache solcher Entscheidungen ist sachlich, klar und prägnant; sie unterstreicht die neutrale Stellung des Richters.

Die in den vergangenen Jahren mit großer Intensität in der Verwaltungsgerichtsbarkeit geführte Qualitätsdiskussion umfasst auch Hinweise zum Umgang mit der Sprache vor Gericht. In einem im Jahre 2006 erstellten „Leitbild" werden unter anderem die „Qualität der Entscheidung", das „Auftreten des Gerichts in der mündlichen Verhandlung" und die „allgemeine Kommunikation mit den Verfahrensbeteiligten" in den Vordergrund gerückt. Gefordert werden Entscheidungen von hoher fachlicher Qualität, die insbesondere die unterlegene Partei gut nachvollziehen kann und die diese überzeugt. Das Auftreten des Gerichts in der mündlichen Verhandlung, insbesondere die Fähigkeit, auf die Sichtweisen der Verfahrensbeteiligten einzugehen und Verständnis für den rechtlichen Ansatz des Gerichts zu vermit-

---

[25] Verwaltungsgericht Darmstadt, Urt. v. 17.08.2007 – 2 E 5/07 –.

[26] Vgl. nur: *Bertrams*, Die Verwaltungsgerichtsbarkeit in der Offensive, NWVBl. 2005, 245 (246). Weniger wissenschaftlich jene Urteile, die (zulässiger Weise) in Gedichtform verfasst sind, vgl. hierzu etwa ArbG Detmold, Urt. v. 23.08.2007 – 3 Ca 842/07 –.

teln, ist maßgebend für die Akzeptanz der Gerichtsbarkeit und ihrer Entscheidungen. Denn Erfahrungen mit einem Gericht in einer mündlichen Verhandlung sind häufig prägend für die Einschätzung einer Gerichtsbarkeit. Die Qualitätsdiskussion sollte die allgemeine Kommunikation mit den Verfahrensbeteiligten betrachten und nach einer Bestandsaufnahme Ansätze zur Verbesserung entwickeln.

Die sprachliche Gestaltung der Entscheidungen wird von Beteiligten und Dritten nicht selten als ein Indikator dafür gewertet, ob die Verwaltungsgerichtsbarkeit den von ihr selbst formulierten und den an sie gerichteten Anforderungen gerecht wird. Im Einzelnen wird eine Fülle von jedermann einsichtigen Grundsätzen aufgezählt wie etwa die Nachvollziehbarkeit der Entscheidungen für jeden Beteiligten, die Vermeidung von Schachtelsätzen und eine klare Sprache. Für die mündliche Verhandlung wird ein Leitbild erstellt, das sich zwar als nachvollziehbar erweist, zugleich aber auch deutlich macht, welche erschrecklichen Defizite in einem 60 Jahre alten Verfassungsstaat zu konstatieren sein müssen, als es notwendig erscheint, auf derartige Allgemeinplätze hinzuweisen.[27]

Die besondere Bedeutung der mündlichen Verhandlung für die Beteiligten und das darauf auszurichtende Verhalten der Richter bedarf offensichtlich gesonderter Erwähnung, ebenso wie es überraschender Weise Aufgabe des Richters ist, den Beteiligten zu vermitteln, dass ihr Begehren ernst genommen, richtig verstanden und sorgfältig geprüft wird und die Rechtsfindung hierdurch erfahrbar und transparent wird. Die Information der ehrenamtlichen Richter über den Sach- und Streitstand soll möglichst vor Beginn der mündlichen Verhandlung durch eine plastische Schilderung der Verfahren in verständlicher Sprache erfolgen; zu vermeiden ist das Ablesen eines vorbereiteten Textes. Die mündliche Verhandlung beginnt mit der freundlichen Begrüßung der Beteiligten; weiter wird angeregt, den Sachbericht unter Beschränkung auf das Wesentliche in möglichst freiem Vortrag mit Blickkontakt zu den Beteiligten zu erbringen und nicht allein den Urteilstatbestand zu verlesen. Ferner soll die Erörterung der Sach- und Rechtslage auf einer offenen Gesprächsführung basieren; „oberlehrerhaftes" Dozieren und richterliche Monologe sind zu vermeiden. Ausdrücklich sind die persönlich erschienenen Kläger in die Erörterungen unter Verwendung einer verständlichen Sprache einzubeziehen und es ist ihnen Gelegenheit zu geben, persönlich ihre Anliegen zu artikulieren. Letztlich wird auf den förderlichen Versuch der einvernehmlichen Streitschlichtung durch Vergleichsverhandlungen beziehungsweise auf den Einsatz mediativer Elemente hingewiesen.

---

[27] „Leitbild mündliche Verhandlung" (http://www.bdvr.de/aaa_Dateien/Standards 2.pdf).

Die Strukturen in Verwaltung und Justiz ermöglichen es zurzeit noch nicht in dem gebotenen Maße, die Entwicklung einer bürgerfreundlichen und verständlicheren Sprache zu unterstützen. Weiterhin sind Gerichtsverfahren mit bürgerfeindlicher, konsensverhindernder und einsichtshemmender Sprache mehrheitlich zu verzeichnen. Die Herbeiführung von Einsicht und Überzeugung und eine daraus resultierende Akzeptanz der Verwaltung sind möglicherweise gar nicht gewollt. Die bestehenden Strukturen hindern die Verbesserung der sprachlichen Kommunikation mit dem Bürger. Die für einen Dialog mit dem Bürger zur Verfügung stehenden Zeiträume sind durchweg zu gering. Die Verwaltung sieht sich oftmals Massenverfahren etwa im Abgabenrecht gegenüber. Kapazitäten, um in ein konsens- oder die Einsicht förderndes Einzelgespräch einzutreten, sind in der Regel nicht vorhanden. Auch orientiert sich, zumal in Zeiten knapper Kassen, kaum eine Personalbedarfsplanung an zeitaufwändigen Dialogen mit dem Bürger; eher werden Rechtsmittelbeschränkungen und der Abbau von Beteiligungsrechten begrüßt.

V. Ausblick

Nur geringe Bedeutung wurde bislang der sprachlichen Redaktion von Gesetzen in der Bundesrepublik Deutschland beigemessen. Seit dem 1. April 2009 ist im Bundesministerium der Justiz ein „Redaktionsstab Rechtssprache" eingerichtet worden. Sprachwissenschaftler beraten die Mitarbeiterinnen und Mitarbeiter aller Bundesministerien bei der Formulierung von Rechtsvorschriften fachkundig. Damit wird das in Zusammenarbeit mit der Gesellschaft für deutsche Sprache begonnene Pilotprojekt „Verständliche Gesetze" fortgeführt und ausgeweitet.[28] Es bleibt zu hoffen, dass das auf vier Jahre angelegte Projekt im Gesetzgebungsverfahren dauerhaft Fuß fassen kann. Auch in vielen Verwaltungseinrichtungen nimmt man sich des Themas an.[29] Wegweisend sind vor allem die Arbeiten am Deutschen Forschungsinstitut für Öffentliche Verwaltung Speyer[30] und der Ruhr-Universität Bochum.[31]

Nicht nur Juristen, auch Techniker, Ärzte, Pharmakologen, die Kirche, die Werbung[32] und nicht zuletzt die immer nachwachsende Jugend haben ihre eigene Sprache. Das mag jeder dieser Gruppierungen zustehen. Das

---

[28] Pressemeldung des BMJ vom 17.03.2009.

[29] Beispielhaft: „Klartext" – Initiative für eine bürgernahe Verwaltungssprache der Landeshauptstadt Wiesbaden.

[30] http://www.verwaltungssprache.de

[31] http://www.ruhr-uni-bochum.de/idema/

[32] Zur unverständlichen Sprache der Werbung: http://www.spiegel.de/wirtschaft/unternehmen/0,1518,655050,00.html

Recht allerdings hat die Aufgabe der Ordnung, des Interessenausgleichs und der Befriedung streitiger Fragen zwischen den Mitgliedern unserer Gesellschaft. Ein Schöffe, der der deutschen Sprache nicht hinreichend mächtig ist, ist unfähig, ein Schöffenamt auszuüben.[33] Auch für die im Hauptamt tätigen Richter steigen die Anforderungen. Die zwischenzeitlich sogar vom Gesetzgeber geforderte und in der Ausbildung der jungen Juristen verankerte Kommunikationsfähigkeit zeigt uns, dass der Aufbruch zu einem besseren sprachlichen Miteinander begonnen hat. Die von der Bundeskanzlerin ebenso wie von SPD, Grünen und der Türkischen Gemeinde noch 2008 bedauerte Entscheidung des CDU-Parteitages zur Aufnahme der deutschen Sprache ins Grundgesetz wurde einvernehmlich Gegenstand der damaligen Koalitionsvereinbarungen zwischen CDU und FDP.[34] Man mag hierüber unterschiedlicher Auffassung sein. Sollte eine entsprechende Verfassungsänderung die Bedeutung der deutschen Sprache auch für Verwaltung und Justiz herausheben und zu einer Verbesserung beitragen, kann dies nur begrüßt werden.

Mit der Neufassung von § 278 ZPO zum 1. Januar 2002 hat der Gesetzgeber deutlich gemacht, wie sehr der Gütegedanke mehr und mehr in den Vordergrund rückt. Neue Institute der konsensualen Streitbeilegung ergänzen die Beendigung eines Verfahrens durch Urteil oder Beschluss. Das Gericht soll gemäß § 278 Abs. 1 ZPO in jeder Lage des Verfahrens auf eine gütliche Beilegung des Rechtsstreits oder einzelner Streitpunkte bedacht sein. Das persönliche Erscheinen der Parteien soll angeordnet werden. Das Gesetz geht damit davon aus, dass ein Güte- oder Schlichtungsgespräch unter Beteiligung aller Parteien – soweit es nicht aussichtslos scheint – in der Regel einem gerichtlichen Verfahren vorzuschalten ist. Die Anwendung dieser in der ZPO enthaltenen und an § 54 ArbGG orientierten Regelung macht auch im verwaltungsgerichtlichen Verfahren Sinn. Ein früher erster Erörterungstermin ermöglicht in der Regel einen ersten, die Streitbeilegung fördernden Kontakt des Gerichts mit Beteiligten.[35] Der deutliche Rückgang der Asylverfahren und die Verlagerung der Sozialhilfestreitigkeiten zu den Sozialgerichten hat bei den Verwaltungsgerichten neue Freiräume sowie zugleich eine umfängliche Qualitätsdiskussion eröffnet und damit Möglichkeiten zu einem kundenorientierten, zeitnahen und effizienten Arbeitseinsatz geschaffen. In vielen Fällen gelingt es, durch einen rasch anberaumten Termin, das Vorbringen der Beteiligten und damit das Entstehen einer umfänglichen Akte in Grenzen zu halten. Ein zeitnahes Gespräch vor dem

---

33 LG Bochum, Beschluss vom 12.05.2005.

34 http://www.spiegel.de/politik/deutschland/0,1518,594056,00.html (2008) und http://www.spiegel.de/politik/deutschland/0,1518,654049,00.html (2009).

35 *Walther*, Der mediative Richter im Verwaltungsprozess, ZKM 2006, 144.

Richter, in dem den Betroffenen das Verwaltungshandeln in einer verständlichen und bürgernahen Sprache erläutert wird, bewirkt oftmals ein rasches und einvernehmliches Ende eines ansonsten im klassischen Verfahrensgang über Monate oder Jahre dahin treibenden Verwaltungsstreitverfahrens.

Das veränderte Kommunikationsverhalten ist in weiten Teilen der Verwaltungsgerichtsbarkeit bereits angekommen. In den meisten Bundesländern waren – zumeist mit erheblicher Eigeninitiative der Richterschaft – Modellprojekte der „Mediation in der Verwaltungsgerichtsbarkeit“ eingerichtet worden.[36] Gering ist die Anzahl der Justizverwaltungen der Länder, die sich – trotz des auf Seiten des Staates bestehenden Justizmonopols – dem Charme dieser von vielen Richtern selbst wie auch von den Rechtsschutzsuchenden zunehmend nachgefragten Konfliktmittlungsmethode entziehen können. Mit dem zum 29.07.2012 in Kraft getretenen Gesetz zur Förderung der Mediation und anderer Methoden außergerichtlicher Streitbeilegung haben sich die Modelle der Gerichtsmediation erledigt; der Gesetzgeber hat sich zur vorrangigen Förderung der außergerichtlichen Mediation entschlossen und für die Gerichte in der Neufassung des § 278 Abs. 5 ZPO das „erweiterte Güterichtermodell“[37] implementiert. Gleichwohl wenden die „neuen“ Güterichter – in der Regel die „alten“ Gerichtsmediatoren – die Methode der Mediation (weiter) an. Das noch junge Institut der Mediation erfordert von den Güterichterinnen und Güterichtern ebenso wie von den mediativ handelnden Richtern eine nicht nur an Rechtspositionen, sondern vielmehr an den Interessen der Beteiligten ausgerichtete Kommunikations- und Emphatiefähigkeit. Hinzu kommt der unschätzbare Vorteil eines zeitnahen Termins in den meisten Güterichterverfahren, der freilich in gleicher Weise auch als früher erster Erörterungstermin (§ 87 VwGO) oder in einem Gütetermin nach § 278 Abs. 1 ZPO vor dem mediativen Richter angeboten werden kann. Die für Güterichterverhandlungen oder mediative Termine angesetzten Zeitfenster mögen mit teilweise bis zu vier oder fünf Stunden nicht dem herkömmlichen Zeitmanagement in der Verwaltungsgerichtsbarkeit oder gar der Ziviljustiz entsprechen. Sollten sie aber, wie dies bei ungefähr 80 % der Verfahren festgestellt werden kann, den bereits monate- oder jahrelang anhängigen und in hunderte Seiten starken Gerichts- und Behördenakten dokumentierten Streit endgültig beilegen, ist dies eine mehr als positive Kosten-Nutzen-Analyse.[38] Mediation erfordert und bietet zuför-

---

[36] Zum Themenfeld „Mediation und Verwaltungsgerichtsbarkeit“: *Pitschas/Walther* (Hrsg.), Mediation in der Verwaltungsgerichtsbarkeit, Speyerer Arbeitshefte Nr. 173, 2005; *Pitschas/Walther*, Mediation in Verwaltungsverfahren und Verwaltungsprozess, 2008.

[37] *Walther*, Der Güterichter nach dem Mediationsgesetz, Spektrum der Mediation 2012, 60.

[38] Zur Effizienz anhand eines Praxisbeispiels vgl. *Walther* (Fn. 35).

derst in Zeiten einer an Statistiken und Effizienzdividenden orientierten Justiz „Zeit für ein Gespräch" in einer von allen Mediaden (Beteiligten) verstandenen Sprache. Auch die Sprache der Mediation vor den Verwaltungsgerichten sowohl in gerichtlichen Mediationen als auch in mediativen Erörterungsterminen ist – selbstverständlich – Deutsch, ohne dass dies einer einfachgesetzlichen Regelung bedarf.[39] Die Verständlichkeit der Rechtssprache ist eben im Grunde eine Selbstverständlichkeit.[40]

[39] Ob § 184 Satz 1 GVG für die bei den Gerichten durchgeführten Mediationen unmittelbar oder analog gilt oder ob § 23 VwVfG einschlägig sein könnte, ist mit Blick auf unklare Zuordnung der Mediation (Rechtsprechungsaufgabe oder Tätigkeit in der Gerichtsverwaltung) noch nicht abschließend geklärt.

[40] „Verständlichkeit als Bürgerrecht. Möglichkeiten und Grenzen der Verständlichkeit von Rechtstexten", „Politik, Recht und Sprache" sowie „Bürgernahe Rechts- und Verwaltungssprache", Duden, Themenband, 2008.

Die Rechtsbehelfsbelehrung zwischen dem Anspruch auf Rechtssicherheit und dem Wunsch nach Verständlichkeit

Michaela Blaha und Nurşen Şahin-Schulze

I. Einleitung

Viele Texte aus Recht und Verwaltung könnten verständlicher sein, als sie es in der Praxis sind. Dies beweisen die Ergebnisse zahlreicher Initiativen, die in den letzten Jahren in Deutschland durchgeführt worden sind, wie etwa die Zusammenarbeit zwischen der Stadt Arnsberg und der Universität Bonn oder dem Landesamt für Besoldung und Versorgung Nordrhein-Westfalen und dem Forschungsinstitut für öffentliche Verwaltung Speyer. Das Bochumer Team aus Sprachwissenschaftlern und Juristen, dem wir angehören, hat in den letzten zehn Jahren Tausende von Verwaltungstexten mit Blick auf eine erhöhte Verständlichkeit überarbeitet – im Auftrag von Kommunalverwaltungen aus ganz Deutschland, die sich zum Ziel gesetzt haben, in ihren Verwaltungen eine klare Sprache zu etablieren. Auf eine noch längere Tradition verständlicher Rechts- und Verwaltungstexte blicken andere europäische Länder zurück, wie etwa die Schweiz oder Schweden.[1]

Von der begrüßenswerten Entwicklung vieler Verwaltungen hin zu mehr sprachlicher Transparenz ist ein Textbaustein jedoch oft ausgeschlossen: die Rechtsbehelfsbelehrung. In unzähligen Gesprächen mit Verwaltungsfachleuten aus Bund, Ländern und Kommunen ist uns immer wieder mitgeteilt worden, der Textbaustein zur Rechtsbehelfsbelehrung dürfe nicht verändert werden, denn schließlich müsse er aufgrund seiner hohen rechtlichen Bedeutung „gerichtsfest" sein. Eine Veränderung sei – wenn überhaupt – nur unter Einbindung zahlreicher Schnittstellen möglich, von den einzelnen Abteilungsleitungen, zum Rechtsamt bis hin zum Verwaltungsoberhaupt. Schon aus zeitlichen Gründen sei ein solches Unterfangen jedoch nicht realisierbar.

---

[1] Beiträge zu den Lösungswegen verschiedener europäischer Länder sind erstmals veröffentlicht worden in: Fluck/Blaha (Hrsg.): Amtsdeutsch a. D.? – Europäische Wege zu einer modernen Amtssprache. Stauffenburg Verlag 2010.

Diese Haltung kommt nicht von ungefähr, denn in der Tat sind Verwaltungen gut beraten, bei der Gestaltung der Rechtsbehelfsbelehrung die gesetzlichen Anforderungen, die bisherigen gerichtlichen Entscheidungen hierzu und die bisherige wissenschaftliche Auseinandersetzung zu berücksichtigen. Will man außerdem auch in der Rechtsbehelfsbelehrung eine stärkere Adressatenorientierung erreichen, stellt sich die Frage, wie all diese Anforderungen umgesetzt werden können.

Mit dieser Problematik sind wir in der letzten Zeit derart oft konfrontiert worden, dass wir sie zum Anlass für diesen Beitrag genommen haben. Es fehlt an Hilfestellungen, die sich sowohl mit der rechtlichen als auch mit der adressatenbezogenen Dimension der Rechtsbehelfsbelehrung fundiert auseinandersetzen:

- Die einschlägige Fachliteratur zum Abfassen von Bescheiden gesteht zwar zu, dass der Aspekt der Adressatenorientierung auch in der Rechtsbehelfsbelehrung nicht unbeachtet bleiben sollte, die hierzu erforderlichen Strategien werden jedoch nicht beleuchtet.[2]
- Umgekehrt berücksichtigen gängige Ratgeber zur verständlichen Textgestaltung nicht die rechtlichen Fallstricke, die bei der Gestaltung der Rechtsbehelfsbelehrung zu beachten sind.[3]

Unser Beitrag wird diese Lücke nicht schließen. Vielmehr geht es uns darum, auf diese Lücke überhaupt aufmerksam zu machen und zu einem interdisziplinären Diskurs über die Rechtsbehelfsbelehrung einzuladen – zwischen Sprachwissenschaftlern, auf Verwaltungsrecht spezialisierten Juristen und idealerweise auch Bürgern. Nur so kann es zukünftig gelingen, rechtlich informierte und den Bedürfnissen der Adressaten gerecht werdende Vorschläge für die Formulierung der Rechtsbehelfsbelehrung zu entwickeln.

Hierzu werden in einem ersten Schritt die rechtlichen Grundlagen der Rechtsbehelfsbelehrung sowie hierauf bezogene gerichtliche Entscheidungen aus jüngerer Zeit umrissen. Anschließend werden Rechtsbehelfsbelehrungen aus insgesamt 32 zufällig ausgewählten Bescheiden untersucht, die uns im Jahr 2009 von insgesamt sieben Kommunalverwaltungen zur Überarbeitung eingereicht worden sind, davon vier Verwaltungen aus Nordrhein-

---

[2] Siehe hierzu etwa die Ausführungen zur Rechtsbehelfsbelehrung von *Volkert,* 2010, S. 115 ff. oder *Schmidt* 2009, S. 1 ff. und S. 27 f.

[3] So schlägt *Berger* 2004, S. 1 zwar für den Textbaustein der Rechtsbehelfsbelehrung die Überschrift „Ihre Rechte“ vor und verweist darauf, dass der Wortlaut der Überschrift nicht gesetzlich vorgeschrieben sei, eine genauere Auseinandersetzung mit den rechtlichen Rahmenbedingungen, denen die Rechtsbehelfsbelehrung unterliegt, fehlt jedoch.

Westfalen und jeweils eine aus Baden-Württemberg, Brandenburg und Niedersachsen.[4] Die Bescheide stammen aus insgesamt acht Fachbereichen: Bauen, Denkmalschutz, Gewerbe, Grünflächen, Jugend, Ordnung, Soziales und Tiefbau. Es handelt sich ausschließlich um Ausgangsbescheide.[5] Sieben davon belehren über den Rechtsbehelf des Widerspruchs, 25 über den Rechtsbehelf der Klage.

Die vergleichende Analyse zielt darauf ab, sprachliche und strukturelle Übereinstimmungen sowie Unterschiede zwischen den jeweiligen Rechtsbehelfsbelehrungen festzustellen, insbesondere bei deren

- Platzierung und Betitelung,
- Inhalt und
- Umfang.

Auf diese Weise kann Klarheit darüber gewonnen werden, welche Erscheinungsformen die Rechtsbehelfsbelehrung in der Praxis derzeit aufweist und welche Ansatzpunkte für eine juristische und sprachliche Hilfestellung sich hieraus ergeben.

Gleichzeitig muss betont werden, dass die vorliegende Analyse keineswegs abschließend ist. Denn zum einen können hier schon aus Platzgründen nur Befunde zu ausgewählten Aspekten dargestellt werden, zum anderen bleibt die Untersuchung eines größeren als diesem Beitrag zugrunde liegenden Textkorpus einer zukünftigen Analyse vorbehalten. Ziel der Analyse ist es hingegen nicht, die vorliegenden Rechtsbehelfsbelehrungen hinsichtlich ihrer Rechtmäßigkeit zu bewerten, auch wenn zum Teil offenkundige Fehler in den vorliegenden Belehrungen möglicherweise zu einer solchen Bewertung einladen.[6]

---

4 Die Rechtsbehelfsbelehrung ist nicht nur in kommunalen Bescheiden von Bedeutung, sondern auch in anderen Textsorten, wie etwa Urteilen oder Beschlüssen. Auf diese Textsorten wird im Folgenden jedoch nicht eingegangen.

5 Als Ausgangsbescheid wird der „erste" Verwaltungsakt in einem Verwaltungsvorgang bezeichnet. Er ist Grundlage für ein Klageverfahren und – wo dies möglich ist – für ein behördliches Widerspruchsverfahren, dessen Endpunkt der Widerspruchsbescheid ist.

6 Vergleiche zum Beispiel Textbaustein 3, in dem es heißt: „Gemäß § 80 der Verwaltungsgerichtsordnung des Landes …". Die Verwaltungsgerichtsordnung ist Bundesrecht; dementsprechend gibt es auch keine landesrechtlichen Verwaltungsgerichtsordnungen, sondern lediglich unterschiedliche Ausführungsgesetze zur VwGO.

II. Rechtsbehelf und Rechtsbehelfsbelehrung – Definition und rechtliche Grundlagen

Wird eine behördliche Einzelfall-Entscheidung getroffen, die für die davon betroffene Person rechtlich nachteilig ist („belastender Verwaltungsakt"), ist die Person gleichzeitig über die Möglichkeiten zu informieren, wie sie sich gegen die Entscheidung rechtlich zur Wehr setzen kann. In der schriftlichen Mitteilung der Entscheidung (Bescheid) geschieht dies durch die sogenannte Rechtsbehelfsbelehrung.

Der Ausdruck „Rechtsbehelf" bezeichnet „jedes von der Rechtsordnung in einem Verfahren zugelassene Gesuch, mit dem eine behördliche [...] Entscheidung angefochten werden kann".[7] Hierunter fallen im Bereich der Kommunalverwaltung vor allem der Widerspruch und die Klage.[8]

Die Frage, welcher dieser Rechtsbehelfe der richtige ist, also ob die betroffene Person zunächst einen Widerspruch einlegen und somit das behördliche Vorverfahren einleiten muss oder ob sie unmittelbar Klage vor dem Verwaltungsgericht erheben muss, richtet sich nach dem Verwaltungsprozessrecht. In Nordrhein-Westfalen hat sich der Landesgesetzgeber für einen weitgehenden Verzicht auf das Vorverfahren entschieden.[9] Ähnliche Entwicklungen gibt es zum Beispiel auch in Bayern und in Niedersachsen.[10]

Vom Rechtsbehelf abzugrenzen ist der Ausdruck „Rechtsmittel". Rechtsmittel sind eine Untergruppe der Rechtsbehelfe und daher enger gefasst.[11] Zu ihnen gehören die Berufung, die Revision sowie die Beschwerde einschließlich der Nichtzulassungsbeschwerde.[12]

---

[7] *Creifelds* 2007, S. 935.

[8] Auf den Einspruch als Rechtsbehelf im Rahmen zum Beispiel der Finanzverwaltung soll hier nicht eingegangen werden.

[9] Durch Verkündung des Bürokratieabbaugesetzes II im Jahr 2007.

[10] Artikel 15 Absatz 2 Bayerisches Gesetz zur Ausführung der Verwaltungsgerichtsordnung – BayAGVwGO § 8 Absatz 1 und 2 Niedersächsisches Ausführungsgesetz zur Verwaltungsgerichtsordnung – Nds. AGVwGO.

[11] Siehe hierzu auch den Wortlaut von § 58 Absatz 1 VwGO: „Die Frist für ein Rechtsmittel oder einen anderen Rechtsbehelf beginnt nur zu laufen, wenn ...".

[12] Das folgt unmittelbar aus der Systematik der Verwaltungsgerichtsordnung (VwGO). Die genannten Rechtsmittel werden dort im Teil III unter der Überschrift „Rechtsmittel" in den Abschnitten 12 bis 14 aufgeführt. Da Widerspruch und Klage ausdrücklich nicht erwähnt werden, folgt per Umkehrschluss, dass sie zum Oberbegriff der Rechtsbehelfe gehören. Der Hinweis auf diese Abwehrmöglichkeit müsste also folgerichtig mit „Rechtsbehelfsbelehrung" überschrieben werden. Demgegenüber suggeriert allerdings die Wortwahl in § 73 Absatz 3 S. 1 VwGO – „Der Widerspruchsbescheid ist zu begründen und mit einer Rechtsmittelbelehrung zu versehen und zuzustellen", dass die Ausdrücke „Rechtsbehelf" und „Rechtsmittel" austausch-

Zu unterscheiden ist zwischen den Fällen einer gesetzlich direkt vorgeschriebenen Rechtsbehelfsbelehrung und den Fällen, in denen das Gesetz die Behörde zu einer Rechtsbehelfsbelehrung nur indirekt veranlasst, nämlich über eine ansonsten geltende längere Rechtsbehelfsfrist. Zu letzteren zählen § 58 I VwGO sowie dessen Parallelnormen in den anderen Prozessgesetzen, etwa § 66 I SGG. Zu den Fällen, in denen die Rechtsbehelfsbelehrung gesetzlich vorgeschrieben ist, gehören zum Beispiel:

- bei Verwaltungsakten nach Bundesrecht (§ 59 Verwaltungsgerichtsordnung – VwGO).[13]
- bei Verwaltungsakten nach dem Sozialgesetzbuch (§ 36 Zehntes Buch Sozialgesetzbuch – SGB X).
- bei Verwaltungsakten nach dem Baugesetzbuch (§ 211 Baugesetzbuch – BauGB).
- bei Verwaltungsakten nach der Abgabenordnung (§ 356 Absatz 1 Abgabenordnung – AO).

1. Erforderliche Inhalte

Ausführungen zu den erforderlichen Inhalten der Rechtsbehelfsbelehrungen finden sich dementsprechend in mehreren Vorschriften, so unter anderem in:

- § 58 Absatz 1 Verwaltungsgerichtsordnung,
- § 59 Verwaltungsgerichtsordnung,
- § 55 Absatz 1 Finanzgerichtsordnung,
- § 356 Absatz 1 Abgabenordnung sowie
- § 66 Absatz 1 Sozialgerichtsgesetz.

Der Wortlaut dieser Vorschriften ist fast durchgängig einheitlich. Hiernach muss die Rechtsbehelfsbelehrung benennen:

- den gegen den Verwaltungsakt möglichen Rechtsbehelf,
- die Stelle, bei der der Rechtsbehelf einzulegen ist, und
- die einzuhaltende Frist zur Einlegung des Rechtsbehelfs.

---

bar seien. Bei einer solchen Uneinheitlichkeit der Rechtssprache verwundert es nicht, dass auch die Verwaltungssprache Uneinheitlichkeiten aufweist.

[13] § 59 VwGO bezieht sich auf Verwaltungsakte, die von Bundesbehörden erlassen werden. Wenn Landes- oder Kommunalbehörden Bundesrecht anwenden, was nicht selten der Fall ist, greift § 59 VwGO nicht.

Nach Ablauf der Rechtsbehelfsfrist wird der Verwaltungsakt formell bestandskräftig, das heißt, er kann grundsätzlich nicht mehr angefochten werden.[14]

2. *Folgen bei fehlender oder unrichtiger Belehrung*

Weitere Vorschriften regeln darüber hinaus, welche Folgen sich für die Rechtsbehelfsfrist ergeben, wenn der Adressat über den Rechtsbehelf nicht oder nicht richtig informiert (belehrt) worden ist:

- § 58 Absatz 2 Verwaltungsgerichtsordnung,
- § 55 Absatz 2 Finanzgerichtsordnung,
- § 356 Absatz 2 Abgabenordnung und
- § 66 Absatz 2 Sozialgerichtsgesetz.

Der Wortlaut dieser Vorschriften hinsichtlich der Folgen ist auch hier fast identisch. Danach führt eine fehlende oder unrichtige Rechtsbehelfsbelehrung dazu, dass sich die Frist für das Einlegen eines Rechtsbehelfes nicht mehr nach der in der Belehrung genannten (kurzen) Frist bemisst, sondern ein Jahr seit der Bekanntgabe des Verwaltungsaktes an die betroffene Person beträgt.[15] Der Verwaltungsakt wird also durch eine fehlende oder unrichtige Rechtsbehelfsbelehrung nicht unwirksam, er bleibt lediglich länger „angreifbar". Sofern eine Behörde ein Interesse daran hat, dass die von ihr erlassenen Verwaltungsakte innerhalb der kürzestmöglichen Zeit durchsetzbar werden, kann diese Folge also erhebliche Auswirkungen haben.

Ist eine Rechtsbehelfsbelehrung vorhanden, so stellt sich somit zunächst die Frage, ob diese auch den rechtlichen Erfordernissen genügt. Zusätzlich ist jedoch auch von Bedeutung, ob die Belehrung für den Adressaten des Verwaltungsaktes verständlich ist. Sollte dies nicht der Fall sein, kann die Belehrung ihre eigentliche Funktion nicht erfüllen und daher für unrichtig befunden werden.[16]

---

[14] Der Fall einer Wiedereinsetzung in den vorigen Stand gemäß § 60 VwGO wegen nicht verschuldeter Fristversäumnis bleibt hier unberücksichtigt.

[15] Die Bekanntgabe richtet sich nach § 41 VwVfG oder den entsprechenden Regelungen in den Verwaltungsverfahrensgesetzen der Länder.

[16] So auch ein Beschluss des Bundessozialgerichts vom 18. Oktober 2007, Aktenzeichen B 3 P 24/07 B.

III. Die Rechtsbehelfsbelehrung in der Rechtsprechung

Trotz der scheinbar genauen rechtlichen Vorgaben zur Rechtsbehelfsbelehrung hat es in der Vergangenheit unzählige juristische Auseinandersetzungen hierzu gegeben. Eine aus einem juristischen Blickwinkel geführte erschöpfende Analyse gerichtlicher Entscheidungen zur Rechtsbehelfsbelehrung ist im Rahmen dieses Beitrags zwar weder möglich noch beabsichtigt. Um eine Vorstellung von der Vielfalt der bei der Gestaltung der Rechtsbehelfsbelehrung zu beachtenden Faktoren zu geben, seien in Tabelle 1 dennoch einige gerichtliche Entscheidungen aus der jüngeren Zeit und die ihnen zugrunde liegenden Fragestellungen umrissen.[17]

Tabelle 1

Gerichtliche Entscheidungen

	Frage	**Entscheidung**
1	Muss die Rechtsbehelfsbelehrung im Bescheid abgedruckt sein oder darf sie diesem auch in einem separaten Anschreiben beigefügt sein?	Die Belehrung ist nicht schon allein deshalb fehlerhaft, weil sie in einem separaten Anschreiben erfolgt ist. Sie kann auch nachgereicht werden, die Frist für den Rechtsbehelf beginnt dann mit der Bekanntgabe der nachgereichten Belehrung.[18]
2	Ist eine Rechtsbehelfsbelehrung unrichtig, die mitten in einem Text mit fettgedruckten Elementen platziert und selber nicht durch typografische Mittel hervorgehoben ist?	Eine Rechtsbehelfsbelehrung ist unrichtig, wenn sie nur aus einem Satz besteht, sich inmitten von anderen Sachverhalts-Schilderungen befindet, die mehrfach fettgedruckte Elemente enthalten, und selber nicht durch typografische Mittel hervorgehoben ist.[19]

(Fortsetzung nächste Seite)

---

[17] Eine umfassende Darstellung der Rechtsprechung zur Rechtsbehelfsbelehrung bis in die 80er Jahre hinein findet sich in der Dissertationsschrift von *Hingerl* 1982, S. 9 ff. Mit neueren Gerichtsentscheidungen zur Formulierung von Verwaltungstexten, unter anderem auch zur Rechtsbehelfsbelehrung, befasst sich der Beitrag von *Wilhelm* 2011.

[18] Bundesverwaltungsgericht, Beschluss vom 11. Februar 1998, Aktenzeichen 7 B 30/98.

[19] Bundessozialgericht, Urteil vom 31. August 2000, Aktenzeichen B 3 P 18/99R.

(Fortsetzung Tabelle 1)

	Frage	Entscheidung
3	Ist eine Rechtsbehelfsbelehrung des Hessischen Verwaltungsgerichtshofes unrichtig, die nicht vom übrigen Text abgesetzt ist und die nicht den Sitz des zuständigen Gerichts nennt, dem Rechtsmittelführer aber der Sitz des Gerichts aus einem früheren Verfahrensstadium bekannt war?	Eine Rechtsbehelfsbelehrung ist nicht automatisch unrichtig, weil sie nicht vom übrigen Text abgesetzt ist. Jedoch muss eine Rechtsbehelfsbelehrung aus sich heraus verständlich, vollständig und richtig sein, der Verweis auf ältere Informationen ist nicht zulässig.[20]
4	Ist eine Rechtsbehelfsbelehrung unrichtig, wenn sie auf die Bekanntgabe abstellt, obwohl gesetzlich die Zustellung vorgeschrieben ist und der Bescheid mit Postzustellungsurkunde oder durch die Behörde gegen Empfangsbekenntnis bekannt gegeben worden ist?	Der Ausdruck „Bekanntgabe" statt „Zustellung" ist in diesem Fall unschädlich, weil bei Zustellung durch Postzustellungsurkunde oder durch die Behörde gegen Empfangsbekenntnis die Zustellung aus Sicht des Empfängers stets zugleich die Bekanntgabe ist.[21]
5	Ist eine Rechtsbehelfsbelehrung unrichtig, in der es heißt: „Von der Klageschrift, den sonstigen Schriftsätzen und nach Möglichkeit von den Unterlagen sind Abschriften für die Beteiligten beizufügen"?	Eine solche Belehrung ist unrichtig, denn sie erweckt den Eindruck, dass die Klage nur wirksam erhoben werden kann, wenn eine Klageschrift mit einer zusätzlichen Abschrift eingereicht wird. Dies ist jedoch nicht zutreffend, denn wenn erforderliche Unterlagen fehlen, werden diese vom Gericht nachträglich angefordert oder selbst gefertigt. Schon eine Postkarte reicht aus, um Klage zu erheben.[22]

Der Tabelle 1 mit den unterschiedlichen Entscheidungen lässt sich entnehmen, dass es bei der Klärung der Frage, ob eine bestimmte Form der Belehrung unrichtig ist, zum Beispiel um die unübliche Platzierung der Rechtsbehelfsbelehrung, um ungenaue Formulierungen sowie um irreführende Zusätze gehen kann:

- Die Entscheidungen zu den Fragen 1 bis 3 befassen sich mit der *Platzierung* der Rechtsbehelfsbelehrung und kommen jeweils zu unterschiedlichen Ergebnissen.

---

20 Bundesverwaltungsgericht, Urteil vom 30. April 2009, Aktenzeichen 3 C 23/08.

21 Bundesverwaltungsgericht, Beschluss vom 31. Mai 2006, Aktenzeichen 6 B 65/05.

22 Sozialgericht Lüneburg, Gerichtsbescheid vom 2. Oktober 2006, Aktenzeichen S 15 SB 174/05.

– Bei der Entscheidung zu Frage 4 geht es um eine *ungenaue Formulierung*; statt „Bekanntgabe“ hätte es „Zustellung“ heißen müssen. Das Gericht kommt trotzdem zu dem Schluss, dass die ungenaue Formulierung in diesem Fall unschädlich ist.

– Bei der Entscheidung zu Frage 5 geht es um einen *irreführenden Zusatz*, denn die dort als erforderlich genannten Unterlagen sind nicht tatsächlich erforderlich, um die Klage wirksam zu erheben.

Gleichzeitig ist zu erkennen, dass die Rechtsbehelfsbelehrung im Zuge einer gerichtlichen Überprüfung nicht isoliert betrachtet wird, sondern stets unter Berücksichtigung des dazugehörigen Textes – mit dem Ergebnis, dass ein bestimmtes Merkmal der Rechtsbehelfsbelehrung in dem einen Fall als unschädlich, in einem anderen Fall als schädlich gewertet werden kann. So war in Frage 1 die ungewöhnliche Platzierung ebenso wenig schädlich wie in Frage 3, wohingegen in Frage 2 die Rechtsbehelfsbelehrung aufgrund ihrer ungewöhnlichen Platzierung als unrichtig bewertet wurde.

Das bedeutet für die Praxis mehrerlei:

– Zum einen weisen bestehende Rechtsbehelfsbelehrungen Mängel auf, die immer wieder zu gerichtlichen Auseinandersetzungen führen und oft die Jahresfrist in Gang setzen.

– Zum anderen sind bei der Bewertung von Rechtsbehelfsbelehrungen zahlreiche Faktoren zu berücksichtigen.

– Hinzu kommt noch, dass Gerichte gelegentlich ähnliche Sachverhalte unterschiedlich beurteilen und es somit bezüglich ein und derselben Rechtsbehelfsbelehrung zu voneinander abweichenden gerichtlichen Entscheidungen kommen kann.[23]

Aus diesen Gründen verwundert es nicht, dass Verwaltungen sich davor scheuen, ihre Rechtsbehelfsbelehrungen im Rahmen von sprachreformerischen Bemühungen zu überarbeiten, wenn sie bezüglich der bisher verwendeten Belehrungen bislang noch keine gerichtlichen Entscheidungen zu ihren Ungunsten in Kauf nehmen mussten.

[23] Vergleiche *Hingerl* 1982, S. 8 ff. Ihm zufolge sind die in gerichtlichen Entscheidungen erkennbaren Anforderungen an Rechtsbehelfsbelehrungen zwar innerhalb der einzelnen Verfahrensordnungen (Zivilprozessordnung, Verwaltungsgerichtsordnung, Strafprozessordnung usw.) weitgehend einheitlich, nicht jedoch über die verschiedenen Verfahrensordnungen hinweg. So hat das Bundesverwaltungsgericht verneint, dass die Belehrung auch über die Form des Rechtsbehelfs informieren muss, das Bundessozialgericht hingegen hat gegenteilig entschieden.

IV. Die Rechtsbehelfsbelehrung in der Praxis – ein Vergleich

Schon bei einer ersten Durchsicht der dieser Analyse zugrundeliegenden 32 Bescheide wird offensichtlich, dass die Annahme, es existiere *eine* in der Praxis bewährte Musterbelehrung, für Kommunalverwaltungen als widerlegt gelten kann. Insgesamt können in den vorliegenden Bescheiden 15 unterschiedliche Textbausteine identifiziert werden.[24] Hier eine Gegenüberstellung zweier dieser Textbausteine zum Rechtsbehelf der Klage in Nordrhein-Westfalen:

Tabelle 2

Zwei Textbausteine zum Rechtsbehelf im Vergleich

Textbaustein 9	**Textbaustein 11**
Rechtsbehelfsbelehrung: Gegen diesen Bescheid kann innerhalb eines Monats nach Zustellung Klage beim Verwaltungsgericht … ((Anschrift)), schriftlich oder zur Niederschrift des Urkundsbeamten der Geschäftsstelle erhoben werden. Wird die Klage schriftlich erhoben, so sollen ihr zwei Abschriften beigefügt werden. Falls die Frist durch das Verschulden eines von Ihnen Bevollmächtigten versäumt werden sollte, so würde dessen Verschulden Ihnen zugerechnet werden.	**Rechtsmittelbelehrung:** Gegen diesen Bescheid können Sie bei dem Verwaltungsgericht … binnen eines Monats nach Bekanntgabe des Verwaltungsaktes schriftlich oder zur Niederschrift des Urkundsbeamten der Geschäftsstelle Klage erheben. Die Klage muss den Kläger, den Beklagten und den Gegenstand des Klagebegehrens bezeichnen. Sie soll einen bestimmten Antrag enthalten. Die zur Begründung dienenden Tatsachen und Beweismittel sollen angegeben, die angefochtene Verfügung soll in Urschrift oder in Abschrift beigefügt werden. Hinweis der Verwaltung: Durch die Bürokratieabbaugesetze I und II ist das einer Klage bisher vorgeschaltete Widerspruchsverfahren abgeschafft worden. Zur Vermeidung unnötiger Kosten empfehlen wir Ihnen, sich vor Erhebung einer Klage zunächst mit uns in Verbindung zu setzen. In vielen Fällen können so etwaige Unstimmigkeiten bereits im Vorfeld einer Klage sicher behoben werden. **Die Klagefrist von einem Monat wird durch einen solchen außergerichtlichen Einigungsversuch jedoch nicht verlängert.**

[24] Diese sind im Anhang in anonymisierter Form abgedruckt.

Diese beiden Textbausteine wie auch die übrigen 13 unterscheiden sich hinsichtlich solcher Merkmale wie Umfang, Inhalt und sprachlicher Ausdruck. Im Folgenden werden einige dieser Merkmale genauer beleuchtet.

1. Unterschiedliche Rechtsbehelfe

Zunächst ist festzustellen, dass sechs der 15 identifizierten Textbausteine auf den Rechtsbehelf des Widerspruchs abstellen (Textbausteine 1 bis 6). Das heißt, in diesen Fällen muss der Adressat sich zunächst an die Behörde wenden und Widerspruch einlegen. Erst wenn in dem hierauf folgenden Widerspruchsverfahren der Ausgangsbescheid bestätigt wird oder sein Widerspruch durch einen Widerspruchsbescheid zurückgewiesen wird, kann der Adressat sich an das zuständige Gericht wenden und Klage einreichen.

Neun Belehrungen stellen auf die Klage ab (Textbausteine 7 bis 15). Hier muss sich der Adressat direkt an das Gericht wenden, wenn er sich gegen die Entscheidung wehren will, weil ein Widerspruchsverfahren in dem in Frage stehenden Teilbereich des Verwaltungsrechts nicht vorgesehen ist. Dies ist beispielsweise in Nordrhein-Westfalen seit dem Jahr 2007 überwiegend der Fall.[25]

2. Überschrift

Die Wahl der Überschrift ist weitgehend einheitlich. Die überwiegende Zahl der untersuchten Belehrungen ist durch die freistehende Überschrift „Rechtsbehelfsbelehrung“ gekennzeichnet. Lediglich zwei Belehrungen weichen hiervon ab:

---

[25] Das Widerspruchsverfahren in Nordrhein-Westfalen bleibt weiterhin erforderlich hauptsächlich
- für Verfahren, bei denen das Bundesrecht oder das Recht der Europäischen Union die Durchführung eines Vorverfahrens vorsieht,
- im Prüfungsrecht,
- im Schulrecht,
- im Rundfunkgebührenrecht und
- bei Drittwidersprüchen

(Artikel 1 Ziffer 2 Zweites Gesetz zum Bürokratieabbau – Bürokratieabbaugesetz II, Gesetz- und Verordnungsblatt für das Land Nordrhein-Westfalen, 16. Oktober 2007, S. 393; seit dem 1. Januar 2011 in § 110 Absatz 2 und 3, Gesetz über die Justiz im Land Nordrhein-Westfalen – Justizgesetz NRW in Artikel 1 des Gesetzes zur Modernisierung und Bereinigung von Justizgesetzen im Land NRW, Gesetz- und Verordnungsblatt für das Land Nordrhein-Westfalen, 26. Januar 2010, S. 29–74).

- Eine Belehrung trägt den Titel „Rechts*mittel*belehrung“ (Hervorhebung der Verfasserinnen).[26]
- In einer Belehrung ist der Ausdruck „Rechtsbehelfsbelehrung“ keine freistehende Überschrift, sondern er ist nur durch einen Doppelpunkt vom anschließenden Text getrennt.

In Bezug auf die typografische Gestaltung sind unter den vorgefundenen 15 Textbausteinen insgesamt sechs verschiedene Varianten auszumachen – Normaldruck, Fettdruck, Unterstreichungen und Doppelpunkt werden auf unterschiedliche Art und Weise miteinander kombiniert, wobei Fettdruck als Hervorhebung am meisten genutzt wird, wie die Übersicht in Tabelle 3 zeigt:

Tabelle 3

Typographische Gestaltung der Überschrift

Überschrift	**Häufigkeit**
Rechtsbehelfsbelehrung	3
Rechtsbehelfsbelehrung:	4
Rechtsbehelfsbelehrung	1
Rechtsbehelfsbelehrung:	4
Rechtsmittelbelehrung:	1
Rechtsbehelfsbelehrung:	2

Andere Formen der Hervorhebung, zum Beispiel Kursivdruck oder größere Schrift, finden sich in den untersuchten Belehrungen nicht. Wohl aber gibt es offenbar unterschiedliche Auffassungen darüber, wo die Rechtsbehelfsbelehrung im Text zu platzieren ist: In 20 der untersuchten Bescheide findet sie sich am Schluss des Textes, vor der Grußformel. In acht Texten ist die Rechtsbehelfsbelehrung demgegenüber innerhalb des Dokuments platziert, beispielsweise zwischen Begründung und Auflagen. In vier der untersuchten Texte findet sich die Rechtsbehelfsbelehrung nach der Grußformel und der Unterschrift.

[26] Zu den Unterschieden zwischen den Ausdrücken „Rechtsbehelf“ und „Rechtsmittel“ siehe Abschnitt II.

3. Umfang

Die 15 Textbausteine unterscheiden sich auch bezüglich ihres Umfangs. So umfasst die kürzeste Belehrung lediglich 27 Wörter, die längste Belehrung hingegen enthält 179 Wörter. Etwa die Hälfte der Textbausteine (insgesamt acht) hat mit bis zu 80 Wörtern einen mittleren Umfang; drei Textbausteine sind mit bis zu 30 Wörtern sehr knapp gefasst und vier haben mehr als 130 Wörter und sind somit umfangreich.

Tabelle 4

Anzahl der Wörter in den unterschiedlichen Belehrungen[27]

Textbaustein	Anzahl Wörter	Textbaustein	Anzahl Wörter
1	27	9	55
2	55	10	179
3	62	11	132
4	64	12	168
5	67	13	30
6	63	14	72
7	53	15	28
8	132		

Tabelle 5

Übersicht über die Verteilung der Textbausteine nach Anzahl der Wörter

Umfang/Anzahl der Wörter		Anzahl der Textbausteine
Knapp	bis 30	3
Mittel	50 bis 90	8
Umfangreich	mehr als 130	4

Woran liegt es, dass einige Belehrungen sehr knapp sind, andere hingegen nicht? Dieser Frage soll im Folgenden nachgegangen werden.

27 Die Überschrift wurde mitgezählt; etwaige Angaben zur Anschrift der Stelle, bei der der Rechtsbehelf einzulegen ist, jedoch nicht.

Die knapp gefassten Belehrungen (Textbausteine 1, 13 und 15) informieren lediglich über die in Abschnitt II.1. beschriebenen Pflichtangaben, also über

- den gegen den Verwaltungsakt möglichen Rechtsbehelf,
- die Stelle, bei der der Rechtsbehelf einzulegen ist, und
- die einzuhaltende Frist zur Einlegung des Rechtsbehelfs.

Die Belehrungen mittleren Umfangs (Textbausteine 2 bis 7, 9 sowie 14) enthalten über diese Pflichtangaben hinaus mindestens einen der folgenden Zusatzhinweise:

Tabelle 6

Zusatzhinweise a bis d

Zusatzhinweis a	Frist ist auch von einer etwaig **zum Einlegen des Rechtsbehelfs bevollmächtigten Person** einzuhalten
Zusatzhinweis b	Rechtsbehelf muss **vor Ablauf der Frist bei der zuständigen Stelle eingegangen** sein
Zusatzhinweis c	Bestimmte Zahl von **Abschriften** soll beigefügt werden
Zusatzhinweis d	Durch den Rechtsbehelf wird **keine aufschiebende Wirkung** erzielt

Die Verteilung der Hinweise auf die Belehrungen mittleren Umfangs stellt sich wie folgt dar:

Tabelle 7

Verteilung der Zusatzhinweise auf Belehrungen mit mittlerem Umfang

Zusatzhinweis	**Textbaustein**							
	2	3	4	5	6	7	9	14
a	x	x	x	x	x	x	x	x
b			x	x	x			
c						x	x	
d		x						x

Tabelle 7 ist zu entnehmen, dass alle untersuchten Belehrungen mittleren Umfangs den Zusatzhinweis a enthalten, nach dem die Frist auch von einer etwaig zum Einlegen des Rechtsbehelfs bevollmächtigten Person einzuhalten ist. Doch nur Textbaustein 2 beschränkt sich hierauf, die übrigen Textbausteine enthalten darüber hinaus jeweils genau einen weiteren Zusatzhinweis.

In den umfangreichen Belehrungen (Textbausteine 8, 10, 11 und 12) finden sich außer den Pflichtangaben und den Zusatzhinweisen a bis d noch weitere Zusatzhinweise:

Tabelle 8

Zusatzhinweise e bis k

Zusatzhinweis e	Rechtsbehelf kann **durch E-Mail nicht wirksam** eingelegt werden, trotz der in § 36 a Erstes Buch Sozialgesetzbuch enthaltenen Ausführungen zur elektronischen Kommunikation, weil bei der hier zuständigen Behörde die hierfür notwendigen Voraussetzungen noch nicht gegeben sind.
Zusatzhinweis f	Anforderungen, die für die **Einlegung des Rechtsbehelfs über das elektronische Gerichts- und Verwaltungspostfach** gelten.
Zusatzhinweis g	Die „**üblichen Übermittlungswege**" können nach wie vor genutzt werden.
Zusatzhinweis h	**Was die Klage enthalten muss** (zum Beispiel Angaben zum Gegenstand des Klagebegehrens) **und was sie enthalten soll** (zum Beispiel bestimmten Antrag).
Zusatzhinweis i	**Angefochtener Verwaltungsakt soll „in Urschrift oder Abschrift" beigefügt werden.**
Zusatzhinweis j	**Abschaffung des bisher in Nordrhein-Westfalen einer Klage vorgeschalteten Widerspruchsverfahrens.**
Zusatzhinweis k	Empfehlung, sich zur Vermeidung unnötiger Kosten bei etwaigen Unstimmigkeiten **zunächst mit der zuständigen Behörde in Verbindung zu setzen** und dem Hinweis, dass die Klagefrist hiervon unberührt bleibt.

Die Verteilung der einzelnen Zusatzhinweise auf die untersuchten umfangreichen Belehrungen ist in Tabelle 9 wiedergegeben. Die Vermutung liegt nahe, dass die Länge der umfangreichen Belehrungen darin begründet liegt, dass dort alle in Frage kommenden Zusatzhinweise enthalten sind. Dies trifft jedoch nicht zu, denn anders als die Belehrungen mittleren Umfangs enthalten die umfangreichen Belehrungen zum Beispiel nicht alle den Hinweis, dass die Frist auch von einer etwaig zum Einlegen des Rechtsbehelfs bevollmächtigten Person einzuhalten ist (Zusatzhinweis a).

Tabelle 9

Verteilung der Zusatzhinweise auf umfangreiche Belehrungen

Zusatzhinweis	**Beispiel**			
	8	10	11	12
a		x		x
b	x			x
c				x
d		x		
e	x			
f	x			
g	x			
h		x	x	x
i		x	x	x
j		x	x	x
k		x	x	x

Zusammenfassend lässt sich feststellen, dass sowohl über den Widerspruch als auch über die Klage in zwei der drei Größenklassen belehrt wird:

– Von den knappen Belehrungen belehrt eine über den Widerspruch und zwei belehren über die Klage.

– Von den Belehrungen mittleren Umfangs stellen sechs Belehrungen auf den Widerspruch ab und zwei auf die Klage.

In diesen beiden Größenklassen ist der Umfang also nicht durch die Art des möglichen Rechtsbehelfs begründet. Die umfangreichen Belehrungen zeichnen sich dadurch aus, dass sie alle aus Nordrhein-Westfalen stammen und über die Klage belehren. Offenbar besteht hier wegen der im Jahr 2007 geänderten Gesetzeslage, nach der das Widerspruchsverfahren weitestgehend abgeschafft wurde, eine Tendenz dazu, viele Zusatzhinweise zur „neuen" Rechtslage zu geben.

4. *Ausgewählte sonstige Auffälligkeiten*

a) Unpersönlich oder persönlich?

Als typisch für die Rechts- und Verwaltungssprache gelten Passiv-Konstruktionen. Im Übermaß verwendet, wirken sie unpersönlich und anonym. Dies gilt auch für einige der untersuchten Textbausteine, denn vier von ihnen verwenden ausschließlich Passiv-Konstruktionen und verzichten auf eine persönliche Ansprache. Diese wird durchgängig in nur zwei Textbausteinen verwendet. Die übrigen Belehrungen – also die Mehrheit – sind von einem Mischstil geprägt; persönliche und unpersönliche Formulierungen wechseln sich ab. In Textbaustein 7 heißt es beispielsweise:

> „Gegen diesen Bescheid kann innerhalb eines Monats [...] Klage erhoben werden. [...] Sollte die Frist durch das Verschulden eines von Ihnen Bevollmächtigten versäumt werden, so würde dessen Verschulden Ihnen angerechnet werden."

Der Mischstil ist gegenüber einem gänzlich unpersönlichen Stil zu bevorzugen; ideal wäre es jedoch, den Adressaten auch in der Rechtsbehelfsbelehrung durchgängig anzusprechen, denn die persönliche Ansprache trägt insgesamt zu einer positiven Wirkung eines Schreibens bei – und das, ohne die rechtliche Aussage zu gefährden. Mindestens zu Beginn der Belehrung sollte der Adressat direkt angesprochen werden, wie es beispielsweise in Textbaustein 4 geschieht:

> „Gegen diesen Bescheid können Sie innerhalb eines Monats nach Bekanntgabe Widerspruch erheben."

Denn die direkte Ansprache ist als „anregender Zusatz" im Sinne des sogenannten Hamburger Verständlichkeitsmodells zu werten; sie kann dazu führen, dass der Adressat die sich anschließenden Informationen aufmerksamer liest und sie daher besser versteht.[28]

b) Uneinheitlicher Sprachgebrauch

Sprachlich gesehen werden identische Sachverhalte unterschiedlich wiedergegeben. So finden sich zur Bezeichnung der Monatsfrist in den 15 Textbausteinen insgesamt drei unterschiedliche sprachliche Wendungen:

---

[28] Zu den Merkmalen dieses Verständlichkeitsmodells siehe *Langer/Schulz v. Thun/Tausch* 1999, S. 15 ff.

Tabelle 10

Unterschiedliche sprachliche Wendungen bei der Monatsfrist

Wendung	**Anzahl**
binnen einer Frist von einem Monat	1
binnen eines Monats	1
innerhalb eines Monats	13

Zum Einlegen des Rechtsbehelfs „Widerspruch“ finden sich zwei Wendungen, ebenso zum Rechtsbehelf „Klage“:

Tabelle 11

Anzahl an Wendungen zum Rechtsbehelf „Klage“

Wendung	**Anzahl**
Widerspruch einlegen	1
Widerspruch erheben	5
Klage erheben	8
Klage einreichen	1

Zu Zusatzhinweis a, der sich in neun Textbausteinen findet, gibt es vier Varianten, die in Tabelle 12 wiedergegeben sind.

Tabelle 12

Zusatzhinweis a in Textbausteinen

Wendung	**Anzahl**
Falls die Frist durch das Verschulden eines von Ihnen Bevollmächtigten versäumt werden sollte, **so würde** dessen Verschulden Ihnen zugerechnet werden.	5
Falls die Frist durch das Verschulden eines von Ihnen Bevollmächtigten versäumt werden sollte, **würde** dessen Verschulden Ihnen zugerechnet werden.	2

Wendung	Anzahl
Falls die Frist durch das Verschulden eines von Ihnen Bevollmächtigten versäumt werden sollte, so **wird** dessen Verschulden Ihnen zugerechnet werden.	1
Sollte die Frist durch das Verschulden eines von Ihnen Bevollmächtigten versäumt werden, so würde dessen Verschulden Ihnen **angerechnet** werden.	1

Anmerkung: Hervorhebungen stammen von den Verfasserinnen.

Solche sprachlichen Uneinheitlichkeiten erscheinen auf den ersten Blick nicht schädlich. Aus rechtlicher und adressatenorientierter Sicht sind sie dies auch nicht. Die Vielzahl der Uneinheitlichkeiten führt insgesamt jedoch dazu, dass jede Belehrung ein anderes Erscheinungsbild hat. Ist dies in Bescheiden derselben Behörde oder sogar desselben Fachbereichs der Fall – wie bei den vorliegenden Textbausteinen – wirkt es in höchstem Maß unprofessionell.

c) Zweifelhafte Zusatzhinweise

In der Rechtsbehelfsbelehrung haben zusätzlich zu den Pflichtangaben gegebene Hinweise die Funktion, dem Adressaten einen Service zu bieten, durch den ihm das Einlegen des Rechtsbehelfs erleichtert werden soll. Dies ist grundsätzlich zu begrüßen. Da Zusatzhinweise jedoch die Gefahr bergen, die Jahresfrist für die Einlegung des Rechtsbehelfs in Gang zu setzen, muss im Einzelfall zwischen Nutzen und Risiko genau abgewogen werden.

Aus diesem Blickwinkel heraus betrachtet erscheint zum Beispiel der Mehrwert, der durch Zusatzhinweise geschaffen werden soll, in den über den Rechtsbehelf der Klage belehrenden Textbausteinen aus Nordrhein-Westfalen zweifelhaft.

So finden sich in Zusatzhinweis h (was die Klage enthalten muss und was sie enthalten soll) Formulierungen, bei denen nicht davon auszugehen ist, dass sie für einen rechtsunkundigen Adressaten unmittelbar verständlich sind:

- Gegenstand des Klagebegehrens,
- zur Begründung dienende Tatsachen und Beweismittel und
- ein bestimmter Antrag.

Zudem sind einige im Rahmen dieses Zusatzhinweises verwendete Ausdrücke überholt und für den Adressaten deshalb möglicherweise nicht zu verstehen; mindestens wecken sie jedoch nicht die Assoziation einer modernen, dienstleistungsorientierten Verwaltung:

– Urschrift sowie
– Abschrift.

Für den Zusatzhinweis j, der über die seit dem Jahr 2007 geänderte Rechtslage in Nordrhein-Westfalen informiert, kommt noch hinzu, dass er die Belehrungen regelrecht „aufbläht“. Angesichts der inzwischen großen zeitlichen Distanz zum genannten Datum trägt dieser Hinweis möglicherweise eher zur Verwirrung denn zur Information bei.

Betrachten wir abschließend den Zusatzhinweis k (Unstimmigkeiten können gegebenenfalls auch einvernehmlich gelöst werden): Er enthält zwar eine positive Botschaft – die Verwaltung zeigt sich gesprächsbereit –, doch da er ausgerechnet in der Belehrung steht, kann er einen Verhandlungsspielraum suggerieren, wo keiner vorhanden ist. Es bleibt der Verwaltung überlassen, ob sie dem Betroffenen über die gesetzlich geregelten Rechtsbehelfe hinaus die Möglichkeit geben will, seine Angelegenheit noch einmal prüfen zu lassen.[29] Jedoch darf ein solcher Hinweis nicht in der Rechtsbehelfsbelehrung stehen.[30]

V. Fazit

Die vergleichende Analyse ergibt, dass die vielfach behauptete oder vermutete Einheitlichkeit des Textbausteins Rechtsbehelfsbelehrung in der Praxis nicht gegeben ist. Es finden sich große Unterschiede, angefangen bei der Betitelung der Belehrung über den Inhalt bis hin zur sprachlichen Form

– sowohl verwaltungsübergreifend als auch innerhalb einer Verwaltung und sogar innerhalb einzelner Fachbereiche.

Die Gründe für diese Vielfalt sind zwar noch nicht empirisch untersucht worden, aus Gesprächen mit Verwaltungsfachleuten wissen wir jedoch, dass

– im Verwaltungsalltag schon aus zeitlichen Gründen oft nur die Textbausteine verwendet werden, auf die am eigenen Arbeitsplatz direkt zugegriffen werden kann.
– die meisten Textbausteine – und das gilt auch für die Rechtsbehelfsbelehrung – „eine Geschichte“ haben. Sie werden oft nicht vom jeweiligen

---

[29] Auch wenn sich hier die grundsätzliche Frage stellt, ob dies nicht der eigentlichen Absicht des Bürokratieabbaugesetzes II zuwiderläuft, nämlich den oft ohnehin aussichtslosen Anfechtungen von Verwaltungsakten Einhalt zu gebieten.

[30] Verwaltungsgericht Gießen, Urteil vom 10. Januar 2011, Aktenzeichen 4 K 5306/10.

Verwaltungsbeschäftigten selbst angelegt, sondern stammen von Vorgängern oder werden von externen Stellen bezogen, zum Beispiel von den kommunalen Spitzenverbänden.

Doch scheint die Zufriedenheit mit solchen Vorlagen gering, denn an den untersuchten Texten zeigt sich, dass sich sogar die innerhalb eines Fachbereiches von verschiedenen Personen verwendeten Textbausteine für die Rechtsbehelfsbelehrung voneinander unterscheiden.[31] Grundsätzlich sind solche redaktionellen Anpassungen zu begrüßen, denn sie zeugen von einem kritischen Umgang mit Textvorlagen und von dem Bemühen, möglichst effizient zu kommunizieren. Jedoch ist es erstaunlich, dass sich der Wunsch nach individuellen Formulierungen gerade in der Rechtsbehelfsbelehrung niederschlägt, denn unserer Erfahrung nach stehen viele Verwaltungsbeschäftigte redaktionellen Anpassungen scheinbar bewährter Textbausteine kritisch gegenüber. Sie befürchten, dass veränderte Formulierungen die Rechtssicherheit gefährden.[32] Gerade in Bezug auf die Rechtsbehelfsbelehrung ist diese Furcht nicht unbegründet, denn hier sind durch Gesetz und Rechtsprechung besonders hohe Anforderungen gestellt, sodass Umformulierungen ein großes Fehlerpotenzial bergen.

Um nachteilige Rechtsfolgen zu vermeiden, müsste es daher im Interesse einer jeden Verwaltung sein, ihren Beschäftigten einen als für „gerichtsfest" befundenen Textbaustein verbindlich vorzugeben und dafür Sorge zu tragen, dass dieser Textbaustein auch verwendet wird – statt unzähliger Varianten hiervon. Dies müsste in der Praxis auch ohne Weiteres möglich sein, denn in vielen Verwaltungen gibt es umfassende Vorgaben dazu, wie der Schriftverkehr gestaltet sein soll – beispielsweise hinsichtlich Schrifttyp und Schriftgröße, Schreibweise des Datums oder Gestaltung der Grußformel. Diese Vorgaben erstrecken sich aber offenbar entweder nicht auf die Rechtsbehelfsbelehrung, oder sie werden von den Beschäftigten übergangen.

Wir hoffen, dass dieser Beitrag Fachverantwortliche dazu anregt, sich selbst einen Eindruck davon zu verschaffen, wie es in der eigenen Verwaltung um die Rechtsbehelfsbelehrung bestellt ist. Denn die hohe Bedeutung dieses Textbausteins gebietet es geradezu, ihn rechtlich und sprachlich äu-

---

[31] Der Wunsch, die Rechtsbehelfsbelehrung den individuellen Vorstellungen entsprechend anzupassen, ließ sich besonders anschaulich nach Inkrafttreten des Bürokratieabbaugesetzes II in Nordrhein-Westfalen beobachten. Die aus diesem Anlass entwickelte Muster-Belehrung eines kommunalen Spitzenverbandes wurde von vielen Verwaltungen, mit denen wir zusammenarbeiten, zunächst aufgegriffen und fand sich immer häufiger in den bei uns eingereichten Bescheiden. Gleichzeitig wurde die Muster-Belehrung in verschiedener Weise angepasst; mittlerweile existiert eine große Vielzahl von Varianten.

[32] Siehe hierzu auch *Blaha/Şahin* 2009, S. 1 ff.

ßerst kritisch zu analysieren und so zu gestalten, dass er sowohl inhaltlich korrekt als auch möglichst verständlich ist. Die oft an uns herangetragene Frage, wie denn die ideale Rechtsbehelfsbelehrung auszusehen habe, lässt sich in diesem Beitrag indes nicht pauschal beantworten. Aufgrund der Vielzahl der zu berücksichtigenden Aspekte empfehlen wir, sich bei der Entwicklung der Rechtsbehelfsbelehrung für eine interdisziplinäre Herangehensweise zu entscheiden. So sollten neben Verwaltungsfachleuten und auf Verwaltungssprache spezialisierten Sprachwissenschaftlern unbedingt im Verwaltungsrecht erfahrene Juristen und idealerweise auch Bürger zu Rate gezogen werden. Dies gilt umso mehr, wenn Rechtsbehelfsbelehrungen mit dem Ziel entwickelt werden, sie einer Vielzahl von möglichen Anwendern zur Verfügung zu stellen, wie etwa bei den kommunalen Spitzenverbänden.

Letztlich bleibt die Form der Rechtsbehelfsbelehrung aber immer der individuellen Entscheidung einer Verwaltung überlassen. Sie muss sich zuvor intensiv mit den für sie relevanten Aspekten auseinandersetzen und diese gegeneinander abwägen. Hierbei sollten auch Faktoren außerhalb der Rechtsbehelfsbelehrung eine Rolle spielen. So ist zum Beispiel zu fragen, welcher Sprachstil innerhalb einer Verwaltung überwiegend verwendet wird. Ist dieser eher persönlich und serviceorientiert, sollte dies auch für die Rechtsbehelfsbelehrung gelten. Ein eher nüchterner Stil hingegen sollte sich ebenfalls in der Rechtsbehelfsbelehrung spiegeln. Denn ein Bescheid mit allzu großen stilistischen Brüchen in die eine oder andere Richtung kann beim Adressaten Irritationen auslösen. Zu welcher Variante eine Verwaltung sich letztlich auch entschließt – es sollte immer mitbedacht werden, wie innerhalb einer Verwaltung gewährleistet werden kann, dass für die Rechtsbehelfsbelehrung ein einheitlicher Textbaustein verwendet wird.

Die von uns empfohlene Herangehensweise erfordert von Verwaltungen gewisse zeitliche und finanzielle Investitionen. Die Erfahrung zeigt, dass sich dies lohnt: Denn gezielt eingesetzt bieten Muster-Textbausteine die Chance, mit verhältnismäßig wenig Aufwand viel zu bewirken. Wer diese Chance ungenutzt verstreichen lässt, schafft nicht nur unerwünschten Rechtsfolgen Raum, sondern versäumt es auch, zu einer professionalisierten Verwaltungskommunikation beizutragen.

Literatur

Berger, Peter (2004): Flotte Schreiben vom Amt – eine Stilfibel, Köln.

Blaha, Michaela/*Şahin,* Nurşen (2009): Verständliche Sprache in Verwaltungstexten und die Angst vor der Rechtsunsicherheit: Erkenntnisse aus der interdisziplinären Textoptimierung, in: Die öffentliche Verwaltung. Begleitmaterialien zur Referendarausbildung. Institut für öffentliche Verwaltung Nordrhein-Westfalen (Hrsg.), S. 188-193.

Blaha, Michaela/*Wilhelm,* Hermann (Hrsg.) (2011): Verständliche Sprache in Recht und Verwaltung – Herausforderungen und Chancen, Frankfurt am Main.

Creifelds, Carl (2007): Rechtswörterbuch, 19., neu bearbeitete Auflage, München.

Fluck, Hans-R./*Blaha,* Michaela (Hrsg.) (2010): Amtsdeutsch a. D.? Europäische Wege zu einer modernen Amtssprache. Tübingen.

Hingerl, Josef (1982): Die Rechtsbehelfsbelehrung in den Verfahrensordnungen des öffentlichen Rechts, München.

Langer, Inghard/*Schulz v. Thun,* Friedemann/*Tausch,* Reinhard (1999): Sich verständlich ausdrücken. 6. Auflage, München.

Schmidt, Klaus (2009): Bescheide richtig abfassen, München.

Wilhelm, Hermann (2011): Verwaltungstexte vor Gericht – ausgewählte Urteile und Beschlüsse aus der Praxis, in: Verständliche Sprache in Recht und Verwaltung – Herausforderungen und Chancen, Blaha, Michaela/Wilhelm, Hermann (Hrsg.) (2011).

Volkert, Werner (2010): Die Verwaltungsentscheidung: Bescheide, Schriftsätze, Schreiben, Verfügungen, 5. überarbeitete Auflage, Stuttgart.

Anhang: 15 identifizierte Textbausteine

1. Rechtsbehelfsbelehrungen über die Möglichkeit des Widerspruchs

Textbaustein 1

Rechtsbehelfsbelehrung:

Gegen diesen Bescheid kann Widerspruch erhoben werden. Er ist schriftlich oder zur Niederschrift bei dem obengenannten Landratsamt binnen einer Frist von einem Monat nach Bekanntgabe einzureichen.

Textbaustein 2

Rechtsbehelfsbelehrung:

Gegen diesen Bescheid kann innerhalb eines Monats nach Bekanntgabe Widerspruch erhoben werden. Der Widerspruch ist schriftlich bei dem Landrat des Kreises …, (Anschrift) oder zur Niederschrift bei einer der Dienststellen des Kreises … zu erheben.

Falls die Frist durch das Verschulden eines von Ihnen Bevollmächtigten versäumt werden sollte, so würde dessen Verschulden Ihnen zugerechnet werden.

Textbaustein 3

Rechtsbehelfsbelehrung:

Gegen diesen Bescheid kann innerhalb eines Monats nach Zustellung oder Bekanntgabe Widerspruch eingelegt werden. Der Widerspruch ist schriftlich oder zur Niederschrift beim Bürgermeister der Stadt … (Anschrift) einzulegen.

Falls die Frist durch das Verschulden eines von Ihnen Bevollmächtigten versäumt werden sollte, würde dessen Verschulden Ihnen zugerechnet werden.

Gemäß § 80 der Verwaltungsgerichtsordnung des Landes … hat der Widerspruch jedoch keine aufschiebende Wirkung.

Textbaustein 4

Rechtsbehelfsbelehrung:

Gegen diesen Bescheid können Sie innerhalb eines Monats nach Bekanntgabe Widerspruch erheben.

Der Widerspruch ist schriftlich oder zur Niederschrift bei der Stadtverwaltung …, zweckmäßigerweise beim Fachbereich … (Anschrift), einzulegen. Die Frist ist nur dann gewahrt, wenn die Rechtsmittelschrift vor Ablauf der Frist eingegangen ist.

Falls die Frist durch das Verschulden eines von Ihnen Bevollmächtigten versäumt werden sollte, so würde dessen Verschulden Ihnen zugerechnet werden.

Textbaustein 5

Rechtsbehelfsbelehrung:

Gegen diesen Bescheid kann innerhalb eines Monats nach Zustellung Widerspruch erhoben werden. Der Widerspruch ist bei der Stadt … – Die Bürgermeisterin – (Anschrift), schriftlich oder zur Niederschrift einzulegen. Wird der Widerspruch schriftlich eingelegt, ist die Frist nur gewahrt, wenn das Widerspruchsschreiben vor Ablauf der Frist eingegangen ist.

Falls die Frist durch das Verschulden eines von Ihnen Bevollmächtigten versäumt werden sollte, so würde dessen Verschulden Ihnen zugerechnet werden

Textbaustein 6

Rechtsbehelfsbelehrung

Gegen diesen Bescheid kann innerhalb eines Monats nach Zustellung Widerspruch erhoben werden. Der Widerspruch ist schriftlich oder zur Niederschrift bei der Stadt …, zweckmäßigerweise im Fachbereich …, (Anschrift), einzulegen.

Falls die Frist durch das Verschulden eines von Ihnen Bevollmächtigten versäumt werden sollte, so würde dessen Verschulden Ihnen zugerechnet werden. Die Frist ist nur gewahrt, wenn die Rechtsmittelschrift vor Ablauf der Frist eingegangen ist.

2. Rechtsbehelfsbelehrungen über die Möglichkeit der Klage

Textbaustein 7

Rechtsbehelfsbelehrung:

Gegen diesen Bescheid kann innerhalb eines Monats nach Bekanntgabe schriftlich oder zur Niederschrift des Urkundsbeamten der Geschäftsstelle Klage beim Verwaltungsgericht (Anschrift), erhoben werden. Wird die Klage schriftlich erhoben, sollen ihr zwei Abschriften beigefügt werden. Sollte die Frist durch das Verschulden eines von Ihnen Bevollmächtigten versäumt werden, so würde dessen Verschulden Ihnen angerechnet werden.

Textbaustein 8

Rechtsbehelfsbelehrung

Gegen diese Verfügung kann innerhalb eines Monats nach Bekanntgabe Klage erhoben werden. Die Klage ist beim Verwaltungsgericht (Anschrift) schriftlich oder in elektronischer Form nach Maßgabe der Verordnung über den elektronischen Rechtsverkehr bei den Verwaltungsgerichten und Finanzgerichten im Lande Nordrhein-Westfalen – ERVVO VG/FG – vom 23.11.2005 (GV. NRW. S. 926) einzureichen oder mündlich zur Niederschrift des Urkundenbeamten der Geschäftsstelle zu erklären.

Bei schriftlicher Klageerhebung ist die Rechtsbehelfsfrist nur gewahrt, wenn die Klageschrift vor Ablauf der Monatsfrist bei Gericht eingegangen ist.

Hinweis

Seit dem 01.01.2006 können in Rechtssachen Verfahrensanträge und sonstige Schriftsätze als Dateien über das *elektronische Gerichts- und Verwaltungspostfach* (EGVP) rechtswirksam eingereicht werden. Eine elektronische Übermittlung per *E-Mail* ist nach wie vor nicht möglich. Sofern eine Übersendung über das EGVP nicht gewünscht wird, benutzen Sie deshalb in Ihrem eigenen Interesse die ansonsten üblichen Übermittlungswege.

Textbaustein 9

Rechtsbehelfsbelehrung:

Gegen diesen Bescheid kann innerhalb eines Monats nach Zustellung Klage beim Verwaltungsgericht ...(Anschrift), schriftlich oder zur Niederschrift des Urkundsbeamten der Geschäftsstelle erhoben werden.

Wird die Klage schriftlich erhoben, so sollen ihr zwei Abschriften beigefügt werden. Falls die Frist durch das Verschulden eines von Ihnen Bevollmächtigten versäumt werden sollte, so würde dessen Verschulden Ihnen zugerechnet werden.

Textbaustein 10

Rechtsbehelfsbelehrung:

Gegen diesen Bescheid können Sie beim Verwaltungsgericht ... (Anschrift) innerhalb eines Monats nach Bekanntgabe des Verwaltungsaktes schriftlich oder zu Niederschrift des Urkundsbeamten der Geschäftsstelle Klage erheben. Die Klage muss den Kläger, den Beklagten und den Gegenstand des Klagebegehrens bezeichnen. Sie soll einen bestimmten Antrag enthalten. Die zur Begründung dienenden Tatsachen und Beweismittel sollen angegeben, die angefochtene Verfügung soll in Urschrift oder in Abschrift beigefügt werden.

Falls die Frist durch das Verschulden eines von Ihnen Bevollmächtigten versäumt werden sollte, so würde dessen Verschulden Ihnen zugerechnet werden.

Durch die Anordnung der sofortigen Vollziehung ist die aufschiebende Wirkung der Klage ausgeschlossen. Das Verwaltungsgericht … kann auf Ihren Antrag hin die aufschiebende Wirkung ganz oder teilweise wiederherstellen.

Hinweis der Verwaltung: Durch die Bürokratieabbaugesetze I und II ist das einer Klage bisher vorgeschaltete Widerspruchsverfahren abgeschafft worden. Zur Vermeidung unnötiger Kosten empfehlen wir Ihnen, sich vor Erhebung einer Klage zunächst mit uns in Verbindung zu setzen. In vielen Fällen können so etwaige Unstimmigkeiten bereits im Vorfeld einer Klage sicher behoben werden. **Die Klagefrist von einem Monat wird durch einen solchen außergerichtlichen Einigungsversuch jedoch nicht verlängert.**

Textbaustein 11

Rechtsmittelbelehrung:

Gegen diesen Bescheid können Sie bei dem Verwaltungsgericht … binnen eines Monats nach Bekanntgabe des Verwaltungsaktes schriftlich oder zur Niederschrift des Urkundsbeamten der Geschäftsstelle Klage erheben. Die Klage muss den Kläger, den Beklagten und den Gegenstand des Klagebegehrens bezeichnen. Sie soll einen bestimmten Antrag enthalten. Die zur Begründung dienenden Tatsachen und Beweismittel sollen angegeben, die angefochtene Verfügung soll in Urschrift oder in Abschrift beigefügt werden.

Hinweis der Verwaltung:

Durch die Bürokratieabbaugesetze I und II ist das einer Klage bisher vorgeschaltete Widerspruchsverfahren abgeschafft worden. Zur Vermeidung unnötiger Kosten empfehlen wir Ihnen, sich vor Erhebung einer Klage zunächst mit uns in Verbindung zu setzen. In vielen Fällen können so etwaige Unstimmigkeiten bereits im Vorfeld einer Klage sicher behoben werden. **Die Klagefrist von einem Monat wird durch einen solchen außergerichtlichen Einigungsversuch jedoch nicht verlängert.**

Textbaustein 12

Rechtsbehelfsbelehrung:

Gegen diesen Bescheid kann innerhalb eines Monats nach Bekanntgabe Klage erhoben werden. Die Klage ist schriftlich oder zur Niederschrift beim Verwaltungsgericht … (Anschrift) einzulegen.

Die Klage muss den Kläger, den Beklagten und den Gegenstand des Klagebegehrens bezeichnen. Sie soll einen bestimmten Antrag enthalten. Die zur Begründung dienenden Tatsachen und Beweismittel sollen angegeben, der angefochtene Bescheid soll im Original oder in Abschrift beigefügt werden. Wird die Klage schriftlich erhoben, so sollen zwei Abschriften der Klageschrift für den Beteiligten beigefügt werden.

Für die fristgemäße Erhebung der Klage ist deren Eingang bei dem Verwaltungsgericht maßgebend. Falls die Frist durch das Verschulden eines von Ihnen Bevollmächtigten versäumt werden sollte, so wird dessen Verschulden Ihnen zugerechnet werden.

Wichtiger Hinweis:

Durch die Bürokratieabbaugesetze I und II ist das, einer Klage bisher vorgeschaltete Widerspruchsverfahren abgeschafft worden. Zur Vermeidung unnötiger Kosten empfehlen wir Ihnen, sich vor Erhebung einer Klage zunächst mit uns in Verbindung zu setzen, um etwaige Unstimmigkeiten gegebenenfalls im Vorfeld einer Klage beheben zu können.

Die Klagefrist von einem Monat wird dadurch nicht verlängert.

Textbaustein 13

Rechtsbehelfsbelehrung:

Gegen diesen Bescheid kann innerhalb eines Monats nach seiner Bekanntgabe Klage erhoben werden. Die Klage ist beim Verwaltungsgericht ... (Anschrift) schriftlich oder zur Niederschrift des Urkundsbeamten der Geschäftsstelle zu erklären.

Textbaustein 14

Rechtsbehelfsbelehrung:

Gegen diesen Bescheid kann innerhalb eines Monats nach Bekanntgabe Klage beim Verwaltungsgericht ... (Anschrift) schriftlich oder zur Niederschrift des Urkundsbeamten der Geschäftsstelle eingereicht werden.

Falls die Frist durch das Verschulden eines von Ihnen Bevollmächtigten versäumt werden sollte, so würde dessen Verschulden Ihnen zugerechnet werden.

Durch die Anordnung der sofortigen Vollziehung ist die aufschiebende Wirkung der Klage ausgeschlossen. Das Verwaltungsgericht ... kann auf Ihren Antrag hin die aufschiebende Wirkung ganz oder teilweise wiederherstellen.

Textbaustein 15

Rechtsbehelfsbelehrung: Gegen diesen Bescheid kann innerhalb eines Monats nach Bekanntgabe Klage beim Verwaltungsgericht ... (Anschrift), schriftlich oder zur Niederschrift der Urkundsbeamtin/des Urkundsbeamten der Geschäftsstelle des Gerichtes erhoben werden.

Erfolgsfaktoren von Veränderungsprozessen – Folgerungen für das Bemühen um ein verständliches Amtsdeutsch

Andrea Müller

I. Veränderungsprozesse im öffentlichen Sektor

Veränderungsprozesse im öffentlichen Sektor, befassen sich in der Regel mit schwierigen Sachverhalten, für die es innovative und nachhaltige Lösungen zu erarbeiten gilt. Im vorliegenden Fall geht es um die Veränderung der Amtssprache in Richtung einer höheren Bürgerfreundlichkeit und Verständlichkeit. Einerseits gilt es die Sachkomplexität, wie etwa die Erörterung, wodurch sich eine bürgerfreundliche und verständliche Amtssprache auszeichnet, umfassend zu behandeln, voranzutreiben und in kreative Lösungen zu überführen. Andererseits erweist sich die Gestaltung des Veränderungsprozesses selbst, der Prozess lange eingeübte Sprachpraktiken in eine bürgerfreundliche und verständliche Amtssprache zu wandeln, als eine eigene komplexe Problemlage, bei der es eine Vielzahl von Faktoren und Zusammenhängen im Blick zu halten gilt. Aus sozial- und organisationspsychologischer Sicht wird zunächst ein Bezugsrahmen zur Beschreibung und Analyse von Veränderungsprozessen vorgestellt und anschließend näher auf die Ebenen des Veränderungsprozesses – den inhaltlichen Veränderungsprozess, die Aufrechterhaltung der Leistungsfähigkeit im laufenden Betrieb, sozial-emotionale Begleitprozesse und das Change Management selbst – eingegangen. Auf dieser Basis lassen sich Erfolgsfaktoren von Veränderungsprozessen herausarbeiten und auf das Bemühen um ein verständliches Amtsdeutsch übertragen.

Amtsdeutsch ist die Fachsprache der Ämter. Wer in Ämtern als professionell gelten möchte, muss die Amtssprache sprechen, und oft ist sie *die* Basis zu klarer Verständigung untereinander. Doch im Außenverkehr mit Klienten der Behörden kann nicht wie selbstverständlich davon ausgegangen werden, dass die in Amtsdeutsch verfassten Texte – obwohl in der Regel formal korrekt – (richtig) verstanden werden und so die intendierten Wirkungen entfalten können. Es ist trivial, doch es muss festgestellt werden: Wer richtig verstanden werden will, muss die Sprache der Rezipienten einer Nachricht sprechen. Und die meisten verstehen das Amtsdeutsch nicht.

Im Außenverkehr einer Behörde eine andere Sprache zu sprechen, gelingt den Bediensteten sofort, wenn man als Klient die Sachbearbeiter anruft und sich die Angelegenheit erklären lässt. Also müssten die Organisationsroutinen so geändert werden, dass die Sprache im Außenverkehr verständlicher wird, wobei sie im Innenverkehr durchaus bei der Fachterminologie bleiben kann. Solch eine weitgreifende Veränderung von Organisationsroutinen, die einerseits rasch und dann wiederum nachhaltig wirken soll, ist eine besondere Aufgabe, zu der besondere Anstrengungen seitens der Leitungsebene wie auch der übrigen Beschäftigten benötigt werden. Wie man einen solchen Prozess wissenschaftlich unterstützen kann, ist Gegenstand der folgenden Ausführungen.

Das Bemühen um ein verständlicheres Amtsdeutsch kann nur erfolgreich sein, wenn einzelne Initiativen und Projekte, die sich um die fachliche und sprachliche Dimension des Vorhabens kümmern, in einem umfassenden Organisationsentwicklungs- und Veränderungsprozess in den Behörden, Ämtern, Verwaltungen eingebunden werden. Es handelt sich um einen tief greifenden Veränderungsprozess, von dem alle Verwaltungsbereiche berührt werden, es werden gewohnte Arbeits- und Denkweisen verändert und Widerstände werden auftreten. Es geht um eine Veränderung der Verwaltungskultur, ein Reduzieren allein auf eine modernisierte Verwaltungssprache kann nicht erfolgreich realisiert werden.

II. Bezugsrahmen zur Beschreibung und Analyse von Veränderungsprozessen

Als ein Bezugsrahmen zur Beschreibung und Analyse von Veränderungsprozessen eignet sich besonders das Stern-Modell zur Organisationsveränderung und -gestaltung von Galbraith (2001, vgl. auch Galbraith, Downey und Kates, 2002). Auf der Basis empirischer Analysen und praktischer Erfahrungen zur Gestaltung erfolgreicher und anpassungsfähiger Organisationen extrahiert Galbraith fünf Hauptfaktoren einer Organisation. Die Hauptfaktoren Strategie (Aufgaben, Ziele), Organisationsstruktur (Aufbauorganisation, Hierarchie, Verantwortlichkeiten), Prozesse (Ablauforganisation, interne und übergreifende Zusammenarbeit), Belohnungssystem (Ziele, Werte) und Human Resources (Leistung, Entwicklung) stehen als Ansatzpunkte für Veränderungen im Mittelpunkt. Gleichzeitig gilt es ihre jeweiligen Wechselbeziehungen untereinander zu beachten und die Faktoren in einem ausgewogenen Verhältnis zu beeinflussen.

Überträgt man die Bemühungen um ein verständliches Amtsdeutsch auf die fünf Hauptfaktoren des Stern-Modells, so könnte es wie folgt umgesetzt werden:

- *Strategie*: Verwaltungsmodernisierung wird häufig leichtfertig mit dem so genannten Christoph-Columbus-Syndrom verglichen – man macht sich auf den Weg, weiß jedoch nicht, wo man ankommt. Das Ziel der Veränderungs- oder Modernisierungsinitiative für ein verständlicheres Amtsdeutsch dagegen ist relativ klar umrissen. Es geht insbesondere darum, die Außenwirkung einer Verwaltung positiv zu gestalten. Da sich die Wirkung von Verwaltungsvorgängen außerhalb der (Verwaltungs-)Organisation hauptsächlich durch Kommunikation (via Telefonate oder mittels Schriftstücke) manifestiert, besteht die Aufgabe darin, diese Kommunikation gezielt zu gestalten. Dazu ist zunächst zu klären, mit welchen Partnern außerhalb der Organisation kommuniziert wird, um in einem zweiten Schritt die Aufgaben adäquat für die jeweiligen Kommunikationspartner zu formulieren. Für eine kommunale Verwaltung, ein Einwohnermeldeamt beispielsweise, sind die überwiegende Mehrheit der Kommunikationspartner Bürgerinnen und Bürger; die überwiegenden Kommunikationsformen sind telefonische und persönliche Gespräche sowie das Kommunizieren mittels Formularen und Merkblättern. Dementsprechend besteht die Aufgabe darin, diese direkten Kontakte zu den Bürgerinnen und Bürgern positiv zu gestalten, das heißt jeweils angemessen, verständlich, freundlich und wertschätzend zu kommunizieren.
- *Organisationsstruktur*: Die Organisationsstruktur legt Zuständigkeiten, Verantwortlichkeiten sowie den Handlungsspielraum und die Entscheidungsbefugnisse der Organisationsmitglieder fest. Für eine eher hierarchisch aufgebaute Organisation nimmt der Spielraum von oberen Hierarchieebenen zu unteren Ebenen ab. Öffentliche Verwaltungen sind in der Regel durch eine starke Hierarchie geprägt. Es ist daher zu erwarten, dass Veränderungen in der Kommunikation nach außen von oben nach unten angeregt werden und das Organisationsmitglied im direkten Außenkontakt nur eine geringe Variationsbreite in der Gestaltung der Kommunikation hat. Für Organisationen mit wenigen Hierarchieebenen, die einen größeren Handlungsspielraum für die einzelnen Mitglieder bieten, ist ein direkterer Einfluss der Organisationsmitglieder im direkten Außenkontakt auf ihre Kommunikationsgestaltung zu erwarten. Gegebenenfalls sind parallel zur bestehenden Struktur einer Organisation spezielle Strukturen für das Veränderungsvorhaben zu schaffen, wie zum Beispiel die Einrichtung von speziellen, strukturübergreifenden Projektgruppen, in denen Ideen für ein verständliches Amtsdeutsch als Musterlösung erarbeitet werden.
- *Prozesse*: Zu den Prozessen zählen neben den Arbeitsabläufen auch die Kooperationen in und zwischen Organisationseinheiten, in die beispielsweise eine neu installierte Projektgruppe Veränderungen bringen kann. Die Prozesse determinieren den Informationsfluss innerhalb einer Orga-

nisation. In Folge der hierarchischen Struktur öffentlicher Verwaltungen erlässt der Dienstherr der Verwaltung Regeln und Verfahren, die als zentrale Vorgaben bindend sind und die Arbeitsprozesse festlegen, aber meist nur wenig Raum für spezifische Lösungen lassen. Es gilt daher nicht nur neue, unterstützende Strukturen zu schaffen, sondern auch die Arbeitsprozesse entsprechend anzupassen.

Zu den Arbeitsprozessen ist auch die Art und Weise der Kommunikation nach Außen zu zählen. Der öffentliche Dienst kommunizierte bisher fast ausschließlich mittels formalisierter schriftlicher Verfahren. Die informationstechnologische Entwicklung und der Wandel hin zu vermehrter Kommunikation via E-Mail oder auch Eigendarstellungen im Internet dürften Rückwirkungen auf die internen Prozesse haben. Denkbar wäre dazu eine verstärkte Kooperation der Abteilung „Technik“ mit den Kolleginnen und Kollegen der Abteilungen mit direktem Kundenkontakt. Es sind einerseits neue Regeln für die technische Abwicklung der Kommunikation, wie etwa das Gewährleisten eines immer aktuellen Virenschutzes, zu etablieren und andererseits sind auch die Kommunikationsinhalte, wie Internetauftritt oder E-Mail-Signatur, zu entwickeln und mit den Informationsmaterialien, die in schriftlicher Form vorliegen, abzustimmen. Dafür wäre beispielsweise eine modifizierte Kooperation der Abteilungen „Technik“, „Kundenkontakt“ und „Druckerei“ notwendig.

– *Belohnungssystem*: Das Anliegen eines Belohnungssystems besteht nach Galbraith (2001) darin, die Ziele der Mitarbeiter einer Organisation mit den Zielen der Organisation zu verbinden. Das Belohnungssystem sollte motivierend wirken und Anreize schaffen, um die strategischen Ziele der Organisation zu stützen. Denkbar wären im hier interessierenden Fall Bonuszahlungen oder Prämien und die Möglichkeiten, die der neue Tarifvertrag für den öffentlichen Dienst (TVöD) und die neuste Dienstrechtsreform hinsichtlich leistungsabhängiger Bezahlung bieten, anzuwenden. Als Ziel der Organisation wurde eine positive Außendarstellung des öffentlichen Dienstes definiert. Auf der Mitarbeiterebene könnte ein daraus abgeleitetes Ziel sein, versandte Schriftstücke so verständlich zu formulieren, dass Rückfragen und Beschwerden stark rückläufig sind. Die (abnehmende) Anzahl der eintreffenden Rückfragen und Beschwerden lässt sich als Leistungskriterium gut messen und entsprechend an Belohnungen koppeln.

– *Human Resources*: Unter diesem Faktor sind Richtlinien für Personalbeschaffung, Personalauswahl, systematischen Arbeitsplatzwechsel (Rotation), Training und Personalentwicklung zusammengefasst, die entsprechend der strategischen Ausrichtung einer Organisation zu entwickeln sind. Im Zusammenhang mit dem Bemühen um ein verständliches Amtsdeutsch sind insbesondere Trainingsmaßnahmen und Maßnahmen der Personalentwicklung von Bedeutung, da in der Regel bereits vorhandene Mitarbeiter sich den neuen Anforderungen stellen und sich gegebenenfalls in modifizierten Strukturen und Prozessen zurechtfinden müssen. Zum Beispiel könnten ressort- oder abteilungsübergreifende Qualitätszirkel mit oder ohne externe Fachleute initiiert werden, um gemeinsam Richtlinien für verständliches Schreiben zu entwickeln.

Aus den Erläuterungen zu den fünf Hauptfaktoren lässt sich schließen, dass die Faktoren nicht isoliert betrachtet werden können, sondern in unmittelbarer Wechselwirkung zueinander stehen. So macht es beispielsweise wenig Sinn, wenn bei unklaren Zielvorstellungen an Organisationsstrukturen Veränderungen vorgenommen werden, oder, wenn an der Behördenspitze vorhandene Zielvorstellungen und Strategien den Mitarbeiterinnen und Mitarbeitern nicht entsprechend kommuniziert werden, oder, wenn das Personal für neue Formen von Arbeitsprozessen nicht auch entsprechend qualifiziert wird.

Untersuchungen in Organisationen mit überwiegend verwaltenden Aufgaben (Beck und Fisch, 2008) haben ergeben, dass zusätzlich zu den fünf Hauptfaktoren als weiterer Faktor das Organisationsumfeld von wesentlicher Bedeutung für Veränderungen in Organisation ist. Einflüsse aus dem Umfeld sind dann entscheidend, wenn bindende Vorgaben wie etwas durch neue Richtlinien oder Gesetze erlassen werden. Derartige Vorgaben sind für eine Organisation mit verwaltenden Aufgaben umzusetzen und als ihre Zielsetzung zu übernehmen, eigene Zielsetzungen leiten sich aus den externen Vorgaben ab. Interessant scheint es daher, das Umfeld der Organisation in seinen Auswirkungen insbesondere auf die Zielsetzung, aber auch auf die anderen Faktoren zu analysieren.

Der durch die Bundesregierung angeregte Modernisierungsprozess in den Verwaltungen bezüglich einer stärkeren Positionierung als Dienstleister umfasst die Bemühungen um ein verständliches Amtsdeutsch im gesamten Kommunikationsprozess zwischen Vertretern der Verwaltungen und den Bürgerinnen und Bürgern, die in Kontakt mit Verwaltungen kommen. Um diesen Kontakt entsprechend der Vorgaben erfolgreich und positiv zu gestalten, sind verwaltungsinterne Veränderungsprozesse notwendig – die internen Rahmenbedingungen müssen entsprechend modifiziert werden, Ressourcen eingeräumt werden, sei es für spezielle Schulungen für Verwaltungsangestellte oder für das Überprüfen von Strukturen und Prozessen im Hinblick auf die veränderte Zielsetzung.

Abbildung 1 stellt den vorgestellten Bezugsrahmen zur Analyse von organisationalen Veränderungsprozessen und die Wechselwirkungen der einzelnen Faktoren zusammenfassend dar.

Organisationsumwelt

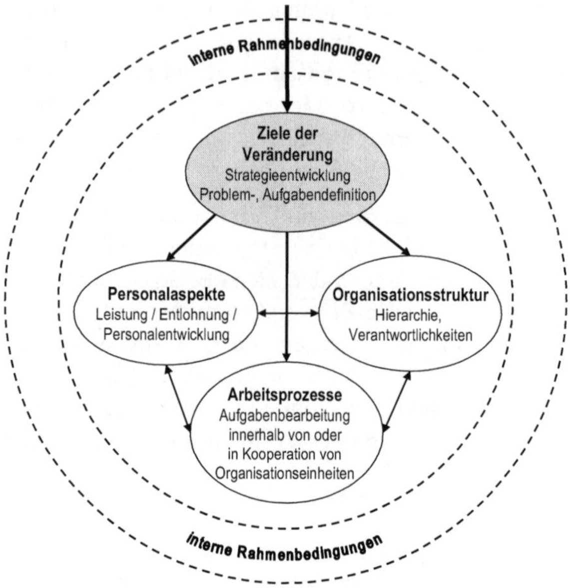

Abbildung 1: Bezugsrahmen zur Beschreibung und Analyse von Veränderungsprozessen in Organisationen

Schließlich umfasst der Bezugsrahmen auch Gesichtspunkte, die angesichts des Organisationsumfeldes und der zu beeinflussenden Faktoren bei der Umsetzung des Veränderungsprozesses zu berücksichtigen sind. Dazu gehören etwa das Nutzen interner sowie externer Experten oder die Entwicklung eines begleitenden Kommunikationskonzeptes für die Information und Partizipation aller Beteiligten und Betroffenen über die Veränderungsziele und das geplante Vorgehen.

Der vorgestellte Bezugsrahmen fasst die Erkenntnisse zu Change-Prozessen aus organisationswissenschaftlicher und -psychologischer Forschung zusammen und bietet die Möglichkeit einer groben Orientierung über die betroffenen sowie über die zu gestaltenden Faktoren. Einen weiteren Blick auf einen organisationalen Veränderungsprozess ermöglicht das Zergliedern des Prozesses in einzelne Ebenen. Diese so differenzierende Perspektive kann hilfreich sein, um Change-Prozesse gezielt zu planen, zu steuern und zu gestalten.

III. Ebenen des Veränderungsprozesses

Poole (2004) stellt fest, dass Organisationsveränderungen und Innovationen am besten mit Prozesstheorien zu beschreiben sind. Üblicher Weise werden Veränderungsprozesse dabei in Phasen zergliedert. Den verschiedenen Modellen liegen typische Phasen, in der Regel Auftauen – Verändern – Einfrieren (in Anlehnung an Lewin, 1947) zugrunde. Diese Phasenunterteilung wird für ein ausgewähltes Veränderungsprojekt angenommen und ermöglicht es, den Ablauf des Veränderungsprozesses in eine Konzeptions- und Diagnosephase, eine Implementierungsphase und eine Stabilisierungsphase zu unterteilen.

Beck und Fisch (2005) beschreiben organisationale Veränderungsprozesse mittels Ebenen in Anlehnung an das Mehrebenenmodel der sozialen Interaktion (siehe Abbildung 2).

Das Mehrebenenmodell veranschaulicht die Gleichzeitigkeit dreier Ebenen, die bei der Gestaltung des Veränderungsprozesses selbst berücksichtigt werden müssen.

Ebene 1

Zunächst stehen inhaltliche und fachliche Aspekte eines Veränderungsvorhabens im Mittelpunkt. Was ist beispielsweise die geeignete Organisationsstruktur für eine neue Aufgabenstellung, mit welchen Vorgehensweisen, mit

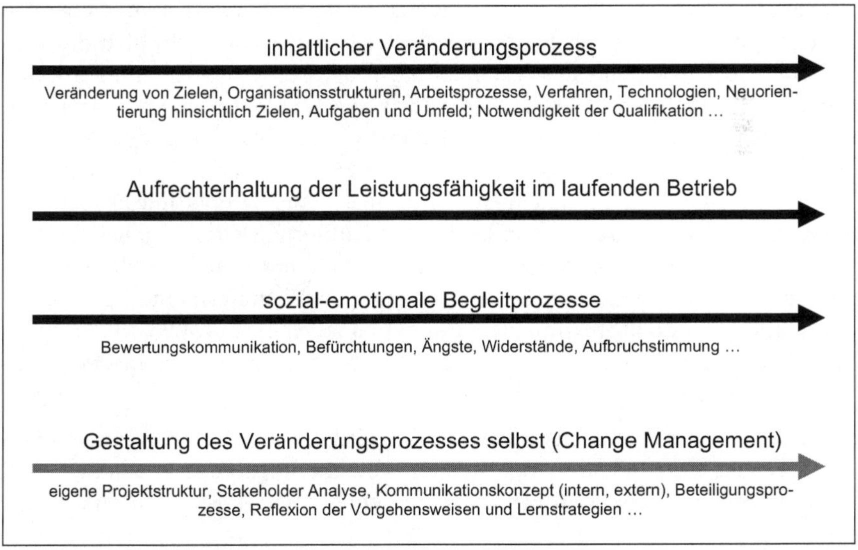

Abbildung 2: Ebenen des Veränderungsprozesses
(in Anlehnung an Beck und Fisch, 2005)

welchem Personal und unter Einsatz welcher Software ist dies künftig zu bewerkstelligen? Je nach Art des Vorhabens sind die inhaltlichen Anforderungen sehr umfangreich und auch als komplex anzusehen.

Ebene 2

Parallel zur Umsetzung von Veränderungen muss in der Regel auch die laufende Aufgabenbearbeitung in gleich bleibend hoher Qualität gewährleistet werden. Demnach sind Veränderungsprozesse meist mit einer Zusatzbelastung für die betroffenen Mitarbeiterinnen und Mitarbeiter und auch Führungskräfte verbunden. Das Erschließen der neuen Anforderungen macht Mehrarbeit, zumindest vorübergehend, unumgänglich.

Ebene 3

Veränderungsprozesse sind des Weiteren von sozialen und emotionalen Prozessen begleitet. Zeitweilige Überforderung infolge der Mehrarbeit während des Wandels kann eintreten. Die Betroffenen tauschen sich untereinander aus. Sie bewerten das Vorhaben. Dabei entstehen zum einen Befürchtungen und Ängste aus denen heraus sich Widerstand formieren kann. Zum anderen können aber auch neue Hoffnungen entstehen, und es kann sich auch eine Aufbruchstimmung verbreiten. Meist jedoch sind Veränderungen eher mit Unsicherheit und Befürchtungen verbunden.

In Kenntnis der Komplexität der sachlichen Aspekte eines Veränderungsvorhabens, der zusätzlichen Anforderungen und der damit einhergehenden sozialen und emotionalen Prozesse bei den Betroffenen ergibt sich die Frage, wie die Umsetzung des Veränderungsprozesses gesteuert werden kann, um eine sachlich hochwertige und sozial akzeptable Lösung zu erreichen. An diesem Punkt setzen die Überlegungen zur Gestaltung des Veränderungsprozesses selbst an. Dies wird in der Managementliteratur unter dem Begriff des Change Management[1] diskutiert. Aus interaktionspsychologischer Sicht ist dies nichts anderes als die Einführung einer eigenen Verfahrensebene. Methoden und Verfahren zur Gestaltung von Veränderungsprozessen sind unter anderem die Einführung von Planungsmethoden und die Einrichtung eines professionellen Projektmanagements, sowie Maßnahmen zum Umgang mit Widerständen wie entsprechende Kommunikationsstrategien und Beteiligungsverfahren.

Der Ebene 1 des Modells würde die kognitiv ausgerichtete Argumentation entsprechen, dass Mitarbeiter, die am Veränderungsprozess beteiligt und über diesen umfassend informiert sind, eher bereit sind, sich mit ihrem

[1] Change Management wird definiert als die bewusste Steuerung von Veränderungsprozessen in Sinne einer Verbesserung (*Bennis*, 1976; *Hron/Frey/Lässig*, 2005).

Wissen, ihren Erfahrungen und ihren Ideen in den Prozess einzubringen. Der Ebene 2 des Modells entspricht eine mehr motivational orientierte Argumentation. Nach dieser lassen sich nur beteiligte und informierte Mitarbeiter „mit auf die Reise nehmen", wenn es um Veränderungen in Organisationen geht (Greif, Runde und Seeberg, 2004).

Zu betonen ist dabei die Rolle der Führungskräfte, welche den Veränderungsprozess durch professionelle Kommunikation entscheidend positiv unterstützen können. Doppler und Lauterburg (2005) betonen, dass für die erfolgreiche Bewältigung von Veränderungsprozessen entscheidende Impulse von den (betroffenen) Führungskräften ausgehen müssen. Schätzungen zu Folge scheitern mehr als die Hälfte der Veränderungsprozesse auf Grund mangelnder Akzeptanz bei den Betroffenen (Antoni und Heinrich, 2003; Mack, Nelson und Quick, 1998). Führungskräfte, soweit diese sich selbst mit dem Wandlungsprozess identifizieren können, tragen entscheidende Funktionen bei der Umsetzung von Veränderungen. Sie müssen die neuen Ziele klären und konkretisieren. Sie müssen gegebenenfalls an Hand einer Situationsanalyse (Ist-Analyse) ein Problembewusstsein schaffen. Schließlich müssen sie den Prozess begleiten und Zeit für den Wandel schaffen sowie für eine langfristige Veränderung sorgen. Den Prozess hin zu einem verständlicheren Amtsdeutsch können Führungskräfte unterstützen, indem sie den Prozess fair, transparent und vorhersehbar gestalten, mit Hintergrundinformationen anreichern und Zeit für das Einüben der neu gestalteten Amtsbotschaften einräumen sowie in einigen zeitlichen Abständen Rückkopplungsschleifen für die Überprüfung des neuen Sprachstils hinsichtlich dessen Anwendbarkeit einbauen.

Der Ebene 2 „sozial-emotionale Begleitprozesse" scheint in der Gestaltung des Change Management-Prozesses eine besondere Bedeutung zuzufallen. „Veränderung", „Reform", „Erneuerung" stehen auf der politischen Agenda seit Jahren obenan. In der Gegenwart verstärkt sich der Eindruck, dass die Forderung, Sicherheiten aufzugeben, die Hauptforderung im öffentlichen Dienst ist. Das dies mit Hinblick auf eine stärkere Dienstleistungsorientierung geschieht, scheint den Betroffenen gelegentlich schwer zu kommunizieren, zumal die Veränderungen sehr stark durch ökonomische Interessen geprägt sind.

Das Augenmerk gilt insbesondere den Widerständen gegen den Wandel. Dabei wird deutlich wie tief greifend die organisationalen Veränderungen erlebt werden. Die Widerstände sind nicht lediglich Ausdruck behäbiger Unbeweglichkeit, sondern rühren aus Verletzungen der beruflichen Identität und einer impliziten Abwertung der bisherigen Tätigkeit. Teils werden sie auch instrumentalisiert um bislang unbewältigte Konflikte oder unerledigte Handlungen nachzubearbeiten (vgl. Wiendieck und Mayer, 2000).

Hinsichtlich der Verwaltungskultur ist festzuhalten, dass diese ebenso wie die damit verbundene Sprache in der Ausbildung – oft mühsam – erlernt wurde. Die einmal erlernten Termini und Umgangsformen stiften jedoch mit zunehmender Verweildauer in einer Verwaltungsorganisation auch Identität. In Folge der Verwaltungsmodernisierung, welche jetzt auch die Sprache betrifft, ist eine „Umidentifizierung" erforderlich. Das langwierig und mühsam Erlernte scheint nicht mehr anwendbar, teilweise sogar falsch. Skepsis und Widerstand sind eine ganz natürliche Folge von verlorener Identität und Unsicherheit hinsichtlich neuer Ausdrucksformen. Tradition und Verwaltungskultur, die einerseits dem Stabilisierungsprozess dienen, sind andererseits schlechte Ratgeber, wenn es um Innovation und die Entwicklung neuer Prozesse, Ausdrucksweisen oder Schreibstile geht.

In der Regel stehen Mitarbeitende Veränderungen skeptisch gegenüber. Dies betrifft insbesondere Veränderungen, die sie nicht selbst initiiert haben oder über deren Sinn und Zweck sie nicht umfassend informiert sind. Veränderungen sind mit Unsicherheit verbunden und können als Gefahren und Risiken wahrgenommen werden. Der Mensch greift vor allem unter Stress auf alte, bewährte Handlungsroutinen zurück. Im modernen Projektmanagement wird dieser Einstellung des Menschen Rechnung getragen. Die Betroffenen werden frühzeitig auf die anstehenden Veränderungen durch umfassende und angemessene Information vorbereitet. Ein Veränderungsmanagement in diesem Sinne kann Informations- und Schulungsmaßnahmen beinhalten. Damit vermittelt man den betroffenen Mitarbeitern die nötige Sicherheit für den Umstellungs- und Veränderungsprozess. Je stärker die Sicherheit umso größer die Bereitschaft zur Veränderung. Wenn diese Bereitschaft nicht erzeugt wird, können Widerstände die Veränderungsinitiative zum Scheitern bringen.

In folgenden Abschnitt sollen die in der Literatur aufgeführten Erfolgsfaktoren von Veränderungsprozessen zusammenfassend dargestellt werden.

IV. Erfolgsfaktoren von Veränderungsprozessen

Hron, Frey und Lässig (2005) arbeiten acht wesentliche Erfolgsfaktoren heraus und stützen sich dabei auf Ergebnisse von Studien über Erfolge und Misserfolge von Veränderungsprozessen. Veränderungen werden dann als erfolgreich gewertet, wenn erwartete Ergebnisse realisiert werden, nicht nur organisatorisch, sondern auch von allen Mitgliedern der Organisation gelebt werden. Als wesentliche Erfolgsfaktoren werden die (1) Sinnhaftigkeit und Erklärbarkeit, (2) Transparenz und Vorhersehbarkeit, (3) Beeinflussbarkeit, (4) Zielvereinbarung und Zielklarheit, (5) Fairness, (6) Nutzen, (7) Vertrauen sowie (8) professionelle Kommunikation genannt. Diese Erfolgsfaktoren finden sich in geringer Variabilität in allen entsprechenden Literaturquellen (vgl. zum Beispiel Capgemini, 2003; Doppler und Lauterburg, 2005; Greif, Runde und Seeberg, 2004).

Sinnhaftigkeit und Erklärbarkeit ist dann gegeben, wenn die Betroffenen wissen, was die Veränderung für sie bedeutet. Stellt die Veränderung eine Bedrohung dar, beinhaltet sie Herausforderungen? Außerdem muss die aktuelle Situation als veränderungsbedürftig wahrgenommen werden. Das Infragestellen der bisher verwendeten Sprache empfinden die Mitarbeiter in Verwaltungen mit hoher Wahrscheinlichkeit als Bedrohung oder Entmachtung, aber vielleicht erkennen sie auch die Möglichkeit mit einer moderneren Sprache ihre Arbeit flexibler zu gestalten oder Kundenanfragen gezielter beantworten zu können.

Transparenz und Vorhersehbarkeit während des Veränderungsprozesses beugen dem Erleben von Kontrollverlust vor. Die Mitarbeitenden sind über Art und Auswirkungen, über Teilziele und Zeitpunkte der Veränderungen zu informieren. Ab wann werden schriftliche Bescheide anders formuliert? Wer beurteilt die neuen Formulierungen? Wer entwickelt diese? Mitarbeitende können anhand eines zeitlichen und inhaltlichen Ablaufplans einzelne Schritte nachvollziehen und ihr eigenes Handeln darauf abstimmen.

Hinsichtlich der Beeinflussbarkeit ist entscheidend, dass die Betroffenen in den Veränderungsprozess eingebunden werden und den Prozess auch als veränderungsfähig beurteilen. Dazu sind Fragen zu klären, welche Ressourcen verfügbar sind, wie Handlungsvollmacht, Zeit und Wissen.

Der Perspektivenwechsel in der Verwaltung hin zu einer größeren Kundenorientierung ist als Ziel bekannt. Dieses Oberziel ist nun konkret auf die jeweilige Behörde und Verwaltungssituation zu übersetzen, um Zielklarheit zu schaffen und daraus klare Zielvereinbarungen ableiten zu können.

Die wahrgenommene Fairness ist wichtig für die Identifikation mit dem Veränderungsprozess, für das Engagement und das selbstständige Handeln bei der Umsetzung der Veränderungen. Gleichzeitig ist es unerlässlich, dass den Betroffenen der Nutzen der umfassenden Veränderung deutlich wird, indem die Vorteile der Veränderung sowohl argumentativ als auch faktisch belegbar kommuniziert werden.

Das bedeutet, zusammenfassend, im Hinblick auf eine bürgerfreundliche Kommunikation:

Das Infragestellen der bisher verwendeten Amtssprache durch den Dienstherren kommt für den einzelnen Mitarbeiter/die einzelne Mitarbeiterin einer Entwertung der bisherigen Arbeit gleich, umso wichtiger ist es, Vertrauen zu schaffen und Unterstützung im Wandlungsprozess anzubieten.

Durch eine professionelle Kommunikation können die Mitarbeitenden von den positiven Seiten des Veränderungsprozesses überzeugt werden. Dabei ist es wichtig sich argumentativ mit den Vor- und Nachteilen des Prozesses auseinanderzusetzen. Erst wenn Ängste und Sorgen ernst genommen werden, können sich die Betroffenen mit dem Veränderungsprozess identifizieren und die Chancen wahrnehmen.

V. Schlussfolgerungen

Für den Erfolg von Veränderungsvorhaben ist ein systematisches und partizipatives Vorgehen unerlässlich. Systematisch meint dabei, dass die Art und Weise, wie Veränderungen umgesetzt werden, aus bestimmten Bestandteilen und Abläufen bestehen, die von vornherein geplant, aufeinander abgestimmt und auf definierte Ziele ausgerichtet werden. Dazu gehört, dass geklärt wird, wer an dem Veränderungsmanagement beteiligt ist, welche Rolle die Beteiligten jeweils innehaben und welche Strukturen und Abläufe Teil des Veränderungsvorhabens sind (vergleiche Bezugsrahmen, Abbildung 1). Vorteile eines derart systematischen Vorgehens sind, die bessere Steuerbarkeit und Transparenz, da eine planvolle und zielgerichtete Beeinflussung stattfindet und eine fortlaufende Rückmeldung über den Stand der Veränderung anhand der definierten Ziele stattfinden kann. Des Weiteren ist ein Veränderungsprozess den Beteiligten besser vermittel- und erklärbar, wenn ein roter Faden existiert. Partizipatives Vorgehen bedeutet eine größtmögliche Beteiligung aller Betroffenen am Veränderungsprozess. Partizipativ kann ein Vorgehen sein, indem Informationen mitgeteilt werden, das Mitwirken an Entscheidungen gewährleistet ist und Beteiligung an der Umsetzung einzelner Maßnahmen erwünscht ist. Hierzu muss in der jeweiligen Organisation eine (Kommunikations-)Kultur bestehen, die eine authentische Kommunikation zwischen den Beteiligten und zwischen verschiedenen Organisationseinheiten ermöglicht und die Mitarbeitenden aktiv in die Umsetzung der Veränderung einbindet.

Literatur

Antoni, C. H./*Heinrich*, T. (2003): Resistance to organizational change – comparing the influence of motivational variables and group climate, in: H. Luczak/K. J. Zink (eds.), Human factors in organizational design and management – VII (S. 127–131), Santa Monica, CA: IEA Press.

Beck, D./*Fisch*, R. (2005): Entscheidungsunterstützende Verfahren für politisch-administrative Aufgaben. Speyerer Forschungsbericht 235, Speyer: Deutsches Forschungsinstitut für öffentliche Verwaltung.

– (2008): Aufgaben der öffentlichen Verwaltung im 21. Jahrhundert – Konsequenzen für die Organisationsgestaltung. Alltagspsychologische Vorstellungen und wissenschaftliche Ansätze über Organisationswandel und -design. Speyerer Forschungsbericht, Speyer: Deutsches Forschungsinstitut für öffentliche Verwaltung.

Bennis, W. G. (1976): The planning of change, New York, NY: Holt, Rinehart and Winston.

Capgemini (2003): Change Management 2003/2008, Verfügbar unter: http://www.de.cgey.com [31.07.2007].

Doppler, K./*Lauterburg*, C. (2005): Change-Management: den Unternehmenswandel gestalten (11. Aufl.), Frankfurt: Campus.

Galbraith, J. R. (2001): Designing organizations: an executive guide to strategy, structure, and process. New and revised edition, San Francisco, CA: Jossey-Bass.

Galbraith, J. R./*Downey*, D./*Kates*, A. (2002): Designing dynamic organizations: a hands-on guide for leaders at all levels. New York, NY: Amacom.

Greif, S./*Runde*, B./*Seeberg*, I. (2004): Erfolge und Misserfolge beim Change Management, Göttingen: Hogrefe.

Hron, J./*Frey*, D./*Lässig*, A. (2005): Gestaltung von Veränderungsprozessen, in: D. Frey, L. v. Rosenstiel/C. G. Hoyos (Hrsg.), Wirtschaftspsychologie (S. 120–125). Weinheim: Beltz.

Lewin, K.(1947): Frontiers in group dynamics, Human Relations, 1, 5–4.

Mack, D. A./*Nelson*, D. L./*Quick*, J. C. (1998): The stress of organizational change: a dynamic process model, Applied Psychology, 47, 219–232.

Poole, M. S. (2004): Central issues in the study of change and innovation, in: M. S. Poole/A. H. Van de Ven (eds.), Handbook of organizational change an innovation (pp. 3–31), Oxford: University Press.

Wiendieck, G./*Mayer*, D. (2000): Begleitung des Organisationswandels in öffentlichen Verwaltungen. Vortrag auf dem Kongress „Wandel in der Arbeitswelt“, Mannheim. Verfügbar unter: http://arbeitsamt.hdm-stuttgart.de/inhalt/nonprofit/wiendieck/begleitung.htm [10.07.2007].

Das „Stammtext- und Ergänzungs-Modell“ (SEM) – Überlegungen zu einem Redaktionskonzept für Textbeiträge in Verwaltungsportalen

Jörn von Lucke

Verwaltungsportale bieten vielfältige Ansatzpunkte für die Verwendung einer bürgernahen Verwaltungssprache. Dieser Beitrag fasst einige Überlegungen zusammen, die sich hierzu aus der wissenschaftlichen Auseinandersetzung mit Verwaltungsportalen und deren praktischen Weiterentwicklung ergeben haben.[1] Im Mittelpunkt stehen dabei nicht das einzelne Portal, sondern ein Verbund von Verwaltungsportalen und die sich daraus eröffnenden Überlegungen zu einem Stammtext- und Ergänzungsmodell.

I. Verwaltungsportale

Verwaltungsportale sind leicht bedienbare, sichere und personalisierbare Zugangssysteme, über die Anwender mit Rücksicht auf ihre Zugriffsberechtigungen einen Zugang zu Informationen, Anwendungen, Prozessen und Personen aus Parlament, Regierung, Verwaltung, Justiz und öffentlichen Unternehmen erhalten, die ihrerseits in diversen Systemen der öffentlichen Hand bereitgestellt oder eingebunden und durch das Portal erschlossen werden. Sie sind nach diesem Verständnis nicht auf Internettechnologien beschränkt. Ein Zugriff wäre prinzipiell auch über andere Kommunikationstechnologien und -kanäle möglich. Dabei eröffnet der elektronische Kanal allen Nutzern einen direkten elektronischen Zugang zu den über das Portal

---

1 *Jörn von Lucke*: Das Stammtext- und Ergänzungsmodell in einem Verbund der Verwaltungsportale, in: Gerald Viola (Hrsg.): eGovernment Kompendium 2006, Referenzbuch für den öffentlichen Sektor, eGovernment Computing, Vogel IT-Medien GmbH, Augsburg 2005, S. 39–40.

Jörn von Lucke: Das Stammtext- und Ergänzungsmodell (SEM) in einem Verbund der Verwaltungsportale, in: Verwaltung & Management, 13. Jahrgang, Heft 5, Nomos Verlag, Baden-Baden 2007, S. 249–254.

Jörn von Lucke: Hochleistungsportale für die öffentliche Verwaltung, Schriftenreihe Wirtschaftsinformatik, Band 55, Forschungsbericht, zugleich Habilitationsschrift an der DHV Speyer, Josef Eul Verlag, Lohmar und Köln 2008, ISBN: 978-3-89936-645-7.

erschlossenen Systemen. In das Internet eingebundene Verwaltungsportale lassen sich sogar weltweit nutzen. Mittler aller anderen Kanäle (telefonischer Kanal, persönlicher Kanal, schriftlicher Kanal) können dann jederzeit auf das Portal zugreifen und dessen Dienste und Anwendungen für ihre eigene Tätigkeit nutzen. Der so entstandene Verbund der Vertriebskanäle erlaubt ein vertikales Mehrkanalmanagement, durch das alle Vertriebskanäle gleichermaßen an Qualität gewinnen.[2] Verwaltungsportale lassen sich in unterschiedliche Kategorien unterteilen. Sie können um bestehende Einrichtungen wie Behörden und Gebietskörperschaften, um die Interessen ihrer Nutzer, um bestehende Methoden der Verwaltung wie die Beschaffung oder das Wissensmanagement sowie um bestehende Objekte der Verwaltung wie Register oder Geodaten eingerichtet werden.

Mittlerweile existieren sehr viele, zum Teil sehr unterschiedliche Portale des öffentlichen Sektors, seien dies Behördenportale oder Gebietskörperschaftsportale, wie etwa die Portale der Europäischen Union, der Nationen, der Bundesländer, Kantone, Territorien und Provinzen sowie der kommunalen Ebene (Kreise, kreisfreie Städte, Gemeindeverbände, Gemeinden). Darüber hinaus gibt es, derzeit leider noch viel zu wenige, verwaltungsebenenübergreifende Portale, die Angebote verschiedener Verwaltungsebenen an einer Stelle bündeln. In einem umfassenden Ansatz schließen diese Portale kommunale, subnationale, nationale und supranationale Verwaltungsebenen ein.

Viele Verwaltungsportalakteure stehen vor ähnlichen Herausforderungen. Obwohl sich vor allem webbasierte Portale derzeit durch eine äußerst heterogene Gestaltung auszeichnen, etwa beim Layout, bei den Inhalten und bei der technischen Umsetzung, stellt sich die Frage, ob dies wirtschaftlich und sparsam ist. Einerseits fallen insbesondere die Kosten für den Unterhalt einer eigenen Redaktion ins Gewicht. Andererseits wächst der Druck, Inhalte nur einmal aufzubereiten und sie allen Vertriebskanälen (Internet, Intranet, Telefon, Call Center, Druckerzeugnisse, persönliche Beratung) zur Verwendung anzubieten. In den vergangenen beiden Jahren fordern insbesondere verwaltungsebenenübergreifend angelegte Vorhaben wie das Bürgertelefon D115 und die IT-Umsetzung der EU-Dienstleistungsrichtlinie dazu auf, sich über inhaltliche Beiträge für ein gemeinsames Wissensmanagement, ganz im Sinne von One-Stop-Government, Gedanken zu machen.[3] Gibt es nicht Ansatzpunkte, um die herum zusammengearbeitet

---

[2] Vgl. *Jörn von Lucke:* 2008, S. 113 und S. 119.

[3] *Jörn von Lucke*: „Wissensmanagement und Zuständigkeitsfinder" als Schlüssel für ein verwaltungsebenenübergreifendes One-Stop-Government, in: Utz Schliesky: Vom Behördendschungel zur unternehmerfreundlichen Verwaltung, Lorenz-von-Stein-Institut, Kiel 2008.

werden könnte? Gemeint sind hier ausdrücklich keine zentralen Portalansätze mit Alleinstellungsanspruch, denen sich alle anderen Akteure zu unterordnen haben. Vielmehr muss es um eine Vision für eine gemeinsame verwaltungsebenenübergreifende E-Government-Strategie von Bund, Ländern und Kommunen gehen: Ein Verbund der Verwaltungsportale mit gemeinsamen Inhalten (Content Sharing). Allerdings wissen viele Akteure derzeit noch nicht genau, wie ein solcher Verbund in der Realität aussehen könnte. Der Verbundansatz ist interessant, da jeder Akteur seine bisherigen Aktivitäten einbringen und weiterführen kann, gleichzeitig sich Potentiale für Shared Services eröffnen.

II. Lebenslagen, Geschäftslagen und Verwaltungslagen

Das Gebot zur Wirtschaftlichkeit und Sparsamkeit stellt in diesem Zusammenhang eine Herausforderung dar. In der Tat ist es eigentlich eine gemeinsame Herausforderung, wie der Komplex der öffentlichen Verwaltung erschlossen und dem Bürger nahe gebracht werden sollte. Im Sinne einer Adressatenorientierung wird hierzu etwa eine Aufbereitung in Form von Lebenslagen, Geschäftslagen und Verwaltungslagen verfolgt. Diese Ansätze setzen auf dem Lebenslagenprinzip auf. Dieses Prinzip steht für die Ausrichtung von Informationen, Dienstleistungen, Produkten und Prozessen auf Zielgruppen und auf deren besondere Anforderungen in bestimmten Momenten oder Phasen ihres Lebens. Beim Lebenslagenprinzip geht es zunächst um eine Zielgruppenorientierung. Ausgehend von einer Zielgruppe werden jene Zeitpunkte und Fälle im fiktiven Lebenslauf eines Mitglieds dieser Zielgruppe, etwa von der Wiege bis zu Bahre, bestimmt, die für dessen weiteres Leben von erheblicher Bedeutung sind und in denen Unterstützung benötigt werden könnte. Bei der Zielgruppe der Bürger handelt es sich um dessen fiktive Lebenslagen von der Geburt bis zum Tod. So gibt es ganz unterschiedliche Phasen, Ereignisse und Momente im Leben eines Bürgers, wo er oder sie Unterstützung brauchen, da für das weitere Leben wichtige Entscheidungen zu treffen sind. Über Hilfestellungen würde er sich freuen, etwa um was es geht, was zu berücksichtigen wäre, welche Optionen bestehen und welche Konsequenzen jede Entscheidung hätte. Lebenslagen lassen sich wiederum in Lebensepisoden unterteilen. Eine Lebenslage kann durchaus mehrere Lebensepisoden aufweisen. So lässt sich beispielsweise die Eheschließung in die standesamtliche und kirchliche Hochzeit unterteilen, aber auch die Hochzeitsfeier, die Flitterwochen und der Einzug ins gemeinsame Haus sind zu berücksichtigen.[4]

---

[4] Vgl. *Jörn von Lucke*: Überlegungen zu Lebenslagen, in: Viola, Gerald (Hrsg.): eGovernment Kompendium 2005 – Referenzbuch für den öffentlichen Sektor,

Derselbe Ansatz lässt sich auch auf Unternehmen übertragen. In diesem Zusammenhang wird von Geschäftslagen und Geschäftsepisoden gesprochen. Denkbar wäre auch eine Verwendung für die Zielgruppe „Verwaltung“: Verwaltungslagen und Verwaltungsepisoden. Dieser Ansatz umfasst sogar zwei Zielgruppen, zum einen die Zielgruppe der Verwaltungsbehörden und zum anderen die Zielgruppe der Verwaltungsmitarbeiter. Darüber hinaus sind weitere Anwendungsfelder für das Lebenslagenprinzip vorstellbar. Für Wissenschaftler ist beispielsweise an Wissenschaftlerlagen und Wissenschaftlerepisoden zu denken, für Ausländer sollte an Ausländerlagen und Ausländerepisoden herangegangen werden.

III. Beiträge zu Lebenslagen im Portal Service-bw

Ganz allgemein geht es hier um eine zielgruppenorientierte Aufbereitung des Komplexes der öffentlichen Verwaltung in einer verständlichen Art und Weise. Jedoch ist es weder wirtschaftlich noch sparsam, wenn jeder Akteur für sich überlegt, welches relevante Lebenslagen, Geschäftslagen und Verwaltungslagen sein können. Solange es keine Vorgaben gab, beschäftigten sich Portalredaktionen redaktionell mit unterschiedlichen Schwerpunkten. Erst im Sommer 2006 wurden von der Deutschland-Online Arbeitsgruppe „Verbund der Verwaltungsportale“ Standards erarbeitet und verabschiedet, an denen sich der Bund, die Länder und die Kommunen orientieren können, wenn sie Verweise auf Informationsangebote sammeln oder eigene Beiträge schreiben.[5]

Wesentliche Vorarbeiten zu diesem Standard kamen aus Baden-Württemberg. Das Innenministerium des Landes baut seit 2001 mit service-bw (http://www.service-bw.de) ein verwaltungsebenenübergreifendes Verwaltungsportal für die Bevölkerung auf. Dem Land reicht es nicht aus, Bürger mit Webadressen nur auf externe Angebote zu verweisen. Das Land möchte seinen Bürgern in verständlichen Worten erklären, welche Optionen in bestimmten Lebenslagen und Lebensepisoden bestehen sowie welche Verwaltungsleistungen in Anspruch genommen werden könnten.

Die Navigation im Portal ist verhältnismäßig einfach. Über die Menüauswahl zu Lebenslagen finden Anwender die Informationen auf der Ebene der

---

eGovernment Computing, Vogel IT-Medien GmbH, Augsburg 2004, S. 50 f. und von Lucke 2008, S. 218 ff.

[5] *Jörn von Lucke/Michaela Dorow/Markus Wegener/Friedhelm Kruse*: Sammlung von Lebenslagen und Lebensepisoden; Sammlung von Geschäftslagen und Geschäftsepisoden; Sammlung von Verwaltungslagen und Verwaltungsepisoden – Status: Gemeinsamer Vorschlag der UAG Lagen für DOL (Juli 2006), Deutschland-Online, Hamburg 2006.

Lebenslagen und -episoden. Zur Lebenslage „Bauen“ sind Beiträge zur Bauplanung, zum Grundstückskauf, zu Bauverfahren und zu finanzielle Hilfen erarbeitet. Zu jedem Eintrag finden sich verständliche und bürgernah formulierte Texte des Landes. Diese Texte werden übrigens nicht nur im Portal service-bw verwendet, sondern auch den Kommunen zur Weiterverwendung zur Verfügung gestellt. Diese Texte können die Landkreise, Städte und Gemeinden direkt in ihre eigenen webbasierten Angebote einbauen, als Vorschläge zur Formulierung eigener Texte verwenden oder für Publikationen in ganz anderen Bereichen nutzen.

Herausgeber von Texten zu Lebens-, Geschäfts- und Verwaltungslagen in einem Verbund der Verwaltungsportale müssen an ihre Autoren hohe Anforderungen stellen. So sollten die Texte in einer bürgernahen Verwaltungssprache formuliert werden. In Baden-Württemberg wurde beispielsweise die Agentur Net@Value[6] damit beauftragt. Gleichzeitig muss durch einen verwaltungsinternen Qualitätssicherungsprozess sichergestellt werden, dass die veröffentlichten Inhalte korrekt und zutreffend sind. In Baden-Württemberg koordiniert das Innenministerium diesen Redaktionsworkflow quer über die Landesressorts. In diese Qualitätskontrolle sind mehr als 150 Verwaltungsmitarbeiter eingebunden. Natürlich ist es nicht ausreichend, eine Qualitätssicherung lediglich ein einziges Mal durchzuführen. Diese muss in regelmäßigen Abständen wiederholt werden, weil sich durch Gesetzesänderungen und veränderte Rahmenbedingungen inhaltliche Veränderungen ergeben könnten. Die Ausarbeitung solcher Texte an sich ist bereits sehr personalintensiv, egal ob dies zentral oder dezentral vorgenommen wird. Aus dem Redaktionsprozess heraus ergeben sich Anmerkungen, Beanstandungen und Änderungswünsche, mit denen angemessen umgegangen werden muss. Zudem muss eine rechtliche Verlässlichkeit der erstellten Texte sichergestellt werden, da diese Grundlage für gerichtliche Auseinandersetzungen werden könnten. Wert gelegt werden sollte auch auf eine Vollständigkeit und Aktualität der Beiträge. Dabei dürfen die Eigeninteressen der Akteure nicht außer Acht gelassen werden. Falls sich beispielsweise eines der bedeutenden Ministerien weigert, Texte wie vereinbart abzunehmen und freizugeben, gerät der gesamte Veröffentlichungsprozess ins Stocken. Gründe können in ganz anderen Vorstellungen zu den Formulierungen (Amtsdeutsch versus Bürgernahe Verwaltungssprache) oder in eigenen Portalambitionen liegen.

IV. Stammtext- und Ergänzungs-Modell (SEM)

Das gewählte Beispiel der Lebens-, Geschäfts- und Verwaltungslagen zeigt auf, vor welchen Herausforderungen Behörden und Gebietskörper-

---

[6] Net@Value: http://www.net-value.com und http://www.lebenslagen.org.

schaften stehen, wenn neuartige Inhalte erarbeitet werden müssen. Aktuell fordert beispielsweise die EU-Dienstleistungsrichtlinie nach Artikel 7 die Verwaltungen in den Unionsstaaten auf, bestimmte Informationen in klarer und verständlicher Weise so aufzubereiten, dass diese über einheitliche Ansprechpartner und über die zuständigen Behörden abgerufen werden können. Soweit entsprechende Beiträge noch nicht erstellt und abgestimmt worden sind, müssen sie konzipiert und formuliert werden. Erarbeitet jede Behörde eigene Texte zu nahezu identischen Themenblöcken, wäre dies nicht unbedingt wirtschaftlich und sparsam. Deswegen ist zu überlegen, wie im Sinne von Deutschland-Online der Bund mit den Ländern und den Kommunen einen gemeinsamen redaktionellen Ansatz (im Sinne eines Informationsmanagements) für Geschäftslagen und Verfahrensbeschreibungen aufsetzen und realisieren könnte.

Ausgangspunkt für die weiteren Überlegungen soll eine idealtypische Vorstellung sein: Falls alle Akteure auf „der grünen Wiese“ anfangen könnten, wie sähe dann ein gemeinsames Redaktionskonzept für Bund, Länder und Kommunen aus? Zunächst müssten sich alle Beteiligten gemeinsam auf einen Standard zu Geschäftslagen und -episoden einigen. Hierzu bietet sich der Deutschland-Online-Standard derzeit an, der weiterentwickelt werden könnte, insbesondere unter Einbindung vergleichbarer Vorhaben innerhalb der Europäischen Union.

Für eine Veröffentlichung von Inhalten bräuchte man dann so etwas wie einen Stammtext zu jeder Geschäftsepisode. Dies wäre ein Textbeitrag, der die Geschäftsepisode in einer verständlichen Art und Weise erklärt. Ein solcher Beitrag muss bestimmte Qualitätskriterien erfüllen, soll aber sehr allgemein gehalten werden und darf keine politischen Aussagen enthalten. So könnte er auch anderen zur Verfügung gestellt werden. Im föderalen Kontext deutscher Prägung ist wichtig, dass ein solcher Stammtext natürlich nicht die alleinige Aufbereitungsform sein darf, wie Akteure die Geschäftslage darzustellen haben. Behörden oder Gebietskörperschaften haben oft eigene Vorstellungen, wenn sie einen bestimmten Bereich darstellen möchten. Daher sollten sie die Möglichkeit haben, eigene Ergänzungen hinzu zu fügen. Dies würde einer Ergänzung einer Kommune, einer Landesergänzung, einer Bundesergänzung und einer Ergänzung der Europäischen Union entsprechen. Um diese Aufbereitung bildhaft darzustellen, wurde ein einfacher Prototyp (Tabelle 1) entworfen. Ausgehend von einem Stammtext zum Studieren gibt es beispielsweise Hinweise und Beiträge zum Studieren in Europa (Ergänzung der europäischen Ebene), zum Studieren in Deutschland (nationale Ergänzung), zum Studieren in Baden-Württemberg (subnationale Ergänzung) und zum Studieren am Beispiel von Mannheim (kommunale Ergänzung). Mit modernen Content-Management-Systemen ist es möglich, eine solche Aufbereitung der Texte von oben nach unten erfolgen zu lassen

Tabelle 1

Musterbeispiel für einen Stammtext und Ergänzungen zum Studium

<table>
<tr><td>Ruhestand</td><td rowspan="9">Studium
Ausbildung an einer Hochschule zur Vorbereitung auf ein berufliches Tätigkeitsfeld mit dem Ziel, den Studenten Kenntnisse, Fähigkeiten und Methoden so zu vermitteln, dass sie zu wissenschaftliches Arbeit, wissenschaftliches kritisches Denken und zu verantwortlichen Handeln befähigt werden. ...
Studieren in Europa
Bildung ist ein Hauptanliegen der Regierungen aller europäischen Länder. Allerdings gibt es bei den Strukturen der Bildungssysteme sowohl innerhalb der Länder als auch zwischen den Ländern beträchtliche Unterschiede. .....
Studieren in Deutschland
Jeder, der eine Hochschulzugangsberechtigung hat, kann sich in Deutschland für ein Studium bewerben. ...
Studieren in Baden-Württemberg
Einen Überblick über die Studienlandschaft in Baden-Württemberg können Sie sich auch online im "Kursbuch Baden-Württemberg" verschaffen. Beratungsstellen, Broschüren und weiterführende Informationen erhalten Sie im Online-Auftritt "Studien- und Berufswahl".
Studieren in Mannheim
Hoch geschätzt ist das umfassende Ausbildungsangebot der Quadratestadt. Die Universität Mannheim mit ihren ausgezeichneten Fakultäten für Wirtschafts- und Sozialwissenschaften, die Fakultät für Klinische Medizin Heidelberg-Mannheim, die Fachhochschule Mannheim sowie die Berufsakademie, aber auch die Städtische Musikschule, die deutschlandweit einzigartige Pop-Akademie und weitere Hochschulen ...</td></tr>
<tr><td>Rund ums Fahrzeug</td></tr>
<tr><td>Schule</td></tr>
<tr><td>Sterbefall</td></tr>
<tr><td>Studium</td></tr>
<tr><td>Tierhaltung und Jagd</td></tr>
<tr><td>Umzug</td></tr>
<tr><td>Wehrdienst</td></tr>
<tr><td>Wohnung</td></tr>
</table>

oder sie von unten nach oben zu gestalten, so dass die kommunale Ebene oben steht.

Keine Gebietskörperschaft sollte verpflichtet werden, eine Ergänzung zu erstellen. Der Ansatz muss vielmehr auf Freiwilligkeit basieren. Daher sollte ein solches Angebot an Stammtexten und Ergänzungen auch nur ein Angebot sein, dass Portalbetreibern zur Verfügung gestellt wird. Eine Verpflichtung, dieses Angebot in Teilen oder vollständig zu nutzen, erzeugt eher Widerstand. Ein solches Stammtext- und Ergänzungsmodell (SEM) ist in Deutschland daher, wenn überhaupt, nur als ein optionales Angebot denkbar. Jeder Akteur sollte jederzeit die Möglichkeit haben, auf die Verwendung des Stammtextes oder ausgewählter Ergänzungen zu verzichten. Beispielsweise könnte es für ein Land nicht von Interesse sein, Ergänzungen des Bundes oder der Europäischen Union anzuzeigen. Stattdessen würde das Landesportal nur den Stammtext und die lokal relevanten Ergänzungen darstellen wollen. Dies wäre in einem Verbund durchaus möglich.

Von der Idee her basiert der Ansatz auf einem zentralen oder einem verteiltem Datenbanksystem, in dem die Texte hinterlegt werden, so dass Interessenten diese für ihre eigenen Aktivitäten nutzen können. Der Clou ist, dass er auch über nationale Grenzen hinweg anwendbar ist. Damit kommt auch gleich die Mehrsprachigkeit ins Spiel. Sobald Stammtexte einmal erarbeitet wurden, könnten diese als Ausgangsbasis für eine Übersetzung verwendet werden. So ließe sich eine echte Mehrsprachigkeit mit fremdsprachigen Beiträgen realisieren, die weit über die immer wieder vorhandenen Potemkinschen Portale hinausgeht, die in Fremdsprachen auf deutschsprachige Angebote verweisen.

Mit der näheren Betrachtung des Stammtext- und Ergänzungsmodells ergeben sich weitere Fragestellungen, die bisher noch nicht thematisiert worden sind. So wäre es durchaus denkbar, sämtliche Beiträge im Sinne eines Open-Content-Modells bereit zu stellen. Jeder Nutzer könnte dann jederzeit über die im Verbund aufbereiteten Texte frei verfügen und sie nach seinem Belieben wieder verwenden. Ob dies im Sinne der öffentlichen Verwaltung, im Interesse der beteiligten Behörden und der Autoren wäre, ist zu bezweifeln. Ebenso gilt zu klären, wie ein solcher Verbund der Content-Management-Systeme zu gestalten wäre und auf welchen Replikationsmechanismen aufgesetzt werden sollte, damit überarbeitete und neue Beiträge möglichst rasch verteilt werden. Ob sich ein solcher Verbund optional, also ohne eine verpflichtende Verwendung von Stammtexten und Ergänzungen realisieren lässt, ist fraglich. Die EU-Dienstleistungsrichtlinie zwingt jedoch zum Nachdenken über einen solchen Ansatz. Gerade vor diesem Hintergrund ist zu überlegen, ob dieser Ansatz über Geschäftslagen hinaus nicht auch auf Verfahrensbeschreibungen, mit deren Hilfe sich Bürger über Verwaltungsverfahren in verständlicher Art und Weise informieren können, häufig gestellte Fragen und andere erforderliche Inhalte übertragen werden kann.

V. Überlegungen zu den Kosten und zum Nutzen von SEM

Definitiv erforderlich ist eine konkrete Betrachtung der Kosten und des entstehenden Nutzens. So werden Kosten für eine koordinierende Stelle anfallen, insbesondere Personalkosten, für das Büro und für den technischen Betrieb. Darüber hinaus müsste jeder Portalbetreiber eigenes Personal einsetzen, wenn Ergänzungen mit eigenen Inhalten erstellt und Schnittstellen zum Gesamtsystem eingerichtet werden sollen. Diese Kosten fallen nicht nur auf nationaler Ebene an, sondern auch auf Landesebene und auf der kommunalen Ebene der kreisfreien Städte, der Landkreise, der Verwaltungsgemeinschaften und der Gemeinden. Die damit zusammenhängenden Kosten sind derzeit noch nicht abschließend kalkuliert worden, sie werden jedoch beachtlich sein. Bekannt ist, dass in vielen Gebietskörperschaften Portalredaktionen bereits bestehen und dass sich diese redaktionell im Sinne ihres Dienstherrn betätigen. Aus dem Stammtext- und Ergänzungsmodell könnte ein erheblicher Verzicht auf eigene redaktionelle Tätigkeiten beim Bund, den Ländern und den Kommunen resultieren. So müssten eben nicht 13.000 Akteure parallel versuchen, den gesamten Komplex der öffentlichen Verwaltung separat zu erschließen. Stattdessen könnte durch Selbstkoordination das Gesamtvorhaben untereinander so aufgeteilt werden, dass parallel an mehreren Beiträgen gearbeitet wird. Zudem ließen sich Einsparungen bei den Übersetzungskosten realisieren. Nützlich wäre es, wenn so relativ rasch qualitativ hochwertige Inhalte aufbereitet werden. Sollte SEM umgesetzt werden, handelt es sich um ein richtungsweisendes Pilotprojekt mit einer flächendeckenden Einsatzabsicht, das behörden-, gebietskörperschafts- und verwaltungsebenenübergreifend angelegt wäre. Durch eine behördenübergreifende Vereinheitlichung von Datenstrukturen könnte das Modell zudem zu einer Zusammenführung von Datenbeständen beitragen. Zugleich ließe sich mit qualitativ hochwertigen Beiträgen eine nachhaltige positive Wirkung bei vielen Adressaten erzielen.

VI. Bestehende Gestaltungsoptionen

Ausgehend von diesen Überlegungen zum Stammtext- und Ergänzungsmodell sollen im Weiteren die Gestaltungsoptionen für jene Akteure aufgezeigt werden, die sich auf seiner Basis mit der Erstellung von Texten in einer bürgerfreundlichen Verwaltungssprache auseinander setzen möchten. Auf eine Bewertung dieser Optionen und eine Vorauswahl wird in diesem Beitrag ganz bewusst verzichtet, da dies sehr umfangreiche Ausführungen zur Folge haben würde. Jede Einrichtung muss für sich selbst entscheiden, inwieweit sie Stammtexte und Ergänzungen benötigt und ob Übersetzungen vorhandener Texte relevant sind. Jedoch bestehen vielfältige Gestaltungsoptionen bei der inhaltlichen Ausarbeitung von verständlichen Texten, bei den Redaktionsmodellen zur gemeinsamen Aufbereitung, zur gemeinsamen Verwendung von Texten und zur lokalen Verwendung von Texten.

Im Zusammenhang mit der Ausarbeitung von verständlichen Texten bestehen prinzipiell verschiedene Gestaltungsoptionen (Abbildung 1).

Mit Blick auf einen Redaktionsansatz wäre es denkbar, Texte nur von einer zentralen Redaktion aufbereiten zu lassen. Ebenso könnte diese Aufgabe von mehreren lokalen, also dezentralen Redaktionen übernommen werden, die sich jeweils nur um ihren Fachbereich kümmern. In der Verwaltungspraxis sind zunehmend Mischformen zwischen diesen beiden Extremen zu beobachten, da sich weder ausschließlich zentrale Ansätze noch ausschließlich dezentrale Ansätze bewährt haben. Für Mischformen bietet sich insgesamt ein sehr großes Spektrum mit vielen Varianten.

Mit der Aufgabe einer Redaktion könnten verschiedene Akteure betraut werden. Nach dem Vorbild von Baden-Württemberg kommt dazu beispielsweise eine Medienagentur in Betracht, die Texte in einer bürgernahen Verwaltungssprache erstellen soll. Ebenso könnte mit dieser Aufgabe die Stelle für Presse- und Öffentlichkeitsarbeit einer Behörde beauftragt werden. In

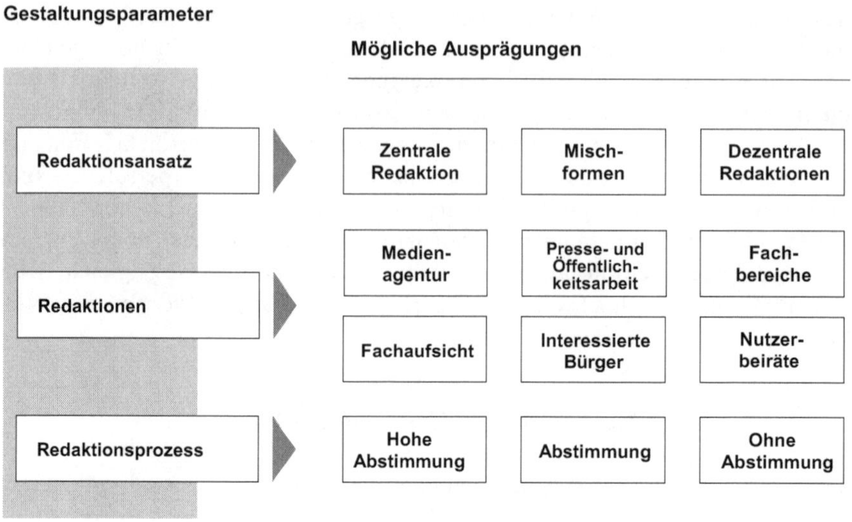

Abbildung 1: Gestaltungsoptionen zur Ausarbeitung verständlicher Texte

Frage kommen aber auch die Fachbereiche selbst oder deren Fachaufsicht (Ministerien). Eine Herausforderung für die öffentliche Verwaltung wäre es sicherlich, wenn die Bürger selbst die Texte schreiben dürften. Für eine solche Einbindung der Bürger könnten sich durchaus auch Nutzerbeiräte eignen, in die ausgewählte Experten eingebunden werden. Zusätzlich wäre aber auch an andere Akteure zu denken, etwa Agenturen von Sprachwissenschaftlern und freie Autoren, die hier nicht weiter aufgeführt werden.

Gestaltungsoptionen bestehen auch beim Redaktionsprozess. Legen die Verantwortlichen auf eine hohe Abstimmung zwischen Autoren und Behörden Wert, so müssen Redaktionsworkflowsysteme für ein Sechs-, Acht-, Zehn- oder Zwölf-Augen-Prinzip eingerichtet werden. Mit dem Vier-Augen-Prinzip könnte eine Abstimmung schneller erfolgen, allerdings wäre die Qualitätskontrolle dann nur auf den Schultern zweier Akteure verteilt. Soll auf eine Abstimmung der Texte vor einer Veröffentlichung verzichtet werden, wie dies derzeit beispielsweise bei Wikipedia[7] geschieht, entspricht dies einem Zwei-Augen-Prinzip. Dann müssten Texte vor einer Veröffentlichung nicht weiter abgestimmt werden. Stattdessen übernehmen die Leser und Autoren diese Aufgabe eigenverantwortlich und in Selbstkoordination.

---

[7] Wikipedia (http://www.wikipedia.org und http://de.wikipedia.org) ist ein Projekt zum Aufbau einer freien Enzyklopädie in mehr als 250 Sprachen. Jeder kann mit seinem Wissen beitragen. Seit Mai 2001 entstanden über 790.000 Artikel in deutscher Sprache. Vgl. Wikipedia Deutschland 2008: http://de.wikipedia.org.

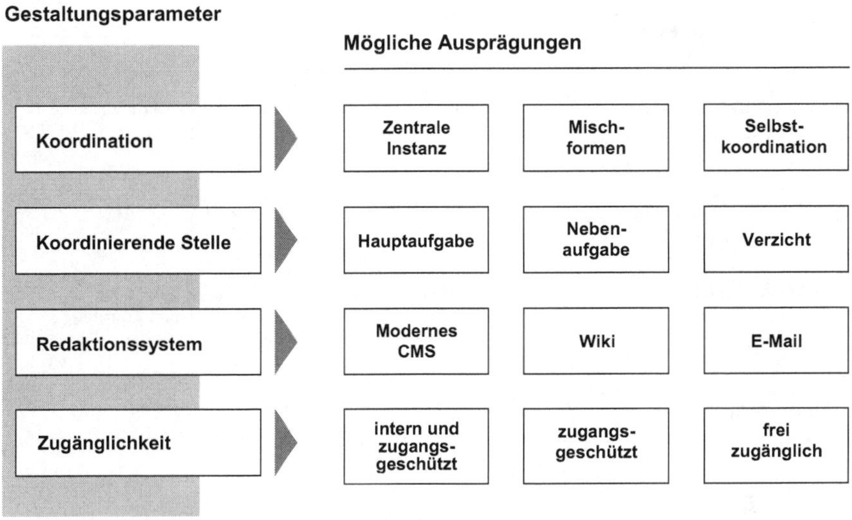

Abbildung 2: Gestaltungsoptionen für Redaktionsmodelle

Wiki-Technologien können in der Tat dazu verwendet werden, um Texte mit vielen Redakteuren in einer bürgernahen Verwaltungssprache zu erstellen.

Aus den bisherigen Überlegungen zum Stammtext- und Ergänzungsmodell lassen sich zudem die Gestaltungsparameter für denkbare Redaktionsmodelle (Abbildung 2) ableiten, die sich für die Koordination, eine Koordinierende Stelle, das zu verwendende Redaktionssystem und die Zugänglichkeit der Inhalte eröffnen.

So ist es eine Frage, wie das Erstellen von verständlichen Texten koordiniert werden soll. Einerseits kann dies durch eine zentrale Instanz erfolgen, die im Sinne einer koordinierenden Stelle tätig wäre. Ebenso könnte auf eine vollständige Selbstkoordination sämtlicher Akteure gesetzt werden, ohne dass irgendjemand für die Erstellung der Texte verantwortlich ist. Mischformen zwischen diesen beiden Polen wären ebenfalls denkbar.

Wird eine koordinierende Stelle eingerichtet, ist zu hinterfragen, ob die Koordination ihre Hauptaufgabe oder nur eine unter vielen Aufgaben bei entsprechender niedriger Priorität der Arbeitserledigung wäre. Alternativ könnte auf die Einrichtung einer koordinierenden Stelle auch verzichtet werden.

Bei den zur Erstellung von Beiträgen einzusetzenden Redaktionssystemen besteht ebenfalls eine große Entscheidungsvielfalt. Es kann ein modernes, aber auch komplexes Content-Management-System eingesetzt werden. Ebenso eignen sich Wikis für einen Einsatz, die zwar flexibel sind, aber wenig

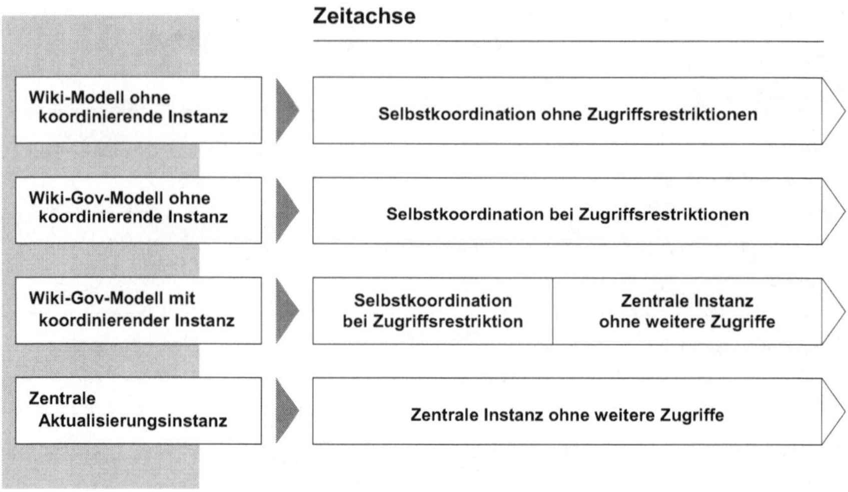

Abbildung 3: Kennzeichen der vier Modelle für Redaktionskonzepte

Unterstützung zur Einbindung eines Workflows bieten. Wikis sind offene Content-Management-Systeme, deren Inhalte von Nutzern schnell und einfach gelesen und ohne weitere Anmeldung bearbeitet und verändert werden können („Jedermannsänderbarkeit"). Sie eignen sich zur Organisation und Lösung von Aufgaben in schnelllebigen und komplexen Systemen. Weite Verbreitung in der Verwaltungspraxis findet dagegen ein ganz anderer Ansatz, bei dem die Inhalte per E-Mail zwischen den Autoren und der Qualitätssicherung ausgetauscht werden.

Eine Entscheidung sollte auch über die Zugänglichkeit der erstellten Textbeiträge getroffen werden. Der Zugriff könnte zugangsgeschützt in einem Intranet, zugangsgeschützt über das Internet oder frei zugänglich erfolgen. Wikipedia zeigt in diesem Zusammenhang auf, wie eine Bereitstellung von Texten für eine Weiterverwendung praktisch aussehen könnte.[8]

Aus diesen Überlegungen heraus ergeben sich vier Redaktionsmodelle (Abbildung 3) wie in einem Verbund mehrerer Akteure Texte gemeinsam erarbeitet werden können.

Das „Wiki-Modell ohne koordinierende Instanz" entspricht einem Redaktionsmodell, wie es von Wikipedia her bekannt ist. Ein solcher Ansatz setzt vollkommen auf Selbstkoordination und verzichtet auf Zugriffsbeschränkungen. Da ein solcher Ansatz vielen Herausgebern zu riskant erscheint, sie aber Wiki-Technologien verwenden möchten, sollten auch zwei modifizierte

[8] Wikipedia: http://www.wikipedia.org und http://de.wikipedia.org.

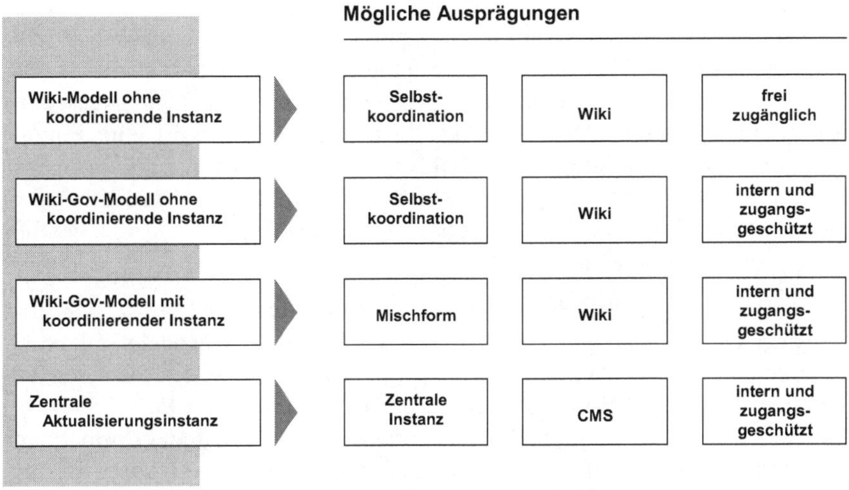

Abbildung 4: Ausprägungen der vier Modelle
für Redaktionskonzepte im Vergleich

Ansätze berücksichtigt werden. Statt ein Wiki-Modell im Internet zu betreiben, könnte es auch über ein Verwaltungsintranet umgesetzt werden. Beim so genannten „Wiki-Gov Modell ohne koordinierende Instanz“ würde auf eine Selbstkoordination gesetzt, aber es bestehen Zugriffsrestriktionen, so dass Bürger selbst weder einen Zugriff erhalten noch Veränderungen an den Entwürfen vornehmen dürfen. Falls sich die Verantwortlichen jedoch nicht auf eine Selbstkoordination verständigen können und mittelfristig eine koordinierende Stelle zur Qualitätssicherung einrichten, entspräche dies dem „Wiki-Gov-Modell mit koordinierender Instanz.“ In deren Anfangsphase setzen dabei alle Beteiligten auf Selbstkoordination. Zu einem bestimmten Zeitpunkt richten sie eine zentrale Instanz ein, die sich von da an um die Qualitätssicherung kümmern wird. Zu guter Letzt existiert mit einer „Zentralen Aktualisierungsinstanz“ das klassische Modell, wie es in Baden-Württemberg zu finden ist. Von Anfang an setzen die Beteiligten hier auf eine zentrale Instanz, die schreibende Zugriffe von Externen nicht zulässt. Entscheidungen über Veröffentlichungen von Beiträgen trifft ausschließlich die Aktualisierungsinstanz.

In Abbildung 4 sind die mit den jeweiligen Modellen verbundenen Gestaltungsparameter dargestellt. Das „Wiki-Modell ohne koordinierende Instanz“ setzt auf Selbstkoordination, ein Wiki und einen freien Zugang. Beim „Wiki-Gov-Modell ohne koordinierende Instanz“ fällt eine Entscheidung zu Gunsten von Selbstkoordination und Wikis, aber in einem internen und zugangsgeschützten Bereich. Das „Wiki-Gov-Modell mit koordinierender

Instanz“ ist durch eine Mischform gekennzeichnet. Zunächst favorisieren die Verantwortlichen eine Selbstkoordination, ehe im zweiten Abschnitt eine zentrale Instanz die koordinierende Funktion übernimmt. Auch dieses Modell setzt auf Wikis, wobei der Zugriff nur intern und zugangsgeschützt erfolgt. Im Falle der „zentralen Aktualisierungsinstanz“ wird eine zentrale Steuerung mit einem integrierten Redaktionsworkflow bevorzugt, weswegen vielfach ein Content-Management-System mit Rollen und Redaktionsprozessen Verwendung findet. Bei diesem Ansatz erfolgt ein Zugriff ebenfalls nur intern und geschützt.

Am Beispiel des Projekts „Virtuelle Region Nordwest“[9] lässt sich erstmalig in Deutschland die Arbeitsweise des „Wiki-Gov-Modells mit koordinierender Instanz“ darstellen. Die Mitglieder des dahinter stehenden Regionalen Netzwerks E-Government Bremen/Niedersachsen verfolgen unter anderem das Ziel, Bürger möglichst effizient mit aktuellen Informationen zu ihren Dienstleistungen zu versorgen. Dieses Vorhaben unter wissenschaftlicher Begleitung des Instituts für Informationsmanagement Bremen[10] versucht, Verfahrens- oder Dienstleistungsbeschreibungen durch einen regionalen Redaktionsverbund in Nordwest-Niedersachsen (Metropolregion Bremen/Oldenburg) zu erarbeiten. Hierzu haben sich mehrere Städte und Gemeinden zusammengeschlossen. Das Institut für Informationsmanagement in Bremen (ifib) hat ein zugangsgeschütztes Wiki eingerichtet. Es nutzt dazu die MediaWiki-Software,[11] die kostenlos von der Wikimedia-Foundation[12] bereitgestellt wird und sich relativ schnell installieren lässt. Inhaltlich sollen Verfahrensbeschreibungen zu über 500 Verwaltungsleistungen erarbeitet und abgestimmt werden. Dabei orientieren sich die Akteure an Vorgaben der Arbeitsgruppe Zuständigkeitsfinder von Deutschland-Online und deren Unterarbeitsgruppe Leistungskatalog. Das ifib hat mit MediaWiki und den redaktionellen Vorgaben zu den Inhalten die Rahmenbedingungen gesetzt. Die eingebundenen Gemeinden und Städte in Nordwest-Niedersachsen erarbeiten nun die Inhalte. Dabei orientieren sich alle Akteure sehr wohl an den Erfahrungen aus Baden-Württemberg. Inhaltlich werden etwa die Bereiche allgemeine Informationen, zuständige Stellen, Voraussetzung, Ablauf des Verfahrens, erforderliche Unterlagen, Frist, Dauer, Kosten, Sonstiges, Rechtsgrundlagen und der Freigabevermerk aufbereitet. Dasselbe Muster findet sich auch in den Verfahrensbeschreibungen von service-bw wieder. Im Wiki selbst haben die Leser jederzeit die Möglich-

---

9 Virtuelle Region Nordwest: http://www.öffentliche-verwaltung.de und http://www.agim.informatik.uni-bremen.de/static/wiki/index.php/Hauptseite.

10 ifib GmbH: http://www.ifib.de.

11 MediaWiki: http://www.mediawiki.org/wiki/MediaWiki.

12 WikiMedia Foundation: http://wikimediafoundation.org.

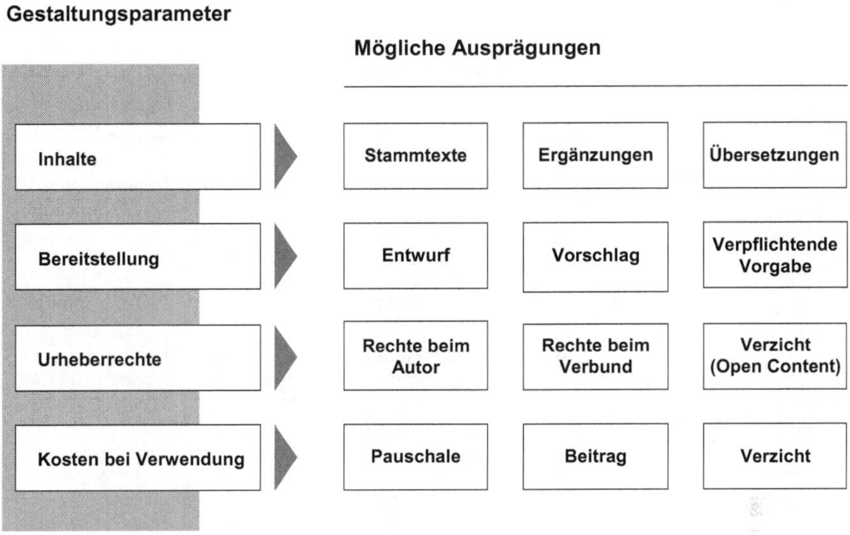

Abbildung 5: Gestaltungsoptionen für die gemeinsame Verwendung von Texten

keit, auf eine Seite zuzugreifen und Änderungen selbst vorzunehmen. Dies ist relativ einfach zu erlernen und erfordert kaum Vorkenntnisse. Im Prinzip könnte jeder Internet-Nutzer mit einer Zugriffsberechtigung weltweit auf die Inhalte zugreifen und diese ändern. Einige Beiträge sind bereits ausformuliert, wie das Beispiel aus dem Beschaffungswesen zeigt. Innerhalb des Wikis kann zudem mit Hypertext und Verweisen auf das Internet gearbeitet werden. Auch lassen sich fertige Beiträge für ganz verschiedene Aktivitäten weiterverwenden.

Gestaltungsoptionen bestehen auch bei der gemeinsamen Verwendung der im Verbund erstellten Textbeiträge (Abbildung 5). Mit Blick auf die Inhalte selbst stellt sich die Frage, welche Inhalte sich für einen Verbund überhaupt eignen. Ob Stammtexte, Ergänzungen oder Übersetzungen in jedem Fall benötigt werden, müssen die Beteiligten selbst entscheiden. Im Projekt „Virtuelle Region Nordwest“ stehen ausschließlich Stammtexte im Fokus, auf lokale Ergänzungen und Übersetzungen wird verzichtet. Zugleich muss für eine Weiterverwendung geklärt sein, ob es sich bei den so bereit gestellten Beiträgen um unverbindliche Entwürfe und Skizzen, um qualitativ hochwertige Vorschläge oder um verpflichtende Vorgaben handelt, zu deren Verwendung die Beteiligten gezwungen werden. In diesem Zusammenhang stellt sich auch die Frage, wer über die Urheberrechte an den Beiträgen verfügt. Sie könnten entweder beim jeweiligen Autor oder beim Redaktionsverbund liegen. Stellt sich jedoch heraus, dass das dazugehörige Rechtemanagement

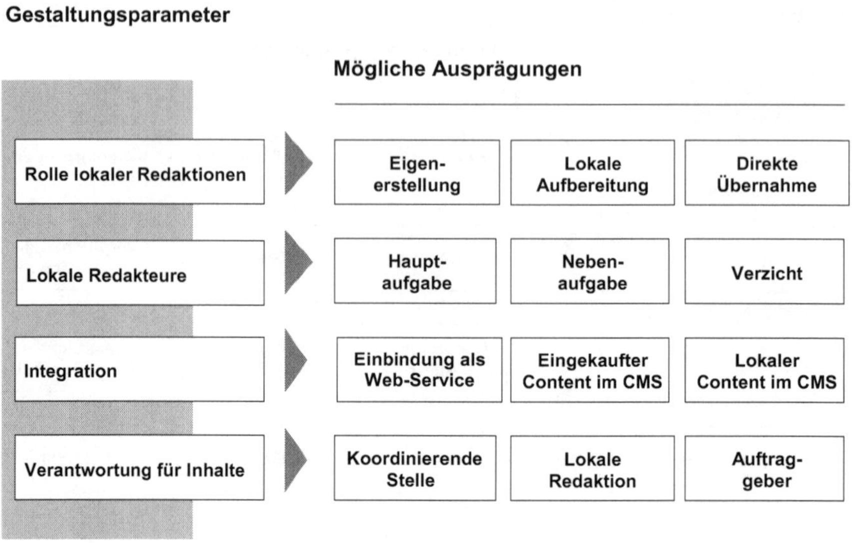

Abbildung 6: Gestaltungsoptionen für die lokale Verwendung von Texten

zu kompliziert wäre, empfiehlt es sich, auf die Urheberrechte zu verzichten. Solche als Open Content klassifizierte Texte dürfen von jedermann unter Angabe der Quelle weiterverwendet werden. In diesem Zusammenhang stellen sich Fragen zu den zu erhebenden Kosten, die für eine Verwendung solcher Texte gefordert werden könnten. Denkbar wären einmalige oder jährlich anfallende Zahlungen in Form einer Pauschale oder Beiträge in Abhängigkeit von der Verwendung eines Textbeitrags. Sollte der verbundinterne Aufwand für ein solches Abrechnungssystem zu hoch sein, könnte auch auf eine Abrechnung verzichtet werden.

Abschließend sollten die sich eröffnenden Optionen für eine lokale Verwendung der im Verbund erarbeiteten Texte betrachtet werden (Abbildung 6). Der Fokus ist zunächst auf die Rolle der lokalen Redaktionen zu legen. Wenn sie ihre Rolle in der Eigenerstellung von Beiträgen sehen, werden sie sich an vorliegenden Texten orientieren, diese aber nur als Schablonen oder Muster für die Erstellung eigener Inhalte verwenden. Beschränkt sich die Rolle der lokalen Redaktionen auf eine lokale Aufbereitung gemeinschaftlich erarbeiteter Inhalte, so werden sie die Vorgaben übernehmen und an diesen einige wenige Änderungen auf Grund lokaler Besonderheiten vornehmen. Sollen die Textbeiträge jedoch direkt übernommen werden, so reduziert sich die Rolle der lokalen Redaktion auf eine Schnittstellenprogrammierung ohne eigene kreative Beiträge. Aus diesen Anforderungen heraus leitet sich auch das Stellenprofil der lokalen Redakteure ab, die ihre

Tätigkeit entweder als Hauptaufgabe oder als eine untervielen Nebenaufgaben wahrnehmen. Im Falle einer Direktübernahme von Texten könnte auf lokale Redakteure auch vollkommen verzichtet werden, da der Gesamtverbund die redaktionellen Aufgaben übernimmt. Die Akteure vor Ort müssen sich zudem entscheiden, wie sie die Texte in ihre Angebote integrieren möchten. Dies könnte in Form von Web-Services geschehen, so dass sich eine lokale Redaktion um eine Einbindung nur ein einziges Mal kümmern müsste. Die Beiträge könnten auch im Sinne von Content Syndication als extern bezogener Content in das Content-Management-System eingebunden werden. Alternativ können Textbeiträge als lokaler Inhalt in das Content-Management-System überführt werden, so dass die Lokalredaktion für die weitere Pflege und Aktualisierung verantwortlich ist. Dies wirft auch die Frage nach der redaktionellen Verantwortung für die Inhalte auf, ohne dass sich diese abschließend klären lässt. Sollte die Verantwortung bei der koordinierenden Stelle des Gesamtverbunds liegen, bei der jeweiligen lokalen Redaktion, die die Texte überprüft und freigibt oder bei dem Auftraggeber des Portals, selbst wenn dieser sich bei der Darstellung einer Redaktion oder eines Content Syndikators bedient?

VII. Abschließende Überlegungen

Das Stammtext- und Ergänzungsmodell eröffnet der öffentlichen Verwaltung vielfältige Möglichkeiten, wenn auf Grund gesetzlicher Vorgaben landes- oder bundesweit vergleichbare Textbeiträge aufbereitet werden müssen. So lässt sich aus dem skizzierten Ansatz eine ganze Reihe an Ideen für einen Redaktionsverbund in Deutschland ableiten, die den föderalen Vorgaben entsprechen. Vorbild für das Modell ist der redaktionelle Ansatz des Verwaltungsportals Service-bw.

Das Stammtext- und Ergänzungsmodell bietet vielfältige Anknüpfungspunkte für eine bürgernahe Verwaltungssprache. Entscheidend ist es, dass sich die verantwortlichen Redakteure ihrer Verantwortung bewusst sind und bei der Formulierung ihrer Beiträge auf einer klare und verständliche Formulierung setzen. Eine Umsetzung der damit verbundenen Überlegungen scheint in verschiedenen Bereichen sinnvoll zu sein, insbesondere beim Ausbau eines Wissensmanagements im Kontext des Bürgertelefons D115 und der Umsetzung der EU-Dienstleistungsrichtlinie. Zugleich eröffnen sich vielfältige Gestaltungsoptionen, von einem offenen Wiki-Modell als Redaktionsmodell bis zu einem zentralen Content-Management-System, von Open Content bis zur kommerziellen Vermarktung der Inhalte.

Der Erfolg jeder Umsetzung hängt letztendlich jedoch von den Promotoren ab, die hinter solchen Vorhaben stehen und dieses umsetzen wollen. Sie sind es, welche die zur Verfügung stehenden Gestaltungsoptionen kennen sollten, damit sie abschätzen können, in wieweit solche Ansätze für ihre Tätigkeiten von Nutzen sind und ob diese zu mehr Wirtschaftlichkeit und Sparsamkeit beitragen können.

Der Staat geht auf die Bürger zu: Verwaltungssprache, Bürokratieabbau und Dienstleistungsorientierung

Gudrun Sellmann

I. Die Sprache der Verwaltung ist an die Bürger gerichtet

Was bedeutet „Münzmallorca"? Was verbirgt sich hinter dem Begriff „Erzeugerfraktion"? Die beiden Begriffe stammen aus einem Jugendsprache-Lexikon, das diejenigen als Übersetzungshilfe benötigen, die nicht mehr der Jugend angehören. „Münzmallorca" bedeutet Sonnenbank und die „Erzeugerfraktion" sind Eltern.

Die zwei Beispiele für eine sehr kreative Alltagssprache zeigen deutlich die Funktion einer speziellen Sprache: Sie teilt einen Inhalt mit, der nur von Insidern verstanden wird. Wir haben es also mit einer Gruppensprache zu tun. Sie wirkt für die Gruppe und ihre Mitglieder verbindend und grenzt diejenigen aus, die – wie in diesem Fall – nicht mehr jugendlich sind.

Das Gemeinsame dieser Sprache und der Sprache der Verwaltung besteht darin, dass beide Sprachen Insider-Wissen enthalten und oftmals aus sich heraus nicht verständlich sind. Der Unterschied ist: Die Jugendsprache ist vor allem Alltagssprache und damit ein Medium, das elastisch ist und flexibel Neues in sich aufnehmen kann. Diese Fähigkeit hat die vorwiegend an Normen und Traditionen orientierte Sprache der Verwaltung eher nicht.

In § 23 Absatz 1 des Verwaltungsverfahrensgesetzes ist geregelt: „Die Amtssprache ist deutsch". Definiert ist der Begriff „Amtssprache" allerdings nicht. Im Allgemeinen verstehen wir unter Amtssprache oder „Amtsdeutsch" die in deutscher Sprache umständlich abgefassten Behördentexte, in einem eher steifen Stil. Wesentliche Kennzeichen sind: substantivierte oder überwiegend im Passiv gebrauchte Verben.

„Amtsdeutsch" steht für das Unvermögen, manchmal sogar für mangelnde Bereitschaft, Inhalte allgemein verständlich zu formulieren. Einige, die sich in diesem Stil schriftlich äußern, setzen das in der Ausbildung Gelernte fort oder tun es aufgrund von Vorgaben. Viele entscheiden sich aber nicht bewusst für diese Ausdrucksweise.

Dieses „Amtsdeutsch“ berührt die Bürgerinnen und Bürger in vielen Bereichen ihres Alltags, ohne sie wirklich zu erreichen. Deshalb wird es als Bürokraten- oder Beamtensprache empfunden. Manchmal auch zu recht. Denn wie soll der Bürger ohne weitere Erläuterungen wissen, dass „Straßenbegleitgrün“ ein begrünter Mittelstreifen ist oder „Verwahrgelass mit Elektronikschloss“ einen Safe meint. Die vielen, auch immer wieder neu entstehenden Beispiele dieser Art zeigen: „Amtsdeutsch“ wird gepflegt und ist nicht vom Aussterben bedroht.

Die Begriffe „Amtsdeutsch“ und „Verwaltungssprache“ werden oft synonym verwandt. Da „Amtsdeutsch“ jedoch negativ besetzt ist, wird im Folgenden der Begriff „Verwaltungssprache“ verwendet.

1. Verwaltungssprache darf keine Fachsprache sein

Die Verwaltungssprache dient vor allem der Kommunikation der Verwaltungen mit den Bürgerinnen und Bürgern, die „Nichtfachleute“ sind. Im Gegensatz hierzu dienen Fachsprachen, wie zum Beispiel die der Mediziner, der Juristen, der Mathematiker der Kommunikation innerhalb ihrer Profession. Dort ist sie sinnvoll und ökonomisch. Bürgerinnen und Bürger verfügen aber als „Laien“ nicht über die Fachkenntnisse, die nötig sind, um in einer Fachsprache zu kommunizieren. Deshalb kann und darf die Sprache der Verwaltung keine Fachsprache sein. Andererseits steht die Verwaltungssprache als Fachsprache des Rechts den rechtlichen Begriffssystemen sehr nahe. Die Verwaltungssprache ist deshalb eine Sondersprache, die sowohl aus Elementen der Rechtssprache als auch solchen der Alltagssprache besteht.

In Anbetracht stetig komplexer werdender Sachzusammenhänge wächst die Komplexität der Fachsprache des Rechts. Das alte Prinzip, der Gesetzgeber solle denken wie ein Philosoph und sprechen wie ein Bauer, ist immer weniger erfüllbar. Das bleibt nicht ohne Konsequenzen für die Verwaltung. Sie muss als Exekutive die Vorgaben des Gesetzgebers umsetzen. Ihre Aufgabe ist es, die Schnittstelle zwischen Gesetzgeber und den Norm-Adressaten durch verständliche und klare Sprache auszufüllen. Abstrakt Abgefasstes, für viele Konstellationen Geltendes muss auf den konkreten Sachverhalt angewandt werden. Die Verwaltungssprache muss dem Betroffenen im konkreten Einzelfall die Gesetzesvorgabe anschaulich, verständlich und klar vermitteln. Sie darf nicht – wie es vielfach geschieht – nur den Gesetzeswortlaut zitieren.

Die Verwaltungssprache muss manchmal das fast Unmögliche möglich machen: Sie muss verständlich und präzise zugleich sein. Wenn die Anteile der Fachsprache zu hoch sind, das heißt der Text oder Bescheid zu präzise ist, wird der Laie ihn möglicherweise nicht verstehen. Ist der Anteil der Alltagssprache zu hoch, ist der Text oder der Bescheid zu ungenau. Ein Spagat zwischen Fach- und Alltagssprache, der allen Verwaltungen der Welt schwer fällt. Beispiele dafür, wie dieser Vermittlungsprozess gründlich misslingt, gibt es viele. Es gibt jedoch auch kein Patentrezept dafür, wie hoch die fachsprachlichen Anteile eines Behördentextes sein müssen und wie bürgerfreundlich ein Behördentext sein kann. Unbestreitbar ist jedoch: Für den Adressaten muss vor allem nachvollziehbar sein, was konkret mit einem Schreiben beabsichtigt ist, was genau mit einem Bescheid geregelt werden soll.

Wichtige, oft vernachlässigte Faktoren der Verwaltungssprache im Kontakt mit Bürgerinnen und Bürgern sind Freundlichkeit und Höflichkeit. Der höfliche Ton ist mehr als ein formaler Akt, ebenso wie das – inzwischen fast selbstverständliche – persönlich verantwortliche „ich“, das einen gesellschaftlichen Wandel verdeutlicht. Die mit diesen Worten „angereicherte“ Sprache in Behördentexten drückt ein verändertes Staatsverständnis aus: Partnerschaftlich und dienstleistungsorientiert tritt der Staat mit seinen Bürgerinnen und Bürgen nun in Kontakt.

2. Aktiv für eine bessere Sprache

Die Verwaltungssprache qualitativ zu verbessern, sie klarer und verständlicher zu gestalten, ist somit eng mit dem Ziel der Glaubwürdigkeit des Verwaltungshandelns verbunden. Es gilt, das verloren gegangene Vertrauen der Bürgerinnen und Bürger in das politische Handeln der Verwaltung zurück zu gewinnen.

Deshalb wird auf allen Ebenen mit vielen Angeboten versucht, die Verwaltungssprache zu verbessern, um die durch Sprache aufgebauten Barrieren zu verringern. Den Beschäftigten werden Stilfibeln, Arbeitshilfen, Schreibwerkstätten und Handbücher angeboten, die ihnen ermöglichen sollen, Behördenschreiben nach bestimmten Regeln für ihre Adressaten besser und verständlicher zu formulieren. In speziellen Seminaren für Juristen werden praktische Arbeitstechniken vermittelt, um die Versäumnisse der Ausbildung auszugleichen. Mehr Sensibilität für Wörter und Sätze sollen den Spagat zwischen fachlicher Korrektheit und Verständlichkeit möglich machen.

Verständliche und klare Sprache kann das Handeln der Verwaltung auf effiziente Weise beeinflussen. Das ist das Ziel, das die Bundesverwaltung mit der Neukonzeption des Arbeitshandbuchs zur Verwaltungssprache verfolgt. Bislang war es ein Nachschlagewerk am Arbeitsplatz und diente als Unterlage für Fortbildungsseminare. Die Neukonzeption des Arbeitshandbuchs umfasst

- die inhaltliche und stilistische Überarbeitung des Angebotes „So schreib ich meinen Kunden“,
- die Ergänzung um den Themenbereich „Dienstleistungsverständnis“ und
- die prozessorientierte Darstellung der Inhalte, die je nach Vorkenntnissen und Interessen in einzelnen Schritten mehr oder weniger tief abgerufen werden können.

Nicht zuletzt zählen zu den Aktivitäten der Verwaltungen zur Verbesserung ihrer Verwaltungssprache auch Appelle an die Bürgerinnen und Bürger, mit Verfassern unverständlicher Schreiben in Kontakt zu treten, um sie auf ihre unverständlichen Formulierungen hinzuweisen.

II. Bürokratieabbau schafft Transparenz und Verständlichkeit

Trotz vieler Angebote scheint es dennoch für die Beschäftigten der Verwaltung oftmals schwierig zu sein, sich verständlich gegenüber den Bürgerinnen und Bürgern auszudrücken. Zwingt die Verwaltungssprache aufgrund juristischer Vorgaben wirklich zu einer Genauigkeit, die der Alltagssprache eher fremd ist? Sicherlich nicht. Aber wo liegen dann die Gründe dafür, dass es oft nicht gelingt, dem Adressaten schriftlich, verständlich aber auch eindeutig, die Konsequenzen der gesetzlichen Regeln zu vermitteln? Ein wichtiger Grund scheint hierfür ein Übermaß an Bürokratie zu sein. Es führt zur Verunsicherung und erzeugt Ängste, eine Vorschrift zu übersehen, sie nicht angewendet zu haben. Doch was hat Bürokratie oder deren Abbau mit Verwaltungssprache zu tun?

Jede Sprache, auch die Verwaltungssprache braucht als Bedingung zur klaren Anwendung einen sicheren Raum. Nur eine überschaubare Regelungsdichte kann den Erhalt der sprachlichen Kompetenz der Beschäftigten gewährleisten.

Aus Sicht der Verwaltung kann Bürokratieabbau „extern“ und „intern“ geschehen. Der externe Bürokratieabbau steht im Fokus der Öffentlichkeit. Für jedermann ist einsichtig, wie wichtig die Deregulierung von Gesetzesvorhaben ist, vor allem in Hinblick auf den Wirtschaftsstandort Deutschland. Bürokratie abzubauen, Prozesse zu konsolidieren und zu straffen gehören zu den klar formulierten Zielen der Bundesregierung. Die Dichte der Regelungen soll verringert werden, um die Klarheit der Regelungen zu erhöhen.

Ebenso wichtig wie der externe, ist jedoch der interne Bürokratieabbau, der oftmals zu wenig beachtet wird. Hier geht es um ein Zuviel an Vorschriften innerhalb der Verwaltungen. Um Anweisungen und Rundschreiben, die zusätzlich zu den gesetzlichen Vorschriften existieren.

Ein überschaubares Regelungsumfeld von gesetzlichen Vorschriften und internen Handlungsanleitungen bietet die Bedingungen, unter denen fachlich souveräne Verwaltungsentscheidungen möglich sind, die von gesundem Menschenverstand geleitet werden. Genau hier liegt die Verbindung zwischen einem undurchschaubarem Regelungsgeflecht und natürlicher Sprachkompetenz. Nur das, was voll und ganz verstanden wurde, weil es auf überschaubaren Regelungen fußt, kann einfach und klar formuliert werden. Daher ist die Deregulierung von Vorschriften „extern" wie „intern" einer der wichtigsten Aspekte, wenn es um die Förderung der Sprachkompetenz der Beschäftigten in der Verwaltung geht.

1. Beiträge zum internen Abbau der Bürokratie

Zwei wirkungsvolle Instrumente zur Verbesserung der Arbeitsbedingungen der Beschäftigten in der Bundesverwaltung leisten einen wichtigen Beitrag zum „internen" Bürokratieabbau: Das Projekt „Ideenmanagement", verknüpft mit einer Datenbank und die „Datenbank für Verwaltungsvorschriften des Bundes".

Das 2002 neu gestaltete Ideenmanagement dient dazu, das Wissenspotential der Beschäftigten zu nutzen. Zahlreiche Verbesserungsvorschläge der Beschäftigten erstrecken sich auf sprachliche Vereinfachungen der Formulare und Anträge sowie auf effizientere Geschäftsprozessgestaltung. Sie werden durch Prämien des Arbeitgebers honoriert und dadurch gezielt gefördert. Die dazugehörige Ideendatenbank des Bundes ist eine zentrale Informations- und Wissensquelle, aus der die Beschäftigten des Bundes bereits eingereichte und bewertete Verbesserungsvorschläge behördenübergreifend einsehen und abrufen können.

Die Datenbank für Verwaltungsvorschriften des Bundes wurde im BMI in Zusammenarbeit mit juris entwickelt und ist über den (kostenpflichtigen) Zugang zu juris abrufbar. Sie bietet zwar keine sprachliche Hilfestellung, wird aber bei den Anwendern und Anwenderinnen zu einer spürbaren Arbeitsverbesserung und Entlastung führen. Mit dem Aufbau der Datenbank für Verwaltungsvorschriften wurde nicht nur der Zugang zu den Vorschriften verbessert, sondern gleichzeitig wurden die Vorschriften nach überflüssigen Regeln durchforstet. Dadurch wurde bereits bei der Einstellung der Vorschriften eine umfassende Deregulierung erzielt. Die Datenbank verfolgt auch das Ziel, ein Gütigkeitsverzeichnis zu sein. Nur die Vorschriften sind gültig, die in der Datenbank verzeichnet sind. Die Datenbank wird den Beschäftigten und demnächst auch den Bürgerinnen und Bürgern als umfassendes Verzeichnis von verwaltungsinternen Vorschriften Online zur Verfügung stehen. Ein Novum in der Bundesverwaltung, das Transparenz erzeugt.

2. Neue Transparenz des Verwaltungshandelns

Auf Transparenz des Verwaltungshandelns kann künftig nicht mehr verzichtet werden. Vor allem dann nicht, wenn von dem Einzelnen immer mehr Eigenverantwortung verlangt wird, die Bürgergesellschaft zunehmend an Bedeutung gewinnt und der Staat sie als Partner für seine Neuausrichtung braucht. Ein gutes Beispiel für die Verbesserung der Transparenz ist das am 1. Januar 2006 in Kraft getretene Informationsfreiheitsgesetz. Seither haben Bürgerinnen und Bürger einen Rechtsanspruch auf Zugang zu den amtlichen Informationen der Bundesverwaltung, es sei denn, es liegen spezielle Ausschlussgründe vor. Um diesen Rechtsanspruch zu nutzen, genügt allein Neugier und Interesse an öffentlichen Angelegenheiten. Der bedingungsfreie Zugang zu (fast) allen amtlichen Informationen ist jetzt die Regel, nicht mehr die Ausnahme. Damit besteht die Chance, Transparenz im Kontakt mit den Antragstellern herzustellen. Die gleiche Zielsetzung der Transparenz verfolgt das Vertragsgesetz zur Ratifikation des in Aarhus geschlossenen Übereinkommens der Wirtschaftskommission für Europa der Vereinten Nationen (UN/ECE). Dieses Gesetz schafft die verfassungsrechtlichen Voraussetzungen für die Beteiligung der Öffentlichkeit an Entscheidungsverfahren, den Zugang zu Informationen und zu Gerichten in Umweltangelegenheiten.

III. Informations- und Kommunikationstechnologien erweitern den Verwaltungszugang

Verständliche Sprache, Bürokratieabbau und verbesserte Transparenz sind wesentliche Elemente einer Strategie mit dem Ziel, Barrieren für den Zugang der Bürger zur Verwaltung immer weiter abzubauen. Genau so wichtig hierfür ist eine nachfrageorientierte Ausrichtung der Kommunikationsstrukturen durch die Nutzung moderner Informations- und Kommunikationstechnologien.

1. Leistungsangebot im Internet

Bürgerinnen und Bürger erwarten heute von einer modernen Verwaltung einen unkomplizierten, schnellen und zentralen Zugang zu den Informationen und Dienstleistungen.

Deshalb hat die Bundesverwaltung ihr Informations- und Dienstleistungsangebot sowohl für Bürgerinnen und Bürger als auch innerhalb der Verwaltung ständig ausgebaut. Hier liegt ein Schwerpunkt der Verwaltungsmodernisierung.

Die meisten Bundesbehörden verfügen bereits über eigene Internetauftritte und stellen dort ihre Angebote, zum Beispiel themenspezifische Informationen, Publikationen und interaktive Online-Verfahren (Antragsverfahren: Elster, BAföG, Depatis) zur Verfügung. Das Portal der Bundesregierung – www.bundesregierung.de – informiert über die personelle Zusammensetzung und über politische Vorhaben und dient zugleich als Informationsplattform der Ressorts. www.bund.de ist das Gebietskörperschaftsportal des Bundes, das als zentraler Einstiegspunkt in das Leistungsangebot der Bundesverwaltung konzipiert ist. Es informiert die Bürgerinnen und Bürger in allen Lebenslagen, von der Kinderbetreuung bis zu Fragen des Ruhestands, während Unternehmen sich zum Beispiel über Existenzgründung, Finanzplanung oder auch über Steuerfragen aktuell informieren können. Das dritte Kernstück dieses Portals richtet sich an Verwaltungen. Es versorgt sie mit Fachinformationen, Kontaktadressen und sonstigem Service.

Allein durch die Bereitstellung des Leistungsangebotes im Internet kann aber keine Kundenzufriedenheit erreicht werden. Die Nutzer und Nutzerinnen dieser Dienste müssen diese Angebote einfach finden und bedienen können. Dazu sind deutliche Navigationsstrukturen, klare Gliederungen und ansprechendes Design erforderlich. Weitere Möglichkeiten der Nutzerführung bieten zum Beispiel „guided tours", FAQ's oder sogenannte „Avatare". Direkte Kommunikationskanäle, wie zum Beispiel das Telefon, bleiben jedoch auch bei Nutzung dieser technischen Möglichkeiten unentbehrlich.

2. Zugang über Service-Center

Mitunter ist eine Online-Dienstleistung nicht ausreichend flexibel für alle Zielgruppen. Besonders wenn die öffentliche Verwaltung Dienstleistungen im sozialen Umfeld erbringt (zum Beispiel Rente, Gesundheit, Verbraucherberatung), wird vielfach vom „Online-unerfahrenen" Bürger das Telefon als einfachster Weg zur Kontaktaufnahme mit der Behörde bevorzugt. Nutzung und Akzeptanz von Online-Angeboten kann sicherlich dadurch gefördert werden, dass den Kunden neben dem Online-Kanal auch eine telefonische Anleitung für Rückfragen geboten wird. Auch wenn die in Service-Center eingesetzten Beschäftigten durch ihre Arbeit ihre Kollegen entlasten, muss sichergestellt sein, dass sie fachlich fundierte Auskünfte geben können. Nur dann können weitere schriftliche Nachfragen der Bürger verhindert werden, um den wünschenswerten Effekt „Effizienzsteigerung" zu erzielen.

Das „Online-Anfragevolumens" steigt stetig an. Um diese Steigerung zu bewältigen ist es erforderlich, künftig die unterschiedlichen Service-Center Strukturen, Bürgerservices und Hotlines der Ressorts und Behörden des Bundes und der Länder zu bündeln, um sie straffer, transparenter und adressatenorientierter zu gestalten.

Am Beispiel des Bundesministeriums des Innern (BMI) soll das Spektrum der Anfragen aufgezeigt werden.

Bürgerinnen und Bürger kontaktieren das Bundesministerium des Innern (BMI) vor allem per E-Mail. Die angefragten Themen im BMI spiegeln das aktuelle politische Geschehen und das Interesse hieran wider. Anfragen zu geplanten Gesetzesvorhaben, Fragen zu Migration, zur Inneren Sicherheit, zum Pass- und Meldewesen, besonders zum neuen e-Pass, sind ebenso häufig wie die zum Verwaltungs- und Verfassungsrecht. Vielfach nutzen Studenten dieses Medium, um schnell umfangreiches Informationsmaterial für ihre Studienarbeiten zu erhalten.

Durch die schnelle und unkomplizierte E-Mail-Kommunikation hat ein neuer, „lockerer" Sprachstil Einzug in die Amtsstuben gehalten. Zum Beispiel ist die Anrede bisweilen bei E-Mails nicht mehr „Sehr geehrte Frau Müller", sondern eher „Hallo, Frau Müller". Dieser Sprachstil wird sicherlich auch die Sprache in offiziellen Schreiben beeinflussen und den Anteil der Alltagssprache erhöhen.

IV. Fazit

Obwohl es zwischen Bürgerinnen und Bürgern und der Verwaltung immer wieder zu Verständnisschwierigkeiten kommt, ist folgendes festzuhalten:

- Die Sensibilisierung für die sprachlichen Probleme in den Verwaltungen konnte in den letzten Jahren erheblich gesteigert werden. Verglichen mit der Schriftsprache früherer Zeiten – und hier reicht schon ein Rückblick auf die Zeit vor zehn, zwanzig Jahren aus – lässt sich eine immer weiter fortschreitende Anpassung der Schriftsprache an die Alltagssprache erkennen.
- Die Auseinandersetzung mit der Verwaltungssprache ist aber immer wieder neu zu führen, um der Entwicklung der Sprache und des Staatsverständnisses gerecht zu werden. Auch die jeweils eingesetzte Technik soll und muss zeitgemäß sein. An dieser Stelle bieten die Verwaltungen des Bundes und der Länder vielfältige neue Arbeitsfelder zur Verbesserung der internen und externen Kommunikation, die dadurch gleichzeitig zur Effizienz der täglichen Arbeit beitragen können.

Zur Verbesserung der Kommunikation der Verwaltung mit den Bürgerinnen und Bürgern sollten

- Serviceleistungen auch aus Kundensicht angeboten und
- flexible Service-Center-Strukturen eingerichtet werden.

Die technischen Angebote können auf die Verbesserung der Kommunikation zwischen Bürgerinnen und Bürgern einerseits und der Verwaltung andererseits enorme unterstützende Wirkung haben. Eine hohe Sprachqualität darf hierbei nicht außer Acht gelassen werden. Sie kann aber erst dann erreicht werden, wenn

- der sprachlichen Ausdrucksweise als Mittel zur besseren Verständigung hohe Priorität eingeräumt wird und
- kontinuierlich versucht wird, die Kommunikation zu verbessern.

Jede noch so große technische Unterstützung versagt allerdings dann, wenn diejenigen vergessen werden, die diese Technik anwenden und im Kontakt mit den Bürgerinnen und Bürgern die Sprache verwenden, die hier auf dem Prüfstand steht: die Beschäftigten in der Verwaltung. Jede und Jeder einzelne muss erreicht werden. Die Bereitschaft, eine verständlichere Verwaltungssprache zu praktizieren ist ein dauerhafter Prozess. Er muss aber nicht mehr angestoßen werden. Viele positive Beispiele zeigen: er hat bereits begonnen.

Verständlichkeit von Formularen

Projektbeispiel Universität Bielefeld

Kerstin Schlingmann

I. Projektbeschreibung

Das Optimierungsprojekt bezog sich auf die Unterlagen zur Einschreibung für einen Studiengang an der Universität Bielefeld. Hierbei handelte es sich um das Formular „Antrag auf Einschreibung der Universität Bielefeld", das „Antrags-Info und Schlüsselverzeichnis zum Antrag auf Einschreibung" und die Broschüre „Hinweise zur Bewerbung und Einschreibung". Der Antrag für die Einschreibung umfasst vier Seiten, die von den Bewerbern ausgefüllt werden müssen. In dem Schlüsselverzeichnis finden sich die jeweiligen Codierungen, mit denen die Antworten in das Formular eingetragen werden und Beispiele sowie Erläuterungen zur Bearbeitung des Antrages. Es umfasst zwölf Seiten. Die Broschüre beinhaltet zusätzliche Informationen zu der Einschreibung und dem Studium an der Universität Bielefeld. Sie beinhaltet aber keine Informationen, die für die Bearbeitung des Antrags relevant sind.

Das Ziel des Projektes war ein Optimierungskonzept, das den Bedürfnissen und Anforderungen der Kommunikationspartner gerecht wird. Außerdem sollten die situativen Besonderheiten der Kommunikation zwischen Klient und Verwaltung Berücksichtigung finden.

Zur Methode ist zu sagen, dass es sich um eine qualitative empirische Studie handelte. Zum einen wurden Studienbewerber (Schüler der 13. Klasse) bei der Bearbeitung des Formulars (kommunikative Interaktion) beobachtet und anschließend zu ihren Problemen und Schwierigkeiten befragt. Ziel war es, das Bearbeiten des Antrags zu dokumentieren und zu analysieren und diese Beobachtungen mit der Selbsteinschätzung der Probanden abzugleichen. Zum anderen wurden Mitarbeiter des Studierendensekretariats der Universität Bielefeld befragt. Hierbei ging es darum, herauszufinden, wo aus Sicht der Mitarbeiter Schwierigkeiten auftauchen und mögliche Fehlerquellen liegen. Die Ergebnisse der beiden Untersuchungen wurden miteinander verglichen, um festzustellen, ob die Schwierigkeiten der Probanden mit der Einschätzung der Mitarbeiter übereinstimmen oder ob es womöglich andere

Fehlerquellen und -ursachen gab, die im Studierendensekretariat nicht bekannt waren. In einem letzten Schritt haben die Probanden und die Mitarbeiter des Studierendensekretariats gemeinsam Kriterien für neue Formulare erarbeitet. Diese benutzerdefinierten Kriterien waren, gemeinsam mit linguistischen Kriterien, die sich aus der Beobachtung und Analyse der kommunikativen Interaktion, sowie der Probanden- und Mitarbeiterbefragungen ergeben haben, die Grundlage für das Optimierungskonzept.

II. Ausgangsüberlegung für das Optimierungsprojekt

Das Optimierungsprojekt und das daraus resultierende Optimierungskonzept basieren auf der Annahme, dass Formulare Teile kommunikativer Interaktionsprozesse sind. Sie sind gestaltet wie mündliche Frage-Antwort-Dialoge. Bei dem „Antrag auf Einschreibung" handelt es sich um einen Dialog zwischen der Universität Bielefeld und dem Bewerber. Die Universität erfragt die aus ihrer Sicht relevanten Informationen, um festzustellen, ob der Bewerber die Qualifikation hat, ein Studium anzutreten. Der Bewerber versucht, die seiner Meinung nach wichtigen Angaben unterzubringen, um zu einem Studium zugelassen zu werden.

Kennzeichnend für den Kommunikationsverlauf ist, dass der Bewerber aus Leitwörtern die Fragen der Universität rekonstruieren muss. Hierbei agiert er einerseits in einem vertrauten Handlungsrahmen, wie zum Beispiel bei den Angaben zu Postanschrift und Name. Die Rekonstruktion der Fragen und die Angabe der korrekten Antworten sind ihm aus anderen Handlungszusammenhängen vertraut.

Neben diesem vertrauten Handlungsrahmen ist der Bewerber andererseits aber auch gezwungen, in einem, ihm vollkommen unbekannten, institutionenspezifischen Handlungsrahmen zu agieren. In diesem Handlungsrahmen geht es um das eigentliche Einschreibeverfahren und hier erfolgen sämtliche Angaben zu dem gewünschten Studiengang – aus Sicht des Bewerbers also der zentrale Teil des Formulars. In diesem Abschnitt wird von ihm erwartet, die Fragen aus verfahrensspezifischen Leitwörtern zu rekonstruieren (Hörerstatus, Fachkennzeichen, Immatrikulationsstatus, etc.) und zusätzlich seine Antworten verfahrensspezifisch zu kodieren (Kennzahlen, Abkürzungen, etc.). Auch die Handlungsanweisungen, die ihm die Bearbeitung eigentlich erleichtern sollen, sind verfahrensspezifisch kodiert (E = Erststudium, 2 = Zweitstudium, 4 = Ergänzungsstudium). Häufig befindet sich außerdem der Hinweis, welcher Schlüssel aus dem Schlüsselverzeichnis zur Beantwortung nötig ist, an einer anderen Stelle im Formular als die Frage selbst. Zusätzlich sieht er sich in diesem Handlungsrahmen mit institutionsspezifischen Fachtermini konfrontiert.

III. Ursachen für das Scheitern der Kommunikation

Keiner der Probanden war in der Lage, sich für ein Studium an der Universität Bielefeld einzuschreiben. Die Ursachen für das Scheitern des Kommunikationsprozesses haben sich bei der Auswertung der Befragungen und der Beobachtungsvideos deutlich herauskristallisiert: Das Agieren im institutionsspezifischen Handlungsrahmen bereitete den Versuchspersonen große Probleme. Ein wichtiger Punkt waren die unklaren oder fehlenden Handlungsanweisungen und Erläuterungen. An vielen Stellen in dem Formular haben die Probanden überhaupt nicht verstanden, was sie tun sollten und sie waren nicht in der Lage, den Zusammenhang zwischen dem Antragsformular, dem Schlüsselverzeichnis und der Informationsbroschüre herzustellen. Hieraus ergab sich, dass keiner der Probanden die zum Ausfüllen des Antrags nötigen Zahlenschlüssel gefunden hat. Die Suche nach dem Kürzel für den Studiengang sah zum Beispiel so aus: „Was brauchen wir – guck' mal, hier (Antragsinfo) sind die Bauteile der Universität bezeichnet. Wir wollen dort studieren, das gehört zu den Sprachwissenschaften, das gehört zum Bauteil C. Da tragen wir einmal C ein."

Auch die institutionenspezifische Fachterminologie bereitete große Probleme: „Was ist ein Haupthörer – was ist ein Zweithörer? Der (Zweithörer) macht das hobbymäßig. Nee, nee ich will ja regelmäßig zur Uni gehen." Zusätzlich erschwerend wirkte sich hierbei auch die absolut unübersichtliche typographische Gestaltung des Formulars aus. Insbesondere der Umstand, dass Fragen und zugehörende Handlungsanweisungen räumlich voneinander getrennt waren.

Bisher war es außerdem so, dass mit dem Antrag auf Einschreibung mehrere Zielgruppen angesprochen wurden. Zum einen der Studienanfänger, der sich direkt nach dem Abitur für einen Studiengang einschreiben möchte, zum anderen richtete er sich aber auch an Bewerber mit Hochschulvergangenheit oder einem Berufsabschluss und an Zweithörer. Von dem vierseitigen Formular waren für den „Normalbewerber" (Studienanfänger) letztendlich nur eineinhalb Seiten relevant. Bei der Bearbeitung hat dies zu großer Verwirrung geführt, da die Probanden davon ausgingen, dass, wenn sie ein vierseitiges Formular erhalten, auch alles bearbeitet werden muss. In dem Formular fanden sich zwar Hinweise darauf, an wen sich die jeweiligen Fragen richteten, aufgrund der unübersichtlichen Gestaltung wurden diese aber überlesen.

Einen nicht unerheblichen Einfluss auf den Kommunikationsverlauf hat außerdem auch die spezifische Situiertheit des Kommunikationsprozesses. Das Bearbeiten eines Formulars ist eine hochoffizielle Aufgabe. Die richtige oder falsche Beantwortung der Fragen ist womöglich mit einschneidenden Folgen für die persönliche Situation verbunden. Dieser psychische Druck, der auf dem Bewerber lastet, darf nicht außer Acht gelassen werden. Die Beobachtungen haben gezeigt, dass die Probanden – in Unkenntnis des Verfahrens – versuchten, alles, was ihnen in irgendeiner Form wichtig vorkam, irgendwo in das Formular hineinzubringen. Da ihnen bei dem Antrag auf Einschreibung an vielen Stellen nicht verständlich gesagt wurde, welche Information an welcher Stelle erforderlich ist und wie diese Information übermittelt werden soll, entschieden sie nach eigenem Ermessen. Die Konsequenz hieraus waren falsch ausgefüllte Anträge, fehlende oder überflüssige Angaben, bei denen sich die Verwaltung entweder die relevanten Informationen heraussuchen musste oder das Formular wieder zurückgab.

Diese Probleme bei der Bearbeitung von Formularen resultieren in erster Linie aus dem Umstand, dass hier eine „Off-line" Interaktion stattfindet. Formulare sind gestaltet wie mündliche Frage-Antwort-Dialoge. Mündlichkeit setzt aber voraus, dass beide Interaktionspartner präsent sind. In einer solchen „vis-á-vis"-Situation gibt es so also die Möglichkeit, sowohl verbal als auch non-verbal zu kommunizieren. Missverständnisse und Unverständnis können so schnell erkannt und sofort bearbeitet werden. Dieses Kriterium der mündlichen „On-line" Interaktion ist bei einem Formular nicht gegeben. Vielmehr handelt es sich um den Versuch, eine mündliche Kommunikationsform zu verschriftlichen. Alles das, was ein mündlicher Dialog beinhaltet, die Möglichkeit des Feedbacks, die direkte Nachfrage, die Hilfestellung, dass da jemand gegenübersitzt, der vielleicht einmal einen Hinweis gibt, ist nicht gegeben. Wählt man also das Medium Formular, ist es nötig, dem Bewerber so viel Hilfestellung zu geben, dass alle seine möglichen Rückfragen im Vorfeld abgeklärt werden.

IV. Optimierungskriterien I

1. Verfahrensspezifischer Handlungsrahmen

Für die Optimierung des Formulars lassen sich aus den Ergebnissen der Untersuchung folgende Optimierungskriterien ableiten. Der Bewerber muss zuerst mit dem unbekannten Handlungsrahmen vertraut gemacht werden. Im bekannten Handlungsrahmen ist dies nicht nötig, da er hier aufgrund seines Erfahrungswissen weiß, was von ihm erwartet wird. Aber für alles, was auf das Einschreibeverfahren bezogen ist, braucht er ganz klare Hilfestellungen. Wichtig ist, dass der Bewerber Schritt für Schritt durch das für ihn fremde Verfahren geleitet wird und dass seine Fragen und Unsicherheiten möglichst vorweggenommen werden.

Konkret sieht dies so aus: Wie auch zu Beginn eines mündlichen Dialogs wird der Kommunikationspartner begrüßt und ihm wird erläutert, was im

Folgenden passiert: „Herzlich willkommen. Sie möchten sich für ein Studium an der Universität Bielefeld einschreiben. Hierzu sind folgende Schritte nötig ...“ Dann sollte die Einführung in den institutionsspezifischen Handlungsrahmen und die Vorstellung des weiteren Interaktionsverlaufs folgen. Hierzu gehört, dass dem Bewerber erklärt wird, wie das Formular aufgebaut ist und wie er die Hilfsmittel nutzen muss: „Im ersten Teil des Antrags geht es um Ihre persönlichen Angaben. Im zweiten Teil des Antrags werden die relevanten Daten für den gewünschten Studiengang abgefragt. Im Schlüsselverzeichnis stehen die Zahlenschlüssel, die Sie zur Beantwortung dieser Fragen brauchen. Bei jeder der Fragen steht, wo genau Sie den erforderlichen Schlüssel finden. In der Antragsinfo finden Sie zusätzliche Informationen über die Universität, die Studiengänge und das Einschreibeverfahren.“

Das Formular sollte sich außerdem nur an eine Zielgruppe richten, und nicht, wie es bisher der Fall war, an mehrere. Hierzu ist es nötig, aus dem vorliegenden Antrag auf Einschreibung zwei Formulare zu machen. Das eine richtet sich an den „Normalbewerber“ und in dem anderen werden sämtliche Sonderfälle abgearbeitet.

2. Handlungsanweisungen, Fragen und Erläuterungen

Bei der Auswertung hat sich gezeigt, dass auch bei den Handlungsanweisungen, Erläuterungen und Fragen in dem Antragsformular Verbesserungsbedarf besteht. Insbesondere hat auch hier wieder der verfahrensspezifische Teil des Formulars mit den Angaben zum gewünschten Studiengang Probleme bereitet. Hier ist es wichtig, dass dem Bewerber erklärt wird, welche Angaben von ihm benötigt werden, in welcher Form diese erfolgen sollen und wo er Hilfe findet: „Welchen Studiengang möchten Sie studieren? Bitte verwenden Sie für Ihre Antwort einen Zahlenschlüssel. Sie finden diesen Schlüssel auf Seite XX des Schlüsselverzeichnisses. Zusätzliche Informationen finden Sie in der Broschüre.“ Dieser Aufbau muss einheitlich für das gesamte Formular gelten. Bei jeder Frage muss dem Bewerber gesagt werden: Was ist jetzt zu tun? Wie mache ich das? Wo finde ich Hilfe?

Wichtig ist weiterhin, dass nur verfahrensrelevante Fragen gestellt werden. Eine Frage in dem alten Formular war „Ihre Bankverbindung“. Die Angabe ist für das eigentliche Einschreibeverfahren vollkommen irrelevant, sie hat bei den Probanden allerdings für Unmut gesorgt, da nicht erkennbar ist, warum die Hochschule diese Angabe benötigt. Die Nachfrage beim Studierendensekretariat hat ergeben, dass diese Daten nur für den Fall abgefragt werden, dass ein Studierender irgendwann einmal zu viele Studiengebühren bezahlt und ihm diese erstattet werden müssen. Hinzu kommt, dass in einem solchen Falle die Bankverbindung sowieso noch einmal erfragt wird, da gar nicht sicher ist, dass sich die Daten im Laufe der Zeit nicht geändert haben. Bei der Frage nach der Bankverbindung stand zwar auch der Hinweis, dass diese Angabe im Falle einer „Überzahlung" nötig ist, allerdings hat keiner der Probanden diese institutionenspezifischen Erläuterung verstanden. Ein wichtiges Optimierungskriterium ist also auch, dass Fachtermini soweit es möglich ist, durch allgemeinverständliche Formulierungen oder Erklärungen ersetzt werden: „Wir benötigen diese Angaben für den Fall, dass Sie zu viele Semestergebühren bezahlt haben und wir ihnen diese erstatten müssen." Fachausdrücke sind unter Fachleuten verständlich und vereinfachen die Kommunikation. In der Kommunikation zwischen Fachleuten und Laien, wie sie hier vorliegt, sind sie unverständlich und führen zu Missverständnissen.

In Bezug auf die Fragen hat die Auswertung gezeigt, dass diese gerade im verfahrensspezifischen Teil des Antrags ausformuliert werden müssen, da die Probanden nicht in der Lage waren, sie aus den Leitwörtern zu rekonstruieren: „Was möchten Sie studieren?"; „Welchen Abschluss streben sie an?" In jeder Frage sollte auch nur eine Information abgefragt werden. Sinnvoll ist weiterhin, dass Überschriften und handlungsleitende Fragen präsentiert werden, die dem Bewerber verdeutlichen, auf welchen Verfahrensschritt sich die folgenden Unterfragen beziehen:

– Für welchen Studiengang möchten Sie sich einschreiben?

– Welchen Abschluss möchten Sie erreichen?

– Was studieren Sie als Nebenfach?

Solche Überschriften und handlungsleitenden Fragen sollten im gesamten Antrag erscheinen, also auch bei den Fragen aus dem bekannten Handlungsrahmen: „Die folgenden Fragen beziehen sich auf Ihre persönlichen Daten". Im Sinne einer einheitliche Gestaltung, die dem Bewerber auch als Orientierungshilfe dient, ist es außerdem wichtig, auch in diesem Handlungsrahmen die Fragen auszuformulieren: „Wo wohnen Sie?" „Wie lautet Ihre Telefonnummer?"

3. Typographische Gestaltung

Wie bereits erwähnt wurde die Unverständlichkeit des Antrags noch zusätzlich durch seine unübersichtliche und verwirrende Gestaltung verstärkt. Wichtig ist hierbei, dass die einzelnen Verfahrensschritte auch visuell voneinander getrennt sind und dass allein schon der optische Aufbau dem Bewerber eine Orientierungshilfe bietet. Hierzu gehört vor allem eine einheitliche Gestaltung, dass Überschriften und handlungsleitende Fragen größer gedruckt sind, dass sie immer zu Beginn eines Abschnitts stehen und so symbolisieren, dass etwas Neues kommt. Weiterhin ist es sinnvoll, die Fragen thematisch in klar getrennten graphischen Feldern zusammenzufassen.

Zusätzlich ist es erforderlich, dass der Aufbau von Formular und Bearbeitungshilfen gleich ist. Hierzu gehört, dass die Schlüssel in der Reihenfolge im Schlüsselverzeichnis auftauchen, in der sie auch im Formular benötigt werden. So können die Bewerber Antrag und Schlüsselverzeichnis parallel nutzen und es wird schneller ersichtlich, welcher Schlüssel zu welcher Frage gehört.

Das Schlüsselverzeichnis bietet ebenfalls Platz für Beispiele, die dem Bewerber allerdings erläutert werden müssen. Beim ursprünglichen Formular war dies nicht der Fall. Auf der ersten Seite, befand sich zwar ein Beispiel für das Ausfüllen, allerdings ohne verständliche Erklärungen. Resultat war, dass keiner der Probanden etwas mit dieser Hilfestellung anfangen konnte.

Die Bearbeitungshilfen müssen einheitlich und zweckgebunden sein. Dies bedeutet, dass in dem Schlüsselverzeichnis verfahrensrelevante Schlüssel und Beispiele präsentiert werden und dass alle zusätzlichen Informationen in der Informationsbroschüre gegeben werden. Hierunter fallen zum Beispiel Angaben zu den Öffnungszeiten der Mensa, wichtige Telefonnummern oder der Ansprechpartner für die Bibliothek.

V. Zentrale Aspekte der Optimierung

Die Untersuchung hat gezeigt, dass es gerade in Bezug auf die Kommunikation zwischen Verwaltungen und ihren Klienten nicht länger ausreicht, nur auf der sprachlichen Ebene tätig zu werden. Formulare sind Teilaspekte komplexer kommunikativer Interaktionen, in denen sie eine bestimmte Aufgabe erfüllen. Bei einer solchen Betrachtungsweise wird deutlich, dass zusätzlich auch eine Reihe nichttextueller Faktoren für die Verständigung zwischen den Interaktionspartnern verantwortlich sind. Insbesondere die Kommunikationssituationen und die spezifische Aufgabe, die Formulare innerhalb der Kommunikationsprozesse zu erfüllen haben, wurden kaum beachtet. Das dies gerade bei der Verwaltungskommunikation notwendig ist, wird offensichtlich, wenn man sich einmal den Ruf der Verwaltungssprache anschaut. Es gibt fast niemanden, der sich nicht mit eigenen Erfahrungen an der Verständlichkeitsdiskussion beteiligen kann und fast niemand ist begeistert, wenn ein solcher Brief „ins Haus flattert". Unverständliche, schlechte und unfreundliche Schreiben werden mittlerweile als „typisch" für Verwaltungen gesehen. In vielen Fällen nehmen die Klienten schon direkt zu Beginn des Kommunikationsprozesses eine Abwehrhaltung ein oder fühlen sich von der Verwaltung willkürlich behandelt und reagieren verärgert.

Und genau diese weitverbreitete Haltung ist es, die großen Einfluss auf den Verlauf des Kommunikationsprozesses hat. Es macht also wenig Sinn, Verwaltungssprache zu optimieren, ohne diesen Umstand zu berücksichtigen. Das Ziel, dass auch negative Inhalte von den Klienten positiv aufgenommen werden ist hierbei sicherlich utopisch. Die Optimierung sollte vielmehr darauf abzielen, beim Klienten Akzeptanz für das Vorgehen der Verwaltung zu wecken: „Ich ärgere mich über den Inhalt, aber das Vorgehen ist transparent, verständlich und auch nachvollziehbar."

Aus einer solchen Herangehensweise ergibt sich zwangsläufig die Notwendigkeit den gesamten Kommunikationsprozess zu untersuchen, in den das einzelne Schreiben eingebettet ist. Es reicht nicht aus, einzelne Schreiben von Sprachexperten am Schreibtisch überarbeiten zu lassen. Der Idealfall sieht eher so aus, dass sowohl die betroffenen Mitarbeiter als auch die Klienten an der Optimierung beteiligt sind. Konkret bedeutet dies, dass Mitarbeiter in Arbeitsgruppen unter fachlicher Anleitung an den Problemschreiben arbeiten und dass im Idealfall parallel eine Kundenbefragung durchgeführt wird.

Ziel muss es dann sein, eine partnerschaftliche, wechselseitige kommunikative Interaktion zu gestalten, bei der wechselseitige Akzeptanz gleichzeitig Handlungsvoraussetzung, Handlungsstrategie und Handlungsziel ist.

Flotte Schreiben vom Amt

Christa Peter und Georg Krümpelmann (†)

Verwaltungssprache soll einfach, eingängig und effizient sein, fordert das Bundesverwaltungsamt in Köln. Doch den Behördenalltag prägen solche Sätze:

> … da Ihr Bauvorhaben innerhalb der Bauverbotszone des § 24 (1) Nieders. Straßengesetz (NStrG) vom 24.09.1980 – Nds. Gesetz- und Verordnungsblatt S. 359 – geplant ist, bedarf es vor einer Weiterbehandlung durch die Baugenehmigungsbehörde zunächst der Zulassung einer Ausnahme vom Bauverbot des § 24 (1) NStrG durch den Betrieb Kreisstraßen des Landkreises. Diese Ausnahme lasse ich hiermit nach § 24 (7) NStrG unter folgenden Bedingungen zu: …

Diese Sprache mag der Verwaltungsexperte verstehen. Der Bürger nicht. Er muss beim Sachbearbeiter anrufen und fragen, was die Behörde ausdrücken will. Das kostet Zeit. Die Mitarbeiter des Landkreises Harburg verschicken jedes Jahr Tausende von Bescheiden – und dürften auch Tausende von Stunden damit verbringen, den Bürgern den Inhalt der Bescheide zu erklären.

Effektiv ist das nicht. Hinzu kommt der Imageschaden für die Behörde. Denn eine Verwaltung, die sich für den Bürger allzu kompliziert gibt, kann sich kaum beliebt machen. Deshalb stellt sich die Frage: Warum verschicken Behörden nicht Bescheide, die verständlich sind? Juristen argumentieren oft, man müsse sich eng an Gesetzestexten orientieren, damit Bescheide rechtssicher sind. Dies ist insofern richtig, als Behörden verpflichtet sind, Bürgern die Gründe und die Quelle für einen Bescheid zu erläutern. Doch dass muss nicht im Juristendeutsch geschehen. Ganz im Gegenteil.

I. Vorgehen

Im Herbst 2003 entschieden wir uns deshalb beim Landkreis Harburg, einen Versuch zu starten: Ist es möglich, staubiges Verwaltungsdeutsch durch eine muntere, verständliche Sprache zu ersetzen?

Die erste organisatorische Frage, die wir uns stellten, lautete: Wer soll das Seminar halten? Ein Kollege aus der Verwaltung oder ein externer Trainer? Wir entschieden uns für einen externen Trainer; für eine Person, die nicht im Amtsdeutsch geübt ist, sondern beurteilen kann, welche Formulierungen einen Verwaltungslaien überfordern. Wir beauftragten Peter Berger, das Seminar zu planen und durchzuführen. Berger gehört zu den renommiertesten Medien-Trainern in Deutschland. Er war 20 Jahre lang Journalist, zuletzt in der Chefredaktion von „Financial Times Deutschland". Seit etwa fünf Jahren bildet er an rund zwölf Hochschulen und Akademien Journalisten aus – von Volontären bis zu Führungskräften.

Er schlug vor, in vier Schritten vorzugehen:

1. Schritt: eine dreitägige Ausbildung von 20 Multiplikatoren, die das Projekt in die Verwaltung tragen und in den nächsten Jahren weiterführen werden.
2. Schritt: eine eintägige Schulung für alle Mitarbeiter, die Bescheide verschicken (rund 450 Kolleginnen und Kollegen bei der Kreisverwaltung in Winsen/Luhe).
3. Schritt: eine Stilfibel, in die alle Erfahrungen aus den Schulungen einfließen.
4. Schritt: das Überarbeiten der am meisten genutzten Bescheide.

Der Verwaltungsvorstand beim Landkreis Harburg stimmte den vier Schritten zu und wählte eine Gruppe von Multiplikatoren aus: Verwaltungsmitarbeiter, die offen für neue Ideen sind. Jede Abteilung stellte, je nach Größe, ein oder zwei Mitarbeiter ab.

II. Die Schulung

Die dreitägige Schulung war ein Geben und Nehmen: Peter Berger brachte die flotte Schreibe ein, die künftigen Multiplikatoren ihr Fachwissen. So erarbeiteten die Teilnehmer ein Seminar, dass auf die Behördenpraxis zugeschnitten ist.

Eine Frage tauchte immer wieder auf: Ist ein flottes Schreiben auch rechtssicher? Ja – aber man muss Kompromisse eingehen. Wörter wie „Grunddienstbarkeitsbewilligungserklärung" sind manchmal nicht zu vermeiden. Aber: Man kann diese Fachwörter erläutern. Das gilt auch für juristische Formulierungen, die zwingend sind. Wir müssen Sie für den Bürger übersetzen.

Oft helfen schon kleine Handgriffe, um Schreiben verständlicher zu machen. Denken wir nur an die Fülle von Paragraphen, die als Querverweise in oft sehr lange Sätze eingebaut sind und das Verständnis erschweren. Das kann man ganz einfach vermeiden – in dem man die Quellen in Klammern an das Satzende stellt. So hieß es früher bei uns in reinstem Verwaltungsdeutsch:

Sie erhalten laufende Leistungen nach dem Asylbewerberleistungsgesetz (AsylbLG). Da Sie zu dem Personenkreis nach § 1 AsylbLG gehören, wird Ihnen die Leistung nach den Vorschriften der §§ 3 ff. AsylbLG gewährt. Nach § 5 Abs. 1 sollen Leistungsberechtigten nach dem AsylbLG soweit wie möglich Arbeitsgelegenheiten bei staatlichen, bei kommunalen und bei gemeinnützigen Trägern zur Verfügung gestellt werden, sofern die zu leistende Arbeit sonst nicht, nicht in diesem Umfang oder nicht zu diesem Zeitpunkt verrichtet werden würde. Ich biete Ihnen daher folgende Tätigkeit an: ...

Heute schreiben wir kurz, knapp und verständlich:

... als Asylbewerber erhalten Sie Sozialhilfe und sind zur gemeinnützigen Arbeit verpflichtet (§ 5 Abs. 1, 4 Asylbewerberleistungsgesetz (AsylbLG)). Folgende Tätigkeit ist für Sie vorgesehen: ...

„Gesetze an das Satzende!“ – so lautet also der erste Tipp, den Peter Berger und die Multiplikatoren erarbeiteten. Neun weitere folgten:

III. Zehn Tipps für „flotte Briefe vom Amt“

1. Gesetze in Klammern an das Satzende.
2. Streichen Sie Behördenfloskeln.
3. Prüfen statt „einer Prüfung unterziehen“.
4. Weg mit den Kanzleiwörtern.
5. Zerschlagen Sie Mammutsätze.
6. Erklären Sie die „Grunddienstbarkeitsbewilligungserklärung“.
7. Verschweigen Sie „mündliche Gespräche“.
8. Adé a. a. O. und i. Sa.
9. Amtston vermeiden.
10. So entsteht der perfekte Brief.

Die zehn Tipps bildeten das Grundgerüst für die Stilfibel des Landkreises Harburg – eine Art Handlungsanleitung für alle Schreiben, die aus der Kreisverwaltung heraus verschickt werden. Sie wurde von Juristen und Abteilungsleitern durchgesehen und abgenickt.

IV. Die Umstellung der Bescheide

Die Multiplikatoren waren begeistert – doch dann sickerte unser Projekt an die Lokalpresse durch. Das Thema wurde öffentlich – und einige Mitarbeiter fragten leicht empört: „Können wir etwa kein Deutsch?“ Keine einfache Situation für den Trainer, der gerade mit den Schulungen für alle Mitarbeiter begonnen hatte. Wir hatten dafür zehn Tage lang unseren großen

Sitzungssaal sowie zwei Übungsräume reserviert. Jede Gruppe bestand aus rund 40 Personen, dem Trainer und zwei Multiplikatoren. Das Trainingsprinzip: Vortrag-Übung-Besprechung Tipp 1, Vortrag-Übung-Besprechung Tipp 2 und so weiter.

Dieses Vorgehen hatte zwei große Vorteile: Zum einen wurden die Tipps trotz der großen Gruppen praktisch geübt; zum anderen konnten die Mitarbeiter bei der Besprechung Kritik und Anregungen einfließen lassen. Jeder Mitarbeiter wurde befragt; niemand übergangen und die Stilfibel angepasst.

Das Vorgehen schlug sich in positiven Beurteilungen für das Seminar nieder. Jeder Mitarbeiter bewertete die eintägige Schulung und konnte maximal vier Punkte vergeben. Obwohl Seminare, die nicht freiwillig besucht werden, häufig negativ bewertet werden, erzielte unsere Schreibwerkstatt einen Durchschnitt von 3,2 Punkten – also im Bereich der Note 1.

In der Zwischenzeit hatten die Multiplikatoren bereits begonnen, die ersten Schreiben ihrer Abteilungen verständlicher zu machen. Die Abteilung für Naturschutz und Landschaftspflege überarbeitete einen Bescheid, der sehr häufig verschickt wird: Einem Bürger wird erlaubt, im Naturschutzgebiet Bäume und Sträucher anzupflanzen. Der Bescheid war früher schwer verständlich und führte zu vielen telefonischen Nachfragen. Seitdem der Bescheid vereinfacht wurde, klingelt das Telefon nur noch selten.

Ende Dezember begannen wir, die Bescheide im Kreishaus systematisch zu überarbeiten. Zum ersten Mal stießen wir auf Schwierigkeiten:

- Problem 1: Im Landkreis existieren Hunderte von Musterschreiben und, wie sich sukzessive herausstellte, Tausende von Text-Bausteinen – insgesamt in etwa 4.000 an der Zahl.
- Problem 2: Auf zahlreiche Text-Bausteine hat der Landkreis keinen Zugriff. Entweder gelangen wir nicht an den Quelltext der Software. Oder die Formulierungen werden uns von einer anderen Behörde vorgegeben (zum Beispiel Bußgeldstelle).
- Problem 3: Besonders zeitaufwändig zu übersetzen sind technische Schreiben, etwa die Genehmigung für ein Planungsbüro, eine Windfarm zu errichten.

Die ersten beiden Probleme lassen sich nur mit Hartnäckigkeit lösen. Die Multiplikatoren gingen in den folgenden Monaten Abteilung für Abteilung durch und überarbeiteten gemeinsam mit den Mitarbeitern die Schreiben.

Unlösbar erscheint Problem 3: die Übersetzung von technischen Texten. Der Zeitaufwand wäre zu hoch. Aber ist das wirklich ein Problem? Wenn die Bauexperten der Verwaltung und die Ingenieure der Planungsbüros eine Fachsprache benutzen, so ist das eine lässliche Sünde.

Wir entschieden, dass zunächst 100 Bescheide überarbeitet werden. Dabei handelte es sich um Schreiben, die fast ausschließlich an Bürger gehen und zumeist Belastungen für ihn mitbringen. Peter Berger und die Multiplikatoren gingen Schreiben für Schreiben durch, strichen überflüssige Passagen, übersetzten unverständliche Formulierungen und vermieden den Amtston. Damit verließen mehr und mehr muntere, flotte und verständliche Briefe die Behörde.

V. Die Stilfibel

Sehr hilfreich ist hier ist die Stilfibel in digitalisierter Form, die jeder Mitarbeiter im Intranet abrufen kann. Seit Frühjahr 2004 kann die Stilfibel aber auch als Buch erworben werden. Erschienen ist sie im Kölner Carl Heymanns Verlag. An eine Veröffentlichung hatte beim Landkreis Harburg zwar zunächst niemand gedacht. Seitdem die Aktion aber bundesweit Furore machte, gingen tagtäglich Anfragen nach der Stilfibel bei uns ein – an die 400. Daher haben wir bei Herrn Berger angeregt, die Stilfibel zu veröffentlichen. Die Fibel stellt die wichtigsten zehn Regeln gegen das Amtsdeutsch anschaulich vor und erläutert sie mit Übungen und Beispielen aus der Verwaltungspraxis. Das Buch ist also ein Buch zum Lesen und Lernen. Zwar ist es humorvoll aufgemacht – aber das soll nicht darüber hinwegtäuschen, dass es sich um ein Arbeitsinstrument erster Güte für die bürgernahe Verwaltung handelt.

VI. Fazit

Das Amtsdeutsch beim Landkreis Harburg wurde nach und nach verbannt. Damit aber kommen wir unserem Motto „... einfach für Sie da!“ einen großen Schritt näher. 20 Multiplikatoren garantieren, dass das Projekt, bei dem wir ein großes Stück des Weges bereits geschafft haben, sukzessive – Schreiben für Schreiben – weitergeführt wird.

VII. Das Medienecho

Anfang 2004 bekamen die Medien Wind von der Amtsdeutsch-Aktion des Landkreises. Die „gute Story“ zog immer weitere Kreise – bald rauschte es im bundesdeutschen Blätterwald. Im „Spiegel“ und im „Focus“, in der „Welt“ und den „Lübecker Nachrichten“, im „Hamburger Abendblatt“, in der „Bild“, aber auch in „Bild der Frau“, „Tina“ oder „Neue Revue“ wurde über die Aktion des Landkreises Harburg berichtet. Auch die Radiosender witterten ihre Story – und gaben sich im Kreishaus für einen „O-Ton“ des

Landrats die Klinke in die Hand. Natürlich der NDR oder Radio Bremen, aber auch WDR, SWR, Deutschlandfunk oder Deutschlandradio – schließlich ist der „gute Amtston“ nicht nur etwas für Politik und Vermischtes, sondern auch für anspruchsvolle Kulturfeatures. Selbst die Deutsche Welle ging mit der Geschichte über die Behördensprache über den Äther – rund um die Welt. Schon früh hatte auch das Fernsehen Kameras und Equipment im Kreishaus aufgebaut und ausführlich berichtet – ob NDR, WDR oder ZDF. Die linke „taz“, für die ansonsten Behördenschelte eher zum guten Ton zählt, macht den Landrat aus dem Landkreis Harburg gar zum „Helden“. Und am Jahresende 2004 stand der Landrat in der Sendung „Menschen 2004“ bei Johannes B. Kerner Rede und Antwort.

Anhang

Tabelle 1

Amtsdeutsch Vorher – Nachher

Vorher	Nachher
Sehr geehrter Herr Mustermann, da Ihr Bauvorhaben innerhalb der Bauverbotszone des § 24 (1) Nieders. Straßengesetz (NStrG) vom 24.09.1980 – Nds. Gesetz- und Verordnungsblatt S. 359 – geplant ist, bedarf es vor einer Weiterbehandlung durch die Baugenehmigungsbehörde zunächst der Zulassung einer Ausnahme vom Bauverbot des § 24 (7) NStrG durch den Betrieb Kreisstraßen des Landkreises. Diese Ausnahme lasse ich hiermit nach § 24 (7) NStrG unter folgenden Bedingungen zu:	Sehr geehrter Herr Mustermann, Sie beabsichtigen, auf dem Grundstück ein Haus zu bauen. Da sich das Grundstück innerhalb der Bauverbotszone befindet (§ 24 Niedersächsisches Straßengesetz), muss vor der Genehmigung des Bauantrags eine Befreiung vom Bauverbot erteilt werden. Diese Befreiung räume ich unter den folgenden Bedingungen und Auflagen ein:
Nach Ausfüllung und Rücksendung des Antrages auf Heimunterbringung werde ich eine Klärung der Kostenübernahme herbeiführen.	Bitte schicken Sie mir den ausgefüllten Antrag. Ich werde dann klären, ob die Kosten für das Heim übernommen werden.
Stellen Sie für das oben beschriebene Gebäude die Möglichkeit einer Anleiterbarkeit sicher.	Stellen Sie sicher, dass die Rettungsleitern der Feuerwehr am Gebäude angelehnt werden können.

Umständliche Begriffe einfach erläutert

Folgende Begriffe dürfen laut Stilfibel nicht mehr in Amtsbriefen auftauchen:

Brandüberschlagsweg

Jetzt heißt es: „Der Abstand zwischen den Gebäuden muss so groß sein, dass *Flammen* nicht übergreifen können."

Verselbständigkeitsanalyse

Nun wird geschrieben: „Ich muss prüfen, ob *der Behinderte* fremde Hilfe benötigt."

Abstandsbaulast-Erklärung

Neu: „Sie haben den *Bau eines Wintergartens* beantragt. Durch den Wintergarten würde der gesetzlich vorgeschriebene Abstand zum Haus Ihres Nachbarn unterschritten. Das ist nur möglich, wenn *Ihr Nachbar* schriftlich zusichert, dass er einverstanden ist."

Stellen Sie die Anleiterbarkeit sicher!

Jetzt heißt es: „Stellen Sie sicher, dass die *Rettungsleitern der Feuerwehr* am Gebäude angelehnt werden können."

Grunddienstbarkeitsbewilligungserklärung

Die Übersetzung lautet: „Ihr Nachbar will einen *Geräteschuppen* bauen. Der Weg zum Schuppen würde über Ihr Grundstück führen. Sind Sie damit einverstanden. Das Recht, Ihr *Grundstück* zu überqueren, muss ins Grundbuch eingetragen werden."

Mehrarbeitsentschädigung

Neuerdings wird geschrieben: „*Sozialhilfe-Empfänger*, die gemeinnützig arbeiten, erhalten zusätzlich Geld."

Kostenzusageübernahmeerklärung

Viel einfacher: „Bitte bestätigen Sie, dass Sie *die Kosten* übernehmen."

Freies Texten in Verwaltungsschreiben

Eine Sache des gesunden Egoismus

Günther Frosch

Das Ziel: Eine Verwaltungssprache, die verständlich, genau und rechtssicher ist, frei von Amtsfloskeln, mit einer kunden-, leser-, bürgerfreundlichen Gestaltung.

Der Weg: Nichts wie ran an den Text – oder?

Meine Erfahrung aus vielen Textseminaren, die ich seit 1998 vor allem für Stadtverwaltungen durchführe: Wenn die Sprache sofort im Vordergrund steht, sind Widerstände vorprogrammiert. In Seminaren heißt das konkret: Die Gruppe reagiert mit Zweifeln und Einwänden.

- „Der Autofahrer parkt vorschriftswidrig, zahlt nicht, beschwert sich unverschämt – und jetzt soll ich ihn auch noch anschleimen?"
- „Diese kundenorientierte Sprache finde ich lächerlich: ‚Guten Tag, Firma Müller, die Softwarespezialisten, mein Name ist Katrin Meier, schön, dass Sie anrufen, was kann ich für Sie tun?' "
- „Mit solchen Formulierungen geben wir den letzten Rest Autorität auf. Gefundenes Fressen für die Anwälte der Kunden."

Dies ist ein Hinweis auf eine gestörte Beziehungsebene der Kommunikation. Und so lange die Beziehung gestört ist, macht die Arbeit auf der Sachebene (Sprache) noch wenig Sinn. Denn Sprache ist ja gerade das sichere Gelände, das vertraute Rückzugsgebiet der Beschäftigten.

Der erste Schritt, um die Beschäftigten an kundenorientiertes Texten heranzuführen: Die Beziehung zwischen Beschäftigten und Kundinnen/Kunden in den Mittelpunkt stellen. Sehen wir uns dazu einmal die Begleitumstände an, unter denen die Veränderung der Verwaltungssprache stattfindet:

- In schöner Regelmäßigkeit wiederkehrende Amtsschimmel-Artikel in der Zeitung; Tenor: „der arme wehrlose Bürger sitzt händeringend vor dem unverständlichen Bescheid".
- Populistische Sparvorschläge: Die Verwaltung „abspecken", denn Deutschland ist angeblich überreglementiert und überverwaltet.

– Unseriöse Berichterstattung über Reformen und Neuerungen, zum Beispiel Spott, Häme und Falschberichte zum Modellprojekt „Powernapping“ der Stadt Vechta 2000 („Beamtenschlaf“).

Niemand wird gerne zur Zielscheibe. So lange das Neue noch nicht attraktiv genug ist, verlässt man sich lieber auf Bewährtes, denn da weiß man um die Vorteile.

I. Der Weg zur bürgernahen Verwaltungssprache ist „egoistisch“

Eine neue Verwaltungssprache attraktiv machen, aber wie?

Die Veränderung der Verwaltungssprache funktioniert am besten über die Eigeninteressen, den gesunden Egoismus der Beschäftigten. Der Weg zur bürgernahen Verwaltungssprache ist „egoistisch“. Die Teilnehmer reagieren erleichtert, wenn Sie feststellen, dass ich mich als Trainer in einem Textseminar vor allem auch den Interessen der Beschäftigten selbst verpflichtet fühle. Diese Interessen gilt es zu hören, zu respektieren, ernst zu nehmen und zu wahren. Interessen können sein:

- weniger Wiedervorlagen
- weniger Beschwerden
- weniger störende Anrufe
- weniger zur Unzeit an der Tür klopfende Kunden
- weniger renitente/gereizte Kundinnen und Kunden
- bessere Terminplanung
- mehr Zeit für das Wesentliche

Wenn die Interessen der Beschäftigten selbst im Mittelpunkt stehen, wenn also für die Beschäftigten klar ist:

- es geht nicht um den Zeigefinger („ihr Amtsschimmel“),
- nicht um die Beurteilung der Amtssprache per Rotstift („Weg mit den alten Zöpfen“),
- nicht um kundenorientiert-modische Formulierungen („Ihre freundliche Verkehrsüberwachungsstelle, was kann ich für Sie tun?“),

dann wird die Gruppe arbeitsfähig und es kann losgehen mit der Neugestaltung der Verwaltungssprache.

II. Konkrete Lösungen für den Alltag: 4 × P

praktisch – positiv – persönlich – pragmatisch

Wie sorgen Beschäftigte für ihre Interessen? – Indem sie ihre Interessen kennen und klar darstellen was sie von den Kunden wollen. Was wäre der Erfolg davon? – Dass die Kunden kooperieren. Wann sind Menschen bereit zu kooperieren? – Wenn ihnen der Nutzen einsichtig ist und wenn sie freundlich aufgefordert werden, Alternativen klar angesprochen werden, auf Konsequenzen nachdrücklich hingewiesen wird.

Lösungen aus dem Alltag für den Alltag

Die folgenden Lösungen habe ich gemeinsam mit Teilnehmerinnen und Teilnehmern meiner Seminare erarbeitet.

- Viele Ergebnistexte, Beispiele sind als „freie Texte“ entstanden, haben mittlerweile auch Eingang gefunden in Textbausteine, Mustertexte, Vorlagen.
- Nicht alle Ergebnistexte sind übertragbar auf andere Gegebenheiten, andere Situationen. Das gilt schon innerhalb eines Seminars – meine Teilnehmer kommen aus ganz unterschiedlichen Bereichen der Stadtverwaltung: Von vhs bis Ordnungsamt, von Verkehrsüberwachung bis Jugendamt. Und was zum Beispiel eine vhs oder eine Stadtbibliothek schreiben darf, muss für die Verkehrsüberwachung nicht unbedingt passend sein.

P1: Praktisch

Praktisch: Die Aufzählung

Wenn Kunden unvollständige Unterlagen mitbringen oder einschicken, bedeutet das erheblichen Mehraufwand. Eine freundliche, aber deutliche Aufforderung in Form einer Aufzählung erhöht die Chance, dass alles pünktlich ankommt. Zum Beispiel:

Wir fordern Sie daher auf: Sprechen Sie am 1.5.2006 im Sozialamt vor und bringen Sie folgende Unterlagen mit: Lebenslauf, Meldebestätigung des Arbeitsamtes und aktuelle ärztliche Befunde.

Also nicht so:

Für Sie als Erbin besteht die Möglichkeit gemäß § 20 Satz 1 WaffG binnen eines Monats nach der Annahme der Erbschaft oder dem Ablauf der für die Ausschlagung der Erbschaft vorgeschriebenen Frist, die Ausstellung einer Waffenbesitzkarte für die zum Nachlass gehörenden erlaubnispflichtigen Schusswaffen oder ihre Eintragung in eine bereits ausgestellte Waffenbesitzkarte unter Verwendung des beiliegenden Formblattes zu beantragen.

Sondern besser so:

Für Sie als Erbin bestehen folgende Möglichkeiten:

- Ausstellung einer neuen Waffenbesitzkarte oder
- Eintragung in eine bereits ausgestellte Waffenbesitzkarte.

Hierfür können Sie das beiliegende Formblatt verwenden. Bitte veranlassen Sie eine dieser Möglichkeiten

- binnen eines Monats nach der Annahme der Erbschaft oder
- binnen Ablauf der für die Ausschlagung der Erbschaft vorgeschriebenen Frist (§ 20 Satz 1 WaffG).

Praktisch: Die Frist

„Baldmöglichst", „in den nächsten Tagen" – unklare Fristsetzungen führen zu Mehraufwand. Eine eindeutige Frist schafft Klarheit.

Also nicht so:

Wir geben Ihnen daher nochmals Gelegenheit, die fehlenden Unterlagen baldmöglichst nachzureichen.

Sondern besser so:

Sie erhalten heute nochmals die Gelegenheit, die fehlenden Unterlagen nachzureichen, bis zum 1. Mai 2009.

Praktisch: Ziffern ausklammern

Deutsche Sätze können ziemlich lang werden, die Leser verlieren den Überblick, wenn der Satz Aufzählungen, Ziffern, Konto- oder Telefonnummern enthält. Die Chance, Überweisungen rechtzeitig zu erhalten, lässt sich erhöhen: Durch Nachstellen und Strukturieren der Ziffern.

Also nicht so:

Diesen Betrag bitten wir mittels beiliegendem Zahlschein bis spätestens 22.08.2009 unter Angabe des Buchungszeichens 1.0.1100.1000.31399 auf unser Konto bei der Stadtsparkasse München, Kto.-Nr. 111 BLZ 222 222 22 zu überweisen.

Sondern besser so:

Bitte überweisen Sie diesen Betrag mittels beiliegendem Zahlschein bis spätestens 22.08.2009 auf unser Konto:

Stadtsparkasse München, Kto.-Nr. 111,

BLZ 222 222 22.

Bitte geben Sie dabei das Buchungszeichen an: 1.0.1100.1000.31399

P2: Positiv

Positiv: Öffnungszeiten

Ist das Glas halb voll oder halb leer?

Also nicht so:

Das Büro ist ab 14.00 geschlossen.

Sondern besser so:

Das Büro ist bis 14.00 geöffnet.

Positiv: Terminvereinbarung

Eine Terminvereinbarung macht die Arbeit planbarer und den Arbeitstag stressfreier. Wichtig: Machen Sie der Kundin/dem Kunden den Nutzen einer Terminvereinbarung klar.

Also nicht so:

Wir bitten Sie, baldmöglichst beim Bauordnungsamt vorzusprechen. Eine vorherige Terminvereinbarung wäre zweckmäßig.

Sondern besser so:

Bitte melden Sie sich bis zum 1.5.2009 beim Bauordnungsamt. Vereinbaren Sie bitte vorher einen Termin, dann vermeiden Sie Wartezeiten.

P3: Persönlich

Persönlich: Wir müssen leider mal

Was müssen Sie tun, um Kundinnen und Kunden so richtig zu verärgern? Verantwortung abwälzen („müssen“, „sind gezwungen, gehalten, veranlasst“) oder mit Krokodilstränen garnieren („leider“)

Also nicht so:

Sollten Sie dieser Verpflichtung nicht bis zum 1.5.2009 nachkommen, sehen wir uns leider veranlasst, diesbezüglich ein kostenpflichtiges Anordnungsverfahren einzuleiten.

Sondern besser so:

Bitte kommen Sie dieser Verpflichtung bis zum 1.5.2009 nach. Andernfalls leiten wir ein kostenpflichtiges Anordnungsverfahren ein.

Also nicht so:

Sollten uns die hierfür erforderlichen Tekturpläne nicht innerhalb von vier Wochen nach Erhalt dieses Schreibens vorliegen, wären wir aus verfahrensrechtlichen Gesichtspunkten gehalten, über Ihren Bauantrag in der vorliegenden Form zu entscheiden.

Sondern besser so:

Bitte legen Sie uns die hierfür erforderlichen Tekturpläne bis zum … vor. Andernfalls entscheiden wir in der jetzt vorliegenden Form.

Persönlich: Bitte etwas direktiver

Wenn Sie „versuchen", jemanden anzurufen, dann ist noch lange nicht gewiss, ob Sie es auch tun. Wenn Sie mich einladen „möchten", haben Sie mich noch nicht eingeladen.

Und wenn Sie bitten oder danken wollen, dann tun Sie das am besten direkt. Damit wird der Stil nicht nur persönlicher: Die Hauptinformation steht damit auch wirklich im Hauptsatz. Und das Zauberwort „Bitte" macht aus der Befehlsform eine freundliche Einladung: „Bitte überweisen Sie bis zum 1.5.2009"

Also nicht so:

Wir dürfen uns bedanken für/Wir danken Ihnen für

Sondern besser so:

Danke für …/Vielen Dank dafür.

Also nicht so:

Wir bitten Sie, uns … zu schicken.

Sondern besser so:

Bitte schicken Sie uns …

Also nicht so:

Hierzu möchte ich Sie herzlich einladen.

Sondern besser so:

Ich lade Sie herzlich dazu ein.

Persönlich: Klare Verantwortlichkeiten

„Sie tun exakt dies, wir tun exakt das." „Wenn Sie das (nicht) tun, und zwar bis zum …, dann leiten wir Schritte ein und zwar …"

Also nicht so:

Der Zahlungseingang wird erwartet bis zum 1.5.2009.

Sondern besser so:

Bitte überweisen Sie bis zum 1.5.2009.

Also nicht so (Passiv!):

Um Vorlage der Waffenbesitzkarte des Verstorbenen wird ebenfalls gebeten.

Sondern besser so (Aktiv!):

Bitte legen Sie uns die Waffenbesitzkarte des Verstorbenen vor.

Persönlich: Service dokumentieren

Hier sind Sie, in Ihrem Büro. Dort sind Ihre Kunden – und sehen nicht, was Sie alles für sie in Bewegung setzen, recherchieren, machen, tun. Deshalb: Lassen Sie Ihre Kunden wissen, was Sie alles für sie tun.

Also nicht so:

Es hat sich herausgestellt …

Sondern besser so:

Sie haben uns gefragt nach … Wir haben für Sie recherchiert./Ich habe mich darum gekümmert. Hier das Ergebnis:

Also nicht so:

Nach eingehender Überprüfung der Angelegenheit möchte ich Ihnen folgendes mitteilen:

Sondern besser so:

Ich habe die Angelegenheit eingehend überprüft und komme zu folgendem Ergebnis:

Also nicht so:

Dieses Schreiben soll Sie darüber informieren, dass …

Sondern besser so:

Wir haben für Sie einige Informationen zusammengestellt.

P4: Pragmatisch

Pragmatisch ist alles, was die Lesefreundlichkeit verbessert, was Stolpern, Stocken, Stirnrunzeln vermeidet und für eine gute Gesprächsbasis sorgt. Der „klassische" Ansatz zur modernen Verwaltungssprache, am wirkungsvollsten in Kombination mit dem Interessen-Ansatz, ist:

- Verben statt Nominalstil (Überprüfung der Angelegenheit)
- Einfach statt doppelt gemoppelt (Rückantwort, stattgefundener Ortstermin)

- Abkürzungen ausschreiben (I.V.m.)
- Füllwörter streichen (eigentlich, mithin, bezüglich)
- klare Bezüge statt Verweiswörter (aus vorstehenden Gründen; bis zum oben genannten Zeitpunkt; nachfolgend gekennzeichnete Unterlagen; mit obigem Schreiben; aufgrund der obigen Erläuterungen).

Pragmatisch: §§ ans Ende

Werden Paragraphen, Gesetze, Vorschriften in einen Satz integriert, führt dies leicht zu unübersichtlichen, langen Sätzen. Empfehlung: Erst die Tatsache/die Folgerung nennen, dann die Rechtsgrundlage anführen. Das gibt der Kundin/dem Kunden Übersicht.

Also nicht so:

Die Gemeinde x ist nach Art. 3 Abs. 1 BayVwVfG i. V. m. Art. 22 Abs. 1 GO i. V. m. Art. 28 Abs. 2 Satz 1 GG für den Erlass dieses Bescheids zuständig.

Sondern besser so:

Die Gemeinde x ist für den Erlass dieses Bescheids zuständig (Art. 3 Abs. 1 BayVwVfG i. V. m. Art. 22 Abs. 1 GO i. V. m. Art. 28 Abs. 2 Satz 1 GG).

Pragmatisch: Kurze Sätze

Sie haben etwas Wichtiges zu sagen? Dann schreiben Sie es in einen Hauptsatz. Lange Sätze sind schwer lesbar. Nach mehreren eingeschobenen Nebensätzen gibt auch der aufmerksamste Leser auf. Im Hauptsatz geht es um die Hauptsache. Der Nebensatz erläutert, gibt Beispiele, illustriert.

Faustregel: Ein Satz, der länger als zwei bis drei Zeilen umfasst, ist teilbar oder strukturierbar. Wie? Dazu einige Tipps:

- Machen Sie möglichst kurze Sätze und einen Punkt.
- Oder: Doppelpunkt und – Gedankenstrich.
- Verwenden Sie Aufzählungen:
  - x
  - y
  - z
- Verwenden Sie nur in bestimmten Fällen, am Ende des Satzes Klammern ().
- Stellen Sie Beispiele nach mit „und zwar“, „zum Beispiel“, „das bedeutet“ usw.

– Bringen Sie Rhythmus in Ihre Texte: Abwechselnd zwei kurze Sätze, dann einen längeren Satz mit Nebensatz, dann wieder zwei kurze Sätze.

Also nicht so:

Wir haben Ihr Vorbringen eingehend überprüft, sind aber zu dem Ergebnis gekommen, dass die von uns getroffene Maßnahme aus nachfolgend angeführten Gründen richtig war und deshalb für uns keine Möglichkeit besteht, die oben genannte Verwarnung im Sinne Ihres Vorbringens zu korrigieren.

Sondern besser so:

Wir haben Ihr Anliegen gründlich geprüft. Dabei sind wir zu dem Ergebnis gekommen, dass wir unsere Entscheidung nicht zurücknehmen können. Dafür gibt es folgende Gründe:

Pragmatisch: „Vorreiter“ streichen

Wir weisen Sie insbesondere darauf hin, dass … sich in der Verwaltungssprache die Hauptinformation gerne im Nebensatz versteckt. So werden deutsche Sätze unübersichtlich und laaaaaaaaang: „Heute möchten wir Sie darauf hinweisen, dass“; „Wir schicken voraus, dass“; „Überdies geben wir zu bedenken, dass“.

Also nicht so:

Wir weisen Sie abschließend noch darauf hin, dass Ihr Widerspruch keine aufschiebende Wirkung hat und der Betrag von 84,99 € somit am 09.07.09 fällig wird.

Sondern besser so:

Ihr Widerspruch hat keine aufschiebende Wirkung. Bitte überweisen Sie uns den Betrag von 84,99 € bis zum 09.07.09.

III. Konkrete Lösungen – keine Zaubersprüche

Wichtig: All diese konkreten Lösungen für den Alltag sind keine Zaubersprüche. Diejenigen 2 % der Kunden, die wild entschlossen sind, durch alle Instanzen zu gehen, Mahnungen zu ignorieren, Ärger zu machen – diese lassen sich auch durch den besten Text nicht „bezaubern“.

Es geht um die 98 % eigentlich kooperationswilliger Menschen, die aber auch ein Potenzial an Widerspruchsgeist, Rebellion, Ablehnung gegenüber „Vater Staat“ mitbringen – diese lassen sich durch einen guten Text auf einen Dialog ein. Eine solch pragmatische Sichtweise tut den Beschäftigten gut und verteilt die Verantwortung für gelungene Kommunikation auf alle Schultern: die des Absenders und die des Empfängers.

Fazit: Wenn Beschäftigte ihre Interessen im Auge behalten, den Dialog mit den Kundinnen und Kunden suchen und daraus Formulierungen ableiten, wenn sie also an die Veränderung der Verwaltungssprache mit einem Quäntchen „gesunden Egoismus“ herangehen, dann sind engagierte Ergebnisse möglich!

Kooperative Ansätze für die Entwicklung einer guten Verwaltungssprache

Burkhard Margies und Rudolf Fisch

Wir suchten nachhaltig wirkende Verfahren für die Entwicklung und den Gebrauch einer guten Verwaltungssprache im Schriftverkehr von Einrichtungen der öffentlichen Verwaltung. Die Sprache sollte sowohl den behördlichen Anforderungen an Rechtssicherheit und Verwendbarkeit im Verwaltungsalltag gerecht werden, als auch für Bürgerinnen und Bürger zugänglich und verständlich sein. Ausgangspunkt unserer langjährigen Aktivitäten war die Beobachtung, dass der Sprachstil der öffentlichen Verwaltung seit sehr langer Zeit kritisiert, ja bisweilen auch verächtlich gemacht wird, es bisher jedoch – generell gesehen – kaum zu einer Veränderung des Sprachstils kam. Immerhin werden immer wieder einschlägige Sprach-Leitfäden und Fortbildungsmaßnahmen für Bedienstete der öffentlichen Verwaltung angeboten. Ausgangspunkte der hier geschilderten Fälle und der Entwicklung eines kooperativen Ansatzes waren einschlägige Aufträge zweier großer Behörden an das Deutsche Forschungsinstitut für öffentliche Verwaltung (FÖV). Sie fragten nach Unterstützung bei ihren Initiativen für eine bessere und verständlichere Verwaltungssprache im Schriftverkehr mit ihren Klienten.

Die beiden Kooperationspartner des FÖV waren das Landesamt für Besoldung und Versorgung Nordrhein-Westfalen (LBV) sowie die Deutsche Rentenversicherung. Beide Behörden betreiben ein ausgesprochenes „Massengeschäft“: Sie versenden eine Vielzahl standardisierter Texte, die zum größten Teil nach den Anforderungen des jeweiligen Einzelfalls aus vorhandenen Textbausteinen zusammengesetzt werden. Der standardisierte Schriftverkehr beider Behörden war bisher in administrativer Redeweise verfasst und in seiner äußeren Aufmachung sofort als Produkt eines kostenbewussten Massengeschäfts erkennbar. Kundenbefragungen zeigten, dass manche dieser Merkblätter, Klienteninformationen und Bescheide nicht gut verstanden und zudem als unfreundlich und unpersönlich empfunden wurden. Diese Defizite führten zu unerwünschten Auswirkungen auf die Behördenarbeit, nämlich zu einem erhöhten Aufkommen an Rückfragen seitens der Nachrichtenempfänger, zu Verzögerungen und zu beträchtlichem Mehraufwand, zum Beispiel aufgrund nicht eingehaltener Mitteilungs- und Mitwirkungspflichten. Immer wieder kam es auch zu wechselseitigen Verärgerungen und

Unfreundlichkeiten zwischen Klienten und Beschäftigten, die für alle Seiten belastend waren.

I. Das Landesamt für Besoldung und Versorgung Nordrhein-Westfalen (LBV)

Das LBV ist eine Landesoberbehörde mit Sitz in Düsseldorf. Es bezeichnet sich selbst als das größte „Lohnbüro“ Deutschlands. Die etwa 1.000 Beschäftigten des LBV bearbeiten Monat für Monat die Zahlungen der Bezüge für über 600.000 Beamtinnen, Beamte, Arbeitnehmerinnen, Arbeitnehmer, Pensionärinnen und Pensionäre des Landes. Zusätzlich verschickt das LBV monatlich mehr als 54.000 Beihilfebescheide. Im Jahr setzt es 20,3 Milliarden Euro um, das entspricht etwa 41 % des Landeshaushalts. Rund 10.000 Schreiben verlassen jeden Arbeitstag das Haus. Die Initiative zur Überarbeitung des Schriftverkehrs ging von der Behördenleiterin aus.[1]

Der Auftrag des LBV an das FÖV bezog sich zunächst nur auf eine Serviceleistung: Vorhandene Textbausteine für Bescheide sollten vom FÖV sprachlich überprüft und gegebenenfalls bearbeitet werden. Schon bald nach Aufnahme der Arbeiten stellte sich heraus, dass die Aufgabe zu eng umrissen war. Es ging um mehr als um die Änderung einiger Formulierungen, um eine bessere Wirkung der Schreiben auf die Empfänger zu erzielen. Wenn die intendierten Ziele des Vorhabens erreicht werden sollten, waren nicht nur einzelne Textbausteine zu verändern. Der Aufbau der Bescheide und die enthaltenen Argumentationsmuster mussten in die Überarbeitung einbezogen werden, ebenso das Layout der Schreiben. Rasch wurde deutlich, dass Veränderungen in der Ablauforganisation notwendig waren, vor allem bei jenen Bedingungen und Prozessen, die mit dem Zustandekommen von Texten zu tun hatten. Daran zu arbeiten war unumgänglich, weil die Behörde sich eine nachhaltige Veränderung der administrativen Sprache wünschte. Schließlich konnte der ursprüngliche Auftrag erweitert werden und die Behördenleitung des LBV war bereit, bei der Umsetzung des Vorhabens einen kooperativen Weg zu gehen.

II. Die Deutsche Rentenversicherung

Unter dem Namen „Deutsche Rentenversicherung“ treten die 16 Träger der deutschen gesetzlichen Rentenversicherung seit einer Organisationsreform im Jahr 2005 gemeinsam auf. Aus der „Bundesversicherungsanstalt für Ange-

[1] Wir danken Frau Direktorin Jutta Schuck, Landesamt für Besoldung und Versorgung Nordrhein-Westfalen, Düsseldorf, dafür, dass wir hier über unsere gemeinsamen Erfahrungen berichten dürfen.

stellte“ (BfA) und dem „Verband Deutscher Rentenversicherungsträger“ entstand die „Deutsche Rentenversicherung Bund“. Die „Landesversicherungsanstalten“ (LVAen) wurden zu 14 Regionalträgern der Deutschen Rentenversicherung[2]. Hinzu kamen weitere, branchenspezifische Sozialversicherungsträger wie die Bundesknappschaft[3], die in den Bundesträger „Knappschaft Bahn-See“ überführt wurden. Bundes- und Regionalträger sind rechtlich selbstständig, koordinieren ihr Handeln aber stärker untereinander als vor der Organisationsreform. Die Deutsche Rentenversicherung Bund nimmt für alle Träger Grundsatz- und Querschnittsaufgaben wahr. Zusammengenommen haben die Träger mehr als 62.000 Beschäftigte. Diese bearbeiten die Versicherungs- und Rentenangelegenheiten sowie Rehabilitationsmaßnahmen für etwa 73 Millionen Versicherte und Rentner. Die Gesamtausgaben der Deutschen Rentenversicherung pro Jahr liegen über 240 Milliarden Euro.

Für unseren Zusammenhang bedeutsame Ergebnisse der Organisationsreform sind: Die Rentenversicherungsträger gaben sich ein einheitliches Erscheinungsbild, erkennbar zum Beispiel am gemeinsamen Behördenlogo und einer einheitlichen Gestaltung der Briefköpfe. Für alle Träger wurden gleichartige Texte für Merkblätter, Klienteninformationen und Bescheide erstellt.

Vor dem Hintergrund unserer Erfahrungen beim LBV konnten wir bei der Deutschen Rentenversicherung von vornherein erreichen, dass eine umfassendere Herangehensweise gewählt und das Projekt als kooperativer Austauschprozess gestaltet wurde. Die Federführung für das Projekt wurde dem Geschäftsbereich „Presse und Öffentlichkeitsarbeit/Kommunikation“ der Deutschen Rentenversicherung Bund[4] übertragen.

Die nun folgenden Schilderungen zeigen, wie wir Schritt für Schritt, gemeinsam und in enger Abstimmung mit beiden Behörden, einen produktiven und nachhaltigen Ansatz entwickelten und realisierten, der inzwischen auch in weiteren Behörden eingesetzt wird.

---

2 Deutsche Rentenversicherung Baden-Württemberg, Deutsche Rentenversicherung Bayern Süd, Deutsche Rentenversicherung Berlin-Brandenburg, Deutsche Rentenversicherung Braunschweig-Hannover, Deutsche Rentenversicherung Hessen, Deutsche Rentenversicherung Mitteldeutschland, Deutsche Rentenversicherung Nord, Deutsche Rentenversicherung Nordbayern, Deutsche Rentenversicherung Oldenburg-Bremen, Deutsche Rentenversicherung Rheinland, Deutsche Rentenversicherung Rheinland-Pfalz, Deutsche Rentenversicherung Saarland, Deutsche Rentenversicherung Schwaben, Deutsche Rentenversicherung Westfalen.

3 Für mehr Informationen siehe www.deutsche-rentenversicherung.de und dort „Informationen zur Organisationsreform“.

4 Wir danken Herrn Dr. Dirk von der Heide, Leiter des Geschäftsbereichs Öffentlichkeitsarbeit der Deutschen Rentenversicherung Bund, sehr herzlich dafür, dass wir hier über die gemeinsame Arbeit und deren Ergebnisse berichten können.

III. Rahmenbedingungen

In beiden Behörden mussten für die Erstellung der Texte komplexe und stark differenzierte Rechtsmaterien berücksichtigt werden. Ein Grund für die Komplexität ist die große Varietät unterschiedlicher Arbeits- und Lebensschicksale und dementsprechend viele individuell unterschiedliche Fallgestaltungen. Um dem gerecht zu werden, benötigt man eine große Menge von Textbausteinen. Die Textbausteine sind in Datenbanken gespeichert und werden nach festen Verfahrensregeln zu Schriftstücken zusammengestellt, zum Beispiel zu einem Bescheid. Dies geschieht im LBV manuell durch Eingabe entsprechender Codes und variabler Werte durch die Sachbearbeitung. Bei der Deutschen Rentenversicherung gibt es ebenfalls manuelle Verfahren, der größte Teil des massenhaften Bescheidaufkommens wird aber komplett maschinell erstellt, nachdem die Sachbearbeitung die fallbezogenen variablen Daten geprüft und freigegeben hat.

Für die Erstellung, Pflege und Weiterentwicklung von Textbausteinen sind in beiden Behörden feste Text-Arbeitsgruppen zuständig. Diese Arbeitsgruppen tagen nach Bedarf, insbesondere nach Änderungen des anzuwendenden Rechts. Im LBV gibt es in den vier Fachabteilungen Entgelte, Besoldung, Versorgung und Beihilfe je eine solche Arbeitsgruppe, die jeweils drei bis vier Mitglieder hat. Die entsprechenden Arbeitsgruppen bei der Deutschen Rentenversicherung haben neun bis zwölf Mitglieder. Die 16 Träger entsenden ihre Vertreter nach einem bestimmten Auswahlschlüssel in diese Arbeitsgruppen. Aufgrund der Komplexität des Rentenrechts sind die Arbeitsgruppen der Deutschen Rentenversicherung stärker differenziert als beim LBV. Zum Beispiel gibt es eine Arbeitsgruppe, die sich um die Ausführung und Darstellung von Berechnungen im Rentenbescheid kümmert, eine andere ist für Texte zuständig, die sich auf die Anwendung internationaler Sozialversicherungsabkommen beziehen. In den Text-Arbeitsgruppen der Deutschen Rentenversicherung sind jeweils die Bereiche Grundsatz, Rechts- und Fachfragen sowie Informations- und Kommunikationstechnologien (IT) vertreten.

IV. Aufgaben

Die übergeordnete Aufgabe beider Projekte war die Veränderung des Schriftverkehrs hin zu einem modernen, freundlichen und wertschätzenden Umgang mit den Klienten der Behörden. Die jeweiligen Rechtsmaterien sollten so weit wie möglich auch für Laien nachvollziehbar erläutert werden. Dazu waren einerseits vorhandene, als verbesserungswürdig eingestufte Texte im Sinne einer guten Verwaltungssprache und einer guten Darstellung zu bearbeiten. Über die Bearbeitung von Texten hinaus sollte ein neuer Sprachstil nachhaltig in den Behörden verankert werden, so dass die

Mitarbeiterinnen und Mitarbeiter ihn auch nach Abschluss der Projektarbeit verwenden, etwa beim Verfassen neuer Standardtexte oder auch im freien Schriftverkehr. Eine spätere Unterstützung der Textarbeit durch das FÖV sollte dann nicht mehr erforderlich sein.

1. Phase: Schaffung von Akzeptanz und Voruntersuchungen

Zunächst galt es, bei den Mitarbeiterinnen und Mitarbeitern der Behörden Akzeptanz für das Projekt zu erreichen. Zielgruppen dieser Bemühungen waren zunächst die Verwender der bisherigen Texte, also Sachbearbeiter und Kundenbetreuer, sowie deren Vorgesetzte. Für diese Gruppen wurden Informationsveranstaltungen über Zwecke, Ziele und Hintergründe des Vorhabens angeboten. Außerdem wurden sie mit Befragungen in die Projektarbeit eingebunden, in denen es um Erfahrungen mit den bestehenden Texten ging, um typische Anfragen und Beschwerden der Klienten sowie um typische Antworten, mit denen Anfragen zufriedenstellend beantwortet werden konnten. Es galt auch herauszufinden, welche Schriftstücke am häufigsten Anlass zu Rückfragen gaben. Hinweise und Anregungen aus den Befragungen wurden aufgenommen und in der späteren Projektarbeit berücksichtigt.

Als weitere Gruppe besonders wichtig waren die Verfasserinnen und Verfasser der bestehenden Texte, also die Mitglieder der Text-Arbeitsgruppen. Deren fachliche Expertise und deren Wissen über die historische Entwicklung der Texte waren unerlässlich für eine Weiterentwicklung der Texte. Einige Mitglieder der Text-Arbeitsgruppen begegneten den Projekten mit erheblicher Skepsis. Dies war zu erwarten, denn die Projekte konnten auch als Kritik an der bisherigen Textarbeit aufgefasst werden, als Bedrohung des professionellen Selbstverständnisses der Akteure. Aus diesem Grunde wurden einige Mühen darauf verwendet, die Mitglieder der bestehenden Text-Arbeitsgruppen zur Mitarbeit im Projekt einzuladen. Dies geschah ebenfalls im Rahmen von Informationsveranstaltungen, in denen alle aufgeworfenen Vorbehalte gegen die Veränderung der bisherigen Kommunikationsformen angesprochen und ausführlich gemeinsam erörtert wurden. Die anfängliche Skepsis wich nach einiger Zeit. Damit konnten aus dem Kreis der bisher Textverantwortlichen Mitglieder für die in der nächsten Projektphase einzurichtenden Projektgruppen gewonnen werden. Aus den Gesprächen ergaben sich auch weitere Hinweise auf Texte, die im Rahmen des Projekts überarbeitet werden sollten.

Die folgenden exemplarischen Schilderungen beziehen sich für das LBV auf die Überarbeitung von Bescheidtexten der Abteilung Versorgung. Bei der Deutschen Rentenversicherung ging es um die Weiterentwicklung des Gesamtkonzepts für Bescheide über die Bewilligung von Renten. Aufgrund einer sehr großen Anzahl betroffener Textbausteine und möglicher Fallkonstellationen wurde vereinbart, die Überarbeitung von Texten der Rentenbescheide anhand von Musterfällen vorzunehmen.

2. Phase: Zusammenstellen von Projektgruppen und Einführung in die Projektarbeit

Die Projektgruppen für die Textarbeit in beiden Behörden wurden bereichs- und hierarchieübergreifend angelegt. Die Mitglieder der Projektgruppen hatten bei den Vorgesprächen ihr Interesse an dieser Aufgabe bekundet, und sie hatten bereits in der Vergangenheit in irgendeiner Form mit der Gestaltung oder Verwendung von Texten zu tun, zum Beispiel als Mitglied einer Text-Arbeitsgruppe. Für die juristische Prüfung der veränderten oder neuen Texte war mindestens je ein Jurist oder eine Juristin aus dem Haus Mitglied der Projektgruppe. Auch die IT-Bereiche der Behörden waren durch Sachverständige vertreten, die ebenfalls die Textarbeit aus eigener Erfahrung kannten. Sie achteten darauf, dass überarbeitete oder neu erstellte Textbausteine oder Textstrukturen programmiertechnisch umsetzbar waren. Dies war erforderlich, weil sich beide Behörden einer bereits sehr lange laufenden IT-Infrastruktur bedienten, um Schriftstücke zusammenzustellen und zu drucken.

Die Projektgruppe der Abteilung Versorgung des LBV hatte fünf Mitglieder. Die Abteilungsleiterin nahm selbst an der Projektgruppe teil. Ein Mitglied der Gruppe wurde als Sprecherin gewählt. In der Projektgruppe bei der Deutschen Rentenversicherung waren alle Text-Arbeitsgruppen vertreten, die Verantwortung für Bestandteile der Rentenbewilligungsbescheide trugen. Auch die Bereiche Presse- und Öffentlichkeitsarbeit der Bundes- und Regionalträger entsandten Mitglieder, so dass die Projektgruppe insgesamt 15 Mitglieder hatte. Ein Sprecher oder eine Sprecherin wurde nicht gewählt. Der Vertreter der Presse- und Öffentlichkeitsarbeit der Deutschen Rentenversicherung Bund sorgte als Projektleiter unter anderem für die internen Organisations- und Koordinationsprozesse der Projektsitzungen.

Zur Einstimmung in die kommende Projektarbeit wurden Auftakt-Workshops veranstaltet: Ein Sprachexperte des FÖV informierte unter anderem über die Grundlagen menschlicher Kommunikation, über Schreibstile im Allgemeinen sowie über Stilmerkmale der klassischen administrativen Sprache und deren Herkunft im Besonderen. Die Funktion der administrativen Sprache als Fachsprache und ihre Bedeutung für verwaltungsinterne Kommunikationsvorgänge wurde dargestellt, ebenso die Wirkung dieser Fachsprache auf Rezipienten außerhalb von Verwaltungen. Anhand von Beispielen wurde analysiert, welche Eigenschaften Texte schwerer verständlich und unklar machen. In praktischen Übungen wurden besser verständliche Texte gemeinsam erzeugt. Auf diese Weise wurde ein Bezugssystem geschaffen, mit dessen Hilfe Texte eigenständig beurteilt werden konnten. Vor- und Nachteile der Verwaltungssprache wurden dargestellt und erörtert. Natürlich wurden auch Möglichkeiten und Grenzen der Veränderbarkeit der Verwaltungssprache besprochen, insbesondere wegen der spezifischen Anforderungen der jeweiligen Behörde. Später, während der laufenden Projektarbeit, hielt der Sprachexperte des FÖV, je nach Bedarf, auch Impuls- oder Kurzreferate.

3. Phase: Überarbeitung bestehender Texte

Die Textbearbeitung musste von den Mitgliedern der Projektgruppen neben den normalen Aufgaben in der Behörde erledigt werden. Daher waren vorbereitende und unterstützende Arbeiten bei der Überarbeitung bestehender Texte durch den externen Sprachexperten gern gesehen. Er unterbreitete der Projektgruppe Vorschläge, wie bestimmte Texte künftig lauten sollten. Seine Veränderungen bezogen sich auf die Begrifflichkeit, auf den Sprachstil, und ganz besonders auf eine andere Anordnung der Sachaussagen unter logischen oder rezeptionsorientierten Gesichtspunkten. Insgesamt wurde angestrebt, die Texte an die Informationserwartungen der Adressaten anzupassen und sie nicht, wie bisher, vor allem nach Anforderungen und Arbeitsweisen der Behörde zu gliedern und zu formulieren. Die Vorschläge des Sprachexperten gingen per E-Mail an alle Mitglieder der Projektgruppen, bei Bedarf zusammen mit weiteren Erläuterungen zu seinen diversen Vorschlägen. Dieses Vorgehen wurde in beiden Behörden praktiziert.

In der Abteilung Versorgung des LBV traf sich die Projektgruppe in regelmäßigen Abständen – etwa alle drei Wochen – und diskutierte die Vorschläge des Sprachexperten. Im Vorfeld der Sitzungen hatten sich die einzelnen Mitglieder der Projektgruppe jeweils mit den Vorschlägen auseinandergesetzt und ihre Anmerkungen dazu notiert. Sofern den Vorschlägen des Sprachexperten nicht zugestimmt wurde, entwickelte die Projektgruppe alternative Formulierungen. Die Sprecherin fasste die Ergebnisse der Gruppensitzungen zusammen und schickte sie dem Sprachexperten des FÖV. Dieser setzte sich mit den Argumenten der Projektgruppe auseinander, wobei er immer wieder auch telefonisch Kontakt mit der Sprecherin der Gruppe aufnahm. Dann akzeptierte oder modifizierte er die vorgeschlagenen Formulierungen und schickte seine Antwort an die Projektgruppe zurück. Je nach Schwierigkeit der Formulierungsfrage konnten für eine Textpassage mehrere Abstimmungsrunden erforderlich sein. Sofern sich auf dem Wege der schriftlichen oder telefonischen Abstimmung keine Einigung erzielen ließ, wurden gemeinsame Sitzungen der Projektgruppe mit dem Sprachexperten einberufen. Während dieser persönlichen Zusammentreffen konnte stets eine

Einigung für alle offenen Fragen erzielt werden, oft in Form einer neuen, gemeinsam akzeptierten Lösung. Auf diese Weise konnten alle wesentlichen und häufig verwendeten Bescheidtexte der Abteilung Versorgung des LBV innerhalb von sechs Monaten überarbeitet werden.

Auch in der Deutsche Rentenversicherung setzten sich die einzelnen Mitglieder der Projektgruppe jeweils mit den Vorschlägen des Sprachexperten auseinander. Im Bedarfsfall ließen sie sich durch Mitarbeiterinnen oder Mitarbeiter aus ihrem Arbeitsumfeld beraten. Die Mitglieder sandten ihre Anmerkungen und Anregungen jeweils direkt an den Sprachexperten, bevor sie in der Gesamtgruppe diskutiert wurden. Der Sprachexperte wertete die Antworten aller Mitglieder aus. Im Zuge der weiteren Bearbeitung modifizierte er den Text gemäß den Vorschlägen, diskutierte telefonisch mit einzelnen Mitgliedern der Projektgruppe über deren Anmerkungen oder stellte Übersichten über mehrere alternative Vorschläge zusammen. Auf diese Weise entstand ein synoptisch gegliedertes Dokument mit gesammelten Textvorschlägen und Anmerkungen, welches per E-Mail an die Mitglieder der Projektgruppe gesandt wurde.

Dieses Dokument war dann die Arbeitsgrundlage der folgenden Sitzung der Projektgruppe, an der jeweils auch der Sprachexperte des FÖV teilnahm. Zu diesen Sitzungen traf sich die Projektgruppe im Abstand von zwei bis drei Monaten. Eine Sitzung dauerte in der Regel eineinhalb Tage.

Die Abstimmungsprozedur in der Sitzung lief in der Regel folgendermaßen ab: Der Text wurde vom PC des Experten auf eine Leinwand projiziert und nach Art einer Lesung Satz für Satz besprochen. Erörtert wurden die Inhalte und der Sprachstil des betreffenden Textes; ferner wurden Aspekte der Textgestaltung bis hin zum Layout behandelt und entschieden. Änderungen, die während der Sitzung vorgenommen wurden, konnten aufgrund der Projektion von allen Gruppenmitgliedern gesehen und kommentiert werden. Besonders markierte Änderungen dienten später zur erneuten Bearbeitung des Textes durch den Experten. Im Nachgang zur Sitzung wurde der bearbeitete Text mit den Mitgliedern der Projektgruppe nochmals per E-Mail abgestimmt und zu einem anderen Sitzungstermin in einem zweiten Durchgang besprochen.

An den Sitzungen der Projektgruppe bei der Deutschen Rentenversicherung nahm neben dem Sprachexperten ein weiterer Vertreter des FÖV teil, der die Sitzung moderierte. Dies war vor allem aufgrund der großen Gruppe erforderlich. In enger Abstimmung mit dem Sprachexperten legte er die Tagesordnung fest und führte durch den Sitzungstag. Seine Aufgabe war es unter anderem, dafür zu sorgen, dass alle, die es wollten, ihre Argumente und Gesichtspunkte vortragen konnten. Ohne diese Moderation wären bei einer sich frei entfaltenden Gruppendiskussion viele Vorschläge im Verlauf des Geschehens auf unterschiedliche Weise verloren gegangen. Es kam auch vor, dass einzelne Personen sehr viel Aufmerksamkeit für ihre Ideen und Vorschläge beanspruchten. Dies konnte dazu führen, dass sich andere Gruppenmitglieder mit der Zeit vom gemeinsamen Gespräch zurückzogen, weil ihre Vorschläge nicht richtig beachtet wurden. Der Moderator hielt insbesondere alle weiterführenden Äußerungen und Lösungsvorschläge fest und achtete darauf, dass sie besprochen wurden. Zu Sachfragen nahm er nicht Stellung und unterbreitete nur selten eigene Vorschläge. Er fragte aber durchaus nach, wenn seines Erachtens ein Sachverhalt nicht hinreichend klar genug formuliert erschien, um späteren Missverständnissen vorzubeugen.

Jeder einzelne Formulierungsvorschlag wurde vom externen Sprachexperten mit den Mitgliedern des Projektteams durchgesprochen. Dabei war stets auch zu prüfen, ob vorgeschlagene Gliederungen oder Formulierungen sich über den aktuellen Musterfall hinaus auch mit anderen denkbaren Fallkonstellationen vertrugen. Am Ende der Erörterungen stand in der Regel ein tragfähiger Kompromiss aus fachlichen Erfordernissen und dem sprachlich Wünschenswertem. Auch das Layout des Bescheids wurde neu gestaltet und der überarbeiteten oder neuen Fassung des Textes angepasst.

Insgesamt ging es um eine Optimierung der Information für die Adressaten der Bescheide. Dafür war der Sprachraum zu erweitern, es war aus der Fachsprache herauszutreten, um die Neigung zum Lesen und Verstehen herauszufordern und um, mittelbar, einen grundlegenden Wandel des Verständnisses der Beziehungen Verwaltung – Bürger im Sinne der Bürgernähe auf den Weg zu bringen.

Die Mitglieder der Projektgruppen setzten ihre Erkenntnisse aus der Projektarbeit auch nach Ende des Projekts weiter ein, indem sie eigenständig weitere Texte sprachlich überarbeiteten. Nach Abschluss der Projektarbeit in einem Fachbereich wandte sich der Sprachexperte des FÖV jeweils dem nächsten Fachbereich der Behörde zu, um auch dort einen ähnlichen Wandel des Umgangs mit der administrativen Sprache zu unterstützen.

V. Begleitende Maßnahmen

In beiden Behörden wurden die Projekte intensiv durch Maßnahmen der internen Kommunikation begleitet. In den Mitarbeiterzeitschriften gab es Stellungnahmen der Behördenleitung zu Beginn der Projekte sowie Berichte über die laufende Projektarbeit. Auf die Veröffentlichung überarbeiteter Schriftstücke oder den Einsatz neuer Textbausteine wurde jeweils im Intranet der Behörden hingewiesen. Für die Beschäftigten, die nicht direkt am Projekt beteiligt waren, wurden Fortbildungsveranstaltungen angeboten. Führungskräfte informierten die Mitarbeiterinnen und Mitarbeiter ihrer Bereiche über die Projekte und regten zur Teilnahme an den Veranstaltungen an. Alle Teilnehmerinnen und Teilnehmer der Veranstaltungen wurden dazu aufgerufen, in ihren Bereichen eigenständig an der sprachlichen Verbesserung von Texten zu arbeiten, insbesondere bei frei verfassten Schriftstücken. In beiden Behörden entstanden kurz gefasste Sprachführer. In ihnen wurden die grundlegenden Prinzipien einer guten Verwaltungssprache niedergelegt, abgestimmt auf die Erfahrungen aus der Projektarbeit. Diese Sprachführer wurden allen Beschäftigten in Papierform und über das Intranet zur Verfügung gestellt. Natürlich blieb das besondere Engagement der Mitglieder der Projektteams deren jeweiligen Vorgesetzten nicht verborgen, die es zum Beispiel im Rahmen von Beurteilungen berücksichtigten.

Bei der Deutschen Rentenversicherung entstand dazu ein Handbuch für die Erstellung von Bewilligungsbescheiden, in dem die grundlegenden Vereinbarungen zu Inhalt, Struktur und Sprachstil dieses Bescheidtyps festgehalten wurde. Die enthaltenen Prinzipien ließen sich auch auf andere Schriftstücke der Deutschen Rentenversicherung übertragen. Auch Personen, die nicht in der Projektgruppe mitgearbeitet haben, konnten später die neuen Gesichtspunkte für Formulierung und Gestaltung bei ihrer Textproduktion berücksichtigen.

VI. Bewährungskontrolle

Einige Zeit nach Abschluss der Arbeiten durch den Experten wurde in beiden Behörden die Wirkung der neu gestalteten Texte evaluiert. Beim LBV wurden als Indikatoren die Anzahl und die Qualität der telefonischen Kundenanfragen herangezogen. Nach Auskunft der Behördenmitarbeiterinnen und -mitarbeiter nahm die Anzahl an telefonischen Erläuterungen und Diskussionen um Bescheide sowie die Anzahl an Reklamationen ab, seit die veränderten Texte ausgesandt wurden. Auch die Qualität der Gespräche wurde deutlich besser: Nicht nur wurde seitens der Anrufenden nicht mehr so viel geschimpft – die Anrufenden waren erheblich besser informiert. Dies ließ darauf schließen, dass die überarbeiteten Bescheide und Informationsblätter nun offenbar gelesen wurden. Längerfristig gesehen hatte die Arbeit an den Texten eine positive Wirkung auf die Arbeitszufriedenheit der Beschäftigten des LBV: Viele Beschäftigte und deren Führungskräfte waren und sind begeistert von den Wirkungen ihrer Arbeit und sehen die Anstrengungen im Nachhinein als sehr sinnvoll an. Die Widerstände gegen eine Veränderung von „schon lange bewährten" Texten wich einem verstärkten Engagement für eine gute, verständliche Verwaltungssprache (mehr dazu bei Giesen-Winkler, Margies und Fisch, 2011).

Die Effekte der Spracharbeit bei der Deutschen Rentenversicherung wurden von einer externen Markt- und Meinungsforschungsfirma mittels einer qualitativen Studie untersucht. Dazu wurden Fokusgruppen aus potentiellen und tatsächlichen Empfängern prototypische Beispiele für veränderte Schriftstücke vorgelegt. Die neuen Texte waren anhand verschiedener Prüfkriterien zu beurteilen. Das Ergebnis war positiv: Die intendierte bessere Verständlichkeit und Nachvollziehbarkeit wurde erreicht. Dabei spielte auch „der Ton“ in den Texten und nicht zuletzt die Aufmachung der Schreiben eine Rolle. Eine weitere, quantitative Untersuchung wurde vom FÖV durchgeführt: In verschiedenen Auskunfts- und Beratungsstellen der Deutschen Rentenversicherung wurden vor und nach dem Einsatz eines überarbeiteten Bescheidtyps insgesamt 696 Beratungsgespräche untersucht, die mit Empfängerinnen und Empfängern dieses Bescheidtyps durchgeführt wurden. Jeweils nach dem Gespräch wurden die Beraterinnen und Berater gebeten, einen kurzen Fragebogen zum Verlauf des Gesprächs zu beantworten, in dem unter anderem danach gefragt wurde, ob die jeweiligen Gesprächspartner den Eindruck erweckten, „ihren“ Bescheid verstanden zu haben. Im Untersuchungszeitraum nach Änderung der Bescheidtexte ging die Nachfrage nach Beratungsgesprächen um etwa 10% zurück. Der Anteil derer, die den Eindruck erweckten, den Bescheid verstanden zu haben, stieg um bis zu 57% auf bis zu 78% der betrachteten Empfängerinnen und Empfänger.[5]

VII. Resümee

Anhand zweier illustrativer Fallberichte wurde ein Vorgehen geschildert, das, gestützt auf wissenschaftlichem Wissen und Erfahrungswissen, auf Dauer zu einer guten, das heißt in erster Linie zu einer verständlichen Verwaltungssprache führen sollte. Das Vorgehen beruht auf der Überlegung, dass verschiedene Dinge zusammenkommen müssen, um bei den Bemühungen erfolgreich zu sein. So stellt natürlich das Wissen um die Merkmale eines verständlichen Sprachstils und Textaufbaus das Fundament für alle Verbesserungsversuche dar. Doch es reicht nicht aus, die Textverfasser quasi zu beschulen, eher wohl auch: umzuschulen. Für die nachhaltige Umsetzung des Wissens braucht es unter anderem ein Verständnis von moderner, bürgernaher Verwaltung in einem westlichen, industrialisierten, demokratischen Land. Dieses Verständnis bildet so etwas wie ein Bezugssystem für die Kommunikation einer modernen Behörde in ihre Außenwelt hinein. Was hier kurz in zwei Sätzen ausgedrückt ist, hat natürlich einen historischen und gesellschaftlichen Hintergrund, über den die Behördenmitarbeiterinnen und -mitarbeiter in Grundzügen aufgeklärt sein sollten, um zu verstehen,

5 Die hier geschilderten Ergebnisse beziehen sich auf einen ablehnenden Bescheid der Deutschen Rentenversicherung, der als Pilotprojekt überarbeitet wurde, bevor die Arbeiten an den Bewilligungsbescheiden begannen.

dass heute eine andere administrative Sprache angemessen ist als zum Beispiel vor etwa 160 Jahren. Das war die Zeit als in Deutschland die Grundlagen ihrer wirkungsvollen Verwaltung gelegt worden waren und damit ein bestimmter Sprachstil entstand. Es geht gewissermaßen um die durch die heutige Zeit und ihre Anforderungen neu zu prägende Mentalität der in einer Behörde Arbeitenden und Leitenden, aus der heraus insbesondere die kommunikativen Akte jedweder Art zu gestalten sind. Ohne ein zeitgemäßes Verständnis vom Verwalten wird es kaum zu selbständigen und selbstverantwortlichen Bemühungen um eine gute Verwaltungssprache kommen können. Hier entsprechend zu wirken, sehen wir als eine Aufgabe für die Verwaltungspolitik an.

In bereichs- und hierarchieübergreifenden Projektgruppen zu arbeiten, dürfte im Hinblick auf die Aufgabenstellung nach allen vorliegenden Erfahrungen eine sehr effektive Arbeitsform sein: Gemeinsames Lernen, gemeinsame Arbeit und zugleich arbeitsteiliges Vorgehen, Neues erfahren und in Gruppendiskussionen vertiefen können, sich Finden im Gespräch, das Aushandeln von Kompromissen, zum Beispiel zwischen rechtlichen Anforderungen eines Textes und Wünschen nach dessen Klarheit und Verständlichkeit für Laien, und zufrieden sein mit dem gemeinsam Geschaffenen, all das sind Momente für das Gelingen der Arbeit. Quasi nebenbei wird ein innerbehördliches Netzwerk von Sachverständigen geschaffen, die sich bei künftigen neuartigen Anforderungen austauschen können.

Natürlich ist der hier vorgestellte kooperative Ansatz zur Verbesserung der administrativen Sprache personell wie auch sächlich aufwendig. Doch es geht ja um nachhaltige Änderungen im Stil der Kommunikation von Behörde mit Klienten oder Bürgern. Lange eingeschliffene administrative Verhaltensgewohnheiten dauerhaft zu verändern und neu zu etablieren, bedarf aufseiten der Leitung einer Behörde und seitens der Ausführenden neben einem neuen Sachwissen auch der grundlegenden Zustimmung zu den Spezifika dieser Arbeit und eines langfristigen Engagements, das letztendlich auch Zufriedenheit vermittelt, nachdem sich der Erfolg eingestellt hat.

Im Schlusskapitel dieses Buches finden sich noch einige Ergänzungen zu dem hier vorgestellten kooperativen Ansatz, auch im Unterschied zum Vorgehen anderer Experten.

Literatur

Giesen-Winkler, U./*Margies*, B./*Fisch*, R. (2011): Integration externen Wissens bei der Einführung einer verständlichen Verwaltungssprache. In Schauer, R., Thom, N. & Hilgers, D. Innovative Verwaltungen. Innovationsmanagement als Instrument von Verwaltungsreformen (S. 177–189). Linz: Trauner.

Was tun?

Wege zur Wirksamkeit und Nachhaltigkeit der Arbeit an einer guten Verwaltungssprache

Rudolf Fisch und Burkhard Margies

Dieses Kapitel behandelt die Arbeit an einer guten Verwaltungssprache in Texten – und dies jenseits von Einfachlösungen. Es geht um administrative Texte, die aus einer Verwaltung nach außen übermittelt werden, also an Bürger und an Einrichtungen von Wirtschaft und Gesellschaft. Die Texte können normale Korrespondenz sein, Antworten auf Anfragen, Bekanntmachungen, Merkblätter, Informationsdienste, Entscheidungen über Anträge, Bescheide und ähnliches.

Von der Ratgeberliteratur kennt man als Antwort auf die Frage „Was tun?" generalisierte Formen des Aufforderns zu bestimmten Handlungen oder deren Unterlassung. Üblich geworden sind auch, insbesondere auf Tagungen, Berichte über „best practices", die dann mehr oder weniger zur Nachahmung empfohlen werden. Auf beides wird hier verzichtet. Stattdessen berichten wir über in der Praxis vorfindbare und neu entwickelte, erfahrungs- und wissenschaftsgestützte Vorgehensweisen, die zu nachhaltigen Wirkungen bei der Verbesserung der Verwaltungssprache führen können. Der Bericht soll dazu anregen, wissensgestützt im konkreten Fall einen eigenen Weg zu suchen und zu gehen. Der eigene Weg sollte auf die spezifischen Aufgaben der jeweiligen Einrichtung oder auf die jeweiligen Vorstellungen und Bedürfnissen der betreffenden Einrichtung abgestimmt sein. Um das Vorgehen zu erleichtern, werden einige unterstützende oder orientierende Handreichungen vermittelt.

Die verwaltungsinterne Fachsprache haben wir weniger im Blick. Sie dient dem innerbehördlichen und zwischenbehördlichen Verkehr und ist eine Sprache der Fachleute. Doch wem an einer wirksamen internen Kommunikation gelegen ist und möchte, dass seine Botschaften von den Adressaten wirklich verstanden werden, könnte durchaus auf die hier vorgestellten Überlegungen sinngemäß zurückgreifen[1].

---

[1] Die Etablierung einer wirkungsvollen internen Kommunikation ist ein Dauerthema für Organisationen, wozu natürlich auch Behörden zählen (siehe dazu zum Beispiel Maier, Schneider und Retzbach, 2012).

I. Alte Kritik an der Sprache und der Umgang mit dieser Kritik

Es gibt eine alte Kritik an der Verwaltungs-, Amts- oder Behördensprache und insbesondere an allem, was als Kanzleistil bezeichnet wird[2]. Unsere Spurensuche führte bis ins achtzehnte Jahrhundert. Schon damals wurde der Sprachstil der Gerichtssprache moniert. Gleichzeitig wurden immer wieder Überlegungen zu dessen Verbesserung präsentiert. Zum Beispiel ordnet die „Allgemeine Gerichtsordnung für die preußischen Staaten" des Jahres 1796 an, eine allgemein verständliche Schreibart zu pflegen und den verworrenen, dunklen und weitschweifigen alten Kanzleistil zu vermeiden. Insbesondere solle man keine Schachtelsätze bilden und Einschübe mit Klammern oder Gedankenstrichen unterlassen. 100 Jahre später rät Landgerichtsrat Karl Bruns in seiner kleinen Schrift „Gutes Amtsdeutsch: eine Betrachtung mit vielen Beispielen" unter anderem dazu, kurze Sätze zu bevorzugen und weitschweifige Präpositionen zu vermeiden, also „über" statt „betreffend" zu schreiben oder „nach" statt „gemäß" und so fort.

Ebenso alt sind die Ermahnungen, die Behördensprache in Schreiben, die an Empfänger außerhalb der Behörde gehen, nachvollziehbar, verständlich und adressatenbezogen zu gestalten. Ein Vorreiter solcher Bemühungen war im ausgehenden 19. Jahrhundert der Allgemeine Deutsche Sprachverein (Braunschweig). Eine seiner Wunschvorstellungen war und ist es immer noch, dass Empfänger in der ganzen Bandbreite der Bevölkerung in der Lage sein sollten, administrative Texte zu verstehen, wenn sie „Post vom Amt" bekommen. Einem Empfänger fällt es schwer zu akzeptieren, dass mit ihm in der Verwaltungssprache gesprochen wird; er nimmt damit unter anderem wahr, wie die Verwaltung den Bürger sieht und wie man ihm im Allgemeinen gegenübertritt: korrekt und unnahbar.

Neuerdings kommt noch ein anderes Moment hinzu: Es liegt im Zug der Zeit, Bürgerinnen und Bürger an Entscheidungsprozessen zu beteiligen.[3] In solchen Verfahren steht die schriftliche Informationsvermittlung im Vordergrund. Dazu werden, ganz modern, die neuen Informations- und Kommunikationsmedien genutzt, zum Beispiel kommunale oder staatliche Beteiligungsplattformen. Auch hier gelingt die Informationsvermittlung nicht leicht, auch hier treten Verständigungsprobleme auf, nicht nur wegen der Verwaltungssprache. Denn die Logik und die Fachsprache der Informationstechnik werden für die Kommunikation mit Abnehmern und Klienten wie selbstverständlich verwendet, möglicherweise ohne sich zuvor eingehend

---

[2] Alle vier Begriffe sind heute für den in Frage stehenden Sachverhalt üblich.

[3] Dies ist nicht nur in der Exekutive zu beobachten, auch Gerichte gehen diesen Weg, zum Beispiel in Form von Mediationsverfahren, wie sie von Walther in diesem Band geschildert werden.

vergewissert zu haben, ob die jeweiligen Inhalte von den Adressaten verstanden und von ihnen die Darstellungsform akzeptiert wird oder nicht.

Die Schwierigkeiten mit einer über weite Strecken schwer verständlichen Verwaltungssprache werden also seit gut zweihundert Jahren beklagt und treten nach wie vor zutage. Wenn im öffentlichen Sektor ein Problem so lange bekannt ist, bisher aber nicht zufriedenstellend behoben werden konnte, tauchen Fragen auf wie diese: Welches sind die besonderen Bedingungen, die dazu führen, dass ein beklagter Zustand nicht verändert wird, sondern sich in den Behörden von Generation zu Generation erhält? Welches sind die Systemkräfte, welche eine solche Dauerhaftigkeit eines Problems bewirken?

Für eine Antwort muss man sowohl in die Verwaltungen schauen als auch in deren kulturelles Umfeld. Auch der Zeitgeist ist mit zu berücksichtigen: Mangelnde Verständlichkeit findet man nicht nur bei amtlichen Texten. Andere, weit verbreitete Textsorten lösen ähnliche Reaktionen aus: Texte aus dem Geschäftsverkehr wie Kaufverträge, Beipackzettel von Medikamenten und Kosmetikartikeln, Aufdrucke auf Dosen mit Anstrichfarben, Gebrauchsanweisungen von Haushaltsgeräten, Arbeitszeugnisse, aber auch „politisch korrekte“ Mitteilungen aller Art und so fort. Ihre Sprache legt unter anderem Zeugnis ab über die große Sorge, die heute existierenden zahlreichen Rechtsregeln für veröffentlichte Texte zu verletzen. So entstehen unter anderem ängstliche und verquaste Formulierungen, getragen von dem Bemühen, nur das Notwendigste zu sagen und keine Verbindlichkeiten aufkommen zu lassen. Sprache aber benötigt einen Freiraum, um klare Botschaften oder Nachrichten übermitteln zu können. Hier besteht ein Dilemma, das nicht leicht aufzulösen sein dürfte.

In Verwaltungen sind die systemimmanenten Kräfte für den Erhalt der bisherigen Verwaltungssprache stark; die Kräfte haben gute Argumente auf ihrer Seite, zum Beispiel: Verwaltungsfachleute benötigen die Fachsprache für die interne Kommunikation in Verwaltungen. Das erscheint zweckmäßig. Doch die Textgestaltung sollte sich eigentlich auch nach den Adressaten richten, und wenn die Texte die Verwaltung verlassen, sind die Adressaten in der Regel andere. Denn einerseits liegt dem Text ein Ergebnis von Verwaltungstätigkeit zugrunde, übertragen in ein Schreiben. Andererseits wird das Ergebnis damit zu einer Nachricht an eine Person oder mehrere Personen außerhalb der Verwaltung, die in der Regel der Verwaltungsfachsprache nicht mächtig sind. Ähnliches gilt für die Kommunikation zwischen Ressorts: Die innere Fachsprache von Ressort A kann hinderlich sein für die Kommunikation mit Ressort B und dessen ebenfalls eigener Fachsprache. Wahrscheinlich geht kein Weg an einer quasi-Zweisprachigkeit und ihrem zweckbezogenen Einsatz vorbei: Eine verwaltungseigene Fachsprache und eine Sprache der Verwaltung für die externe Kommunikation. Für die Notwendigkeit der Zweisprachigkeit muss auf allen Ebenen einer Verwaltung geworben werden. Denn es ist schwer vorstellbar, dass eigens eine Stelle in Verwaltungen eingerichtet und unterhalten wird, um die nach außen gehenden Schreiben angemessen zu bearbeiten. Diese Erweiterung des Apparats passt nicht in die heutigen Zielstellungen eines Bürokratieabbaus.

Verständige Verwaltungsjuristen konstatieren durchaus einen geradezu natürlich gegebenen Spannungsbogen zwischen der Forderung nach Verständlichkeit einerseits und rechtsstaatlich geforderter und inhaltlicher Richtigkeit von behördlichen Bescheiden andererseits. Die Optimierung der Rechtssprache im Hinblick auf eine allgemeine Verständlichkeit wurde in dem Kapitel von Lerch (in diesem Buch) beleuchtet, und seine Darlegungen stimmen in dieser Hinsicht wenig optimistisch. Gerade deshalb könnte eine kritisch-pragmatische Weiterentwicklung der Verwaltungssprache etwas zum Guten bewirken, zum Beispiel, wenn man sich beim Abfassen der Texte in die Empfänger hinein versetzte und die Sachverhalte für ihren Horizont sprachlich so aufbereitete, dass man als verständiger Bürger zumindest das Bemühen um Verständlichkeit verspürt. Daraus könnte wiederum eine Forderung seitens der Verwaltung an den Gesetzgeber erwachsen, vor dem Erlassen von Gesetzen und Verordnungen diese auf ihre Verständlichkeit zu prüfen, so wie es beispielsweise in der Schweiz üblich ist.

Die Kernfragen dieses Kapitels lauten also: Was kann man in einem konkreten Fall tun, wenn die Verwaltungssprache einer Behörde oder einer staatlichen oder kommunalen Einrichtung in nach außen gehenden Texten für Verwaltungslaien verständlich und nachvollziehbar werden soll und ferner, was kann getan werden, damit eine verständige Leserin oder ein verständiger Leser den Text bereitwillig liest?

Die bisherigen Kapitel in diesem Buch haben gezeigt, dass es verschiedene Ansätze gibt, die zur Arbeit an der Verwaltungssprache im Außenverhältnis der Einrichtungen ermutigen. Aber eine für alle Fälle passende Methode ist nicht bekannt. Es kann auch nicht so sein, weil vieles dafür spricht, dass die jeweiligen Bedingungen vor Ort spezifische Ansätze verlangen oder diese entwickelt werden müssen, auch um eine Dauerhaftigkeit der Effekte zu erzielen. Wie dies aussehen kann, dazu werden im Folgenden mögliche Wege zur Erreichung einer guten Verwaltungssprache beschrieben. Es wird über das Wie von möglichen Lösungsansätzen berichtet und gezeigt, wo wissenschaftliches Wissen bei den Bemühungen hilfreich sein kann.

II. Erleichternde und erschwerende Faktoren für die Arbeit an der Verwaltungssprache

Fairerweise muss festgestellt werden, dass heutzutage im öffentlichen Sektor an vielen Stellen erkannt wurde, dass die Verwaltungssprache so zu gestalten ist, dass sie verständlich und nachvollziehbar ist. Daran wird gearbeitet. Unterstützung liefert zum Beispiel die Gemeinsame Geschäftsordnung der Bundesministerien (GGO). Hier heißt es im § 16 (2): „Schreiben müssen präzise, inhaltlich vollständig, verständlich und höflich sein". Dagegen stellt das Verwaltungsverfahrensgesetz für Schreiben der klassischen Verwaltung keine entsprechende Forderung auf. Unter § 23, „Amtssprache" wird im Absatz 1 nur festgestellt: „Die Amtssprache ist deutsch". Dem Gesetzgeber war hier wichtig, dass die Verkehrssprache der Behörden deutsch ist und Fremdsprachen für Verwaltungsverfahren nicht zulässig sind. Dass diese Kernaussage im Paragraphen 23 nicht ausreicht, um verständliche Texte zu erzeugen, zeigen zum Beispiel immer wieder Richtersprüche in Verwaltungsgerichtsverfahren. So wurde anlässlich einer Klage im Rahmen eines hoch komplizierten Planfeststellungsverfahrens für eine neue Straße vor einem Verwaltungsgericht dem zuständigen Regierungspräsidium von richterlicher Seite auferlegt, es möge die ausgelegten Unterlagen für die Bürger vom Grundsatz her klar, verständlich und nachvollziehbar abfassen.

Doch die lang andauernde Kritik von vielen Seiten hat verwaltungsintern zu einer generalisierten Abwehrhaltung gegen Versuche geführt, die Verwaltungssprache in dem Sinne zu verändern, wie das in diesem Buch an vielen Stellen gewünscht wurde. Wenn eine Behörde beabsichtigt, sprachliche Änderungsarbeit aus eigener organisationsinterner Kraft bewältigen zu wollen, dürfte dies daher schwierig umzusetzen sein. Immerhin ist die interne Sprache für die Beamten und Angestellten der Behörde etwas Selbstverständliches. Sie ist schließlich die Fachsprache der Behörde. Mitglieder von Behörden müssen sie beherrschen. Das Beherrschen der Fachsprache gilt als Ausdruck von Professionalität. Es wird unter anderem argumentiert, die Mitarbeiter hätten – aus ihrer Sicht – bei der Abfassung von Texten immer schon versucht, ihr Bestes zu geben. Mehr gehe eben nicht. Eine gute Behördenleitung wird sich klar machen, dass nicht jede Person, die amtliche Texte verfassen kann, in der Lage sein dürfte, die besonderen Anforderungen beim Abfassen verständlicher und nachvollziehbarer nach außen gehender Schreiben zu erfüllen. Eine solche Einsicht sollte eigentlich Konsequenzen haben.

Es ist also festzuhalten, dass viele Verwaltungsbeschäftigte redaktionellen Überarbeitungen von scheinbar bewährten Texten oder auch Textbausteinen eher zurückhaltend bis kritisch gegenüberstehen. Dabei argumentieren sie gegen Anforderungen, die sie vom Grundsatz her vielleicht als durchaus notwendig erachten. Doch fühlen sie sich schon durch die normale Pflichterfüllung voll ausgelastet und bezweifeln, ob sie einen Mehraufwand bewältigen können, der durch die neue Textarbeit entstünde. – In der Modernisierung Erfahrene wissen von der Faustregel, dass bei Innovationen oder Änderungen im Durchschnitt 125 % Aufwand zu leisten sind und die Betroffenen ahnen zu Recht, dass dann mehr zu tun sein wird.

Ein anderes Argument gegen Änderungen an bisher „bewährten" Texten ist, dass diese in der Regel eine rechtliche Überprüfung hinter sich haben; daher möchte man nicht neue Arbeit und neue rechtliche Überprüfungen als Folge von Veränderungen an den Texten auslösen.

Bei stark arbeitsteilig gegliederten Einrichtungen werden für einen Bescheid in der Regel Textbeiträge aus den verschiedenen am Verfahren zu beteiligenden Fachabteilungen oder -referaten angefordert. Es sind dann sowohl deren Fachkräfte als auch die Führungskräfte für die neue Textarbeit zu gewinnen. Darüber hinaus ist es für den Erfolg der Arbeit unablässig, dass die Behördenleitung von der Zielsetzung her wie auch verfahrensmäßig entschlossen hinter dem Vorhaben einer besseren Verwaltungssprache steht und dies auch hausintern deutlich macht.

Wenn man dergleichen Erschwernisse für eine aussichtsreiche Arbeit an der Verwaltungssprache überwinden will, ist es hilfreich, einen sprach- und verwaltungskundigen Experten oder eine Expertin einzuschalten. Er oder sie wird zum Beispiel einen kritisch-konstruktiven Blick werfen auf bedeutsame Texte, die in der Vergangenheit nach außen gegangen sind. Das vorhandene, vermeintlich schon optimale Textmaterial dürfte zumindest für den Anfang ein brauchbarer Ausgangspunkt für Versuche zur Sprachverbesserung sein. Rücksichtnahmen auf das professionelle Selbstverständnis der Autorinnen und Autoren der Texte und Respekt ihnen gegenüber sind dabei unumgänglich.

Der Experte oder die Expertin kann Brücken bauen, unter anderem, indem er oder sie neues Wissen einbringt, zum Beispiel über Verständlichkeit von Texten[4]. Noch überwiegt bei den wenigen verfügbaren Experten eine kritische Grundhaltung, ob die Verwaltungssprache als solche überhaupt grundlegend verbessert werden kann. Doch ihre Arbeit wirkt aufklärend und letztlich unterstützend, wie zum Beispiel Fluck & Blaha (2010) zeigen konnten.

Ein weiteres Beispiel für einen erleichternden Faktor ist das Engagement der Leitung einer Einrichtung für eine verständliche Sprache: Wenn die

4 Zur Verständlichkeit von Texten wird auf den nächsten Seiten noch etwas gesagt; siehe dazu auch das das Kapitel von Christmann in diesem Band.

Leitung einer staatlichen oder kommunalen Einrichtung verwaltungspolitisch denkt und sich bewusst macht, dass die verschiedenartigen Texte, die täglich ihre Einrichtung verlassen, einen bedeutsamen Einfluss auf die Außenwahrnehmung und Wirksamkeit der Behördenarbeit haben, könnte sich das im günstigen Fall positiv auf die Gestaltung der Texte auswirken. Eine aufgeklärte Leitung könnte eine Instanz im Hause schaffen, die vom Grundsatz her weiß, wie Texte normalerweise aussehen sollten, die als Nachrichten an einen Empfänger dienen sollen. Die Stelle sollte autorisiert sein, in besonderen Fällen entsprechende Texte vor der Aussendung kritisch durchzusehen und gegebenenfalls redaktionell zu bearbeiten oder zur Bearbeitung zurück zu geben. Darüber hinaus könnte sie sich darum kümmern, dass die sprachliche Kompetenz der Mitarbeitenden entsprechend erweitert wird.

III. Was macht die Verständlichkeit von Texten aus?

An verschiedenen Stellen des Buches wurde dargelegt, dass Leserinnen und Leser von Texten aus Verwaltungen oftmals die Verständlichkeit und Nachvollziehbarkeit der Aussagen vermissen. Das klingt, als ob Verständlichkeit primär eine Eigenschaft der Texte sei. Wir hatten im Vorwort zu diesem Band darauf verwiesen, dass Verständlichkeit nach heutigem Wissen eher als eine Wechselwirkung zwischen Text und Empfänger zu sehen ist, und dass Merkmale des Empfängers dabei im Allgemeinen eine größere Rolle spielen als die des Textes (vergleiche Engberg, 2005, Seite 279). Verwaltungsseitig bleiben als Mittel für die Steuerung des Kontaktes mit Bürgern und Klienten jedoch nur die Formulierung und Gestaltung eines Textes. Leser eines Textes achten nicht allein auf den Inhalt, sondern erleben darin auch die aufscheinende Qualität der Beziehung von Verfasser und Adressat. Dieser Eindruck wird insbesondere über bestimmte Merkmale des Textes, zum Beispiel über den darin realisierten „Ton“, wie auch über das Layout, die Art der Präsentation des Textes bis hin zur Qualität des Papiers vermittelt. Demnach leisten bestimmte Elemente des Textaufbaus und der Textgestaltung wesentliche Beiträge zur Verstehbarkeit und Rezeption eines Texts. Über diese Sachverhalte berichten eingehender insbesondere Christmann und Klein in ihren Kapiteln. Solches Wissen könnte für die praktische Textarbeit in Behörden in Zukunft nützlich werden.

IV. Aktionsforschung als Richtschnur für das Vorgehen

Wir folgen bei unseren Bemühungen um eine Verbesserung der Verwaltungssprache der Idee der sogenannten Aktionsforschung oder Handlungsforschung (zum Beispiel Stringer, 2007). In der Aktionsforschung wird überwiegend qualitativ und praxiskritisch gearbeitet. Ihr Ziel ist es, Forschungsergebnisse und deren Implikationen fortlaufend zur Problemlösung in der gerade „beforschten“ oder beratenen Organisation einzusetzen. Zugleich wird immer auch nach Anwendungsmöglichkeiten in anderen Organisationen ähnlichen Zuschnitts gesucht. Dieser pragmatische Forschungsansatz bewährte sich in unserem Fall, weil wir in verschiedenen staatlichen und kommunalen Einrichtungen, die gleichermaßen an einer Verbesserung ihrer Sprache arbeiten wollten, engagiert wurden und dort die zuvor gewonnenen spezifischen Erfahrungen für die Arbeit am neuen Ort verwerten konnten.

Aktionsforschung ist ohne Wissen aus der Grundlagenforschung kaum realisierbar. Wesentliche Ergebnisse der Sprachforschung liefern notwendiges Hintergrundwissen, wie zum Beispiel Befunde aus der oben erwähnten Verständlichkeitsforschung. Gebraucht werden ferner Erkenntnisse der Kommunikationsforschung im Allgemeinen und Ergebnisse der Erforschung der Verwaltungskommunikation im Besonderen. Wissensmanagement und vor allem Erkenntnisse über Veränderungsmanagement in staatlichen und kommunalen Einrichtungen sind weitere wichtige Wissensquellen für die praktische Arbeit.

Wissenschaftssystematisch ist unsere Arbeit dem verwaltungswissenschaftlichen Forschungsgebiet „Staatskommunikation“ zuzuordnen (zum Beispiel Hill, 1993): Es geht darum, wie der Staat zu oder mit seinen Bürgern und gesellschaftlichen Einrichtungen kommuniziert und dies in Wort, Schrift, Bild, Artefakten, Symbolen, Ritualen und ähnlichem.

V. Maßnahmen zur Verbesserung der Verwaltungssprache

Einige Kapitel in diesem Buch haben gezeigt, dass es durchaus möglich ist, amtliche Texte so zu verfassen, dass das Geschriebene als verständlich und nachvollziehbar angesehen wird. Um das zu erreichen, ist in der Regel etwas mehr zu tun als nützlich und hilfreich erscheinende Maßnahmen für erfolgreiche Spracharbeit den Mitarbeiterinnen und Mitarbeitern bekannt zu machen und zu hoffen, dass sich allgemein danach gerichtet wird. Ein Beispiel für das „Mehr“ wäre der Versuch, Einfluss zu nehmen auf aufgabenbezogene Wertorientierungen der Beschäftigten, so dass diese es als wünschenswert wahrnehmen, für Andere verständlich zu sein. Des Weiteren ist an Organisationsprozesse zu denken, die etwas mit der Entstehung und der Verwendung verwaltungssprachlicher Texte zu tun haben, also mit der Art und Weise, wie die Formulierung und Pflege von Texten in einer Einrichtung organisiert ist. Beispiele dazu werden in den kommenden Fallschilderungen gegeben.

Ein Grundsatz für erfolgreiche Veränderungen in Organisationen ist, mit den naheliegenden Dingen zu beginnen und darauf zu achten, rasche Erfolge zu erzielen. Zeitlich parallel dazu können dann eingehende Problemanalysen durchgeführt und längerfristige Änderungsmaßnahmen entwickelt werden, die gegebenenfalls auch anspruchsvoll werden können. Die Auswahl der „richtigen" Maßnahmen, die an verschiedenen Stellen dieses Buchs beschrieben wurden, richtet sich zweckmäßigerweise nach der Ausgangslage vor Ort sowie nach organisationsspezifischen erleichternden und erschwerenden Rahmenbedingungen für die Spracharbeit. Es kann nützlich sein, für diese Aufgabe eine Expertin oder einen Experten für Verwaltungssprache zur Beratung beizuziehen.

1. Ausgangslagen

Im Folgenden werden beispielhaft Merkmale unterschiedlicher Ausgangslagen charakterisiert. Als wichtige Einflussgrößen für eine erfolgreiche Arbeit an amtlichen Texten erwiesen sich nach unseren Recherchen und praktischer Arbeit vor allem folgende Merkmale:

- Die Art und die Aufgabenfelder der Behörde sowie deren Ausmaß an externer Orientierung. Hat die Behörde direkten Bürgerkontakt wie es zum Beispiel bei einem Finanzamt gegeben ist, oder liefert die fragliche Behörde vor allem „der Politik" und der Verwaltung zu, wie zum Beispiel ein Statistisches Landesamt? Dieser Sachverhalt steht in enger Verbindung mit dem nächsten Gesichtspunkt:
- Die generelle Wertorientierung der Behördenarbeit auf ein Publikum hin, zum Beispiel im Sinne eines Mehr oder Weniger an Bürgernähe.
- Das aus den Aufgaben und der hierarchischen Position erwachsende Selbstverständnis der Behörde. Zum Beispiel kann sie sich eher als eine Gesetzesvollzieherin sehen oder eher als eine Serviceeinrichtung vor Ort.
- Der Modernisierungsgrad der Einrichtung und die Verankerung der Modernisierung in der Kultur der Organisation.
- Die Bedeutung, welche die Leitung einer bürgernahen oder überhaupt verständlichen Verwaltungssprache in ihrer Einrichtung zuspricht, zum Beispiel indem sie entsprechende Maßnahmen zur Arbeit an der Sprache fordert und fördert. Dann wäre eine weiterführende Frage: Hat es schon frühere Versuche gegeben zur Formulierung verständlicher Verwaltungstexte, die nach außen gingen? Was war das Ergebnis?
- Schließlich ist das Entstehungsalter der fraglichen Texte in Betracht zu ziehen: Sind sie neu oder alt und „bewährt"? Mehr dazu im nächsten Abschnitt.

Diese Aufstellung umfasst beispielhafte Merkmale für Ausgangslagen. Einem von außen hinzugezogenen Sprachexperten können sie zu Beginn der konkreten Arbeit dazu dienen, heuristische Fragen für eine verlässliche Einschätzung der Lage zu entwickeln. Die Beschreibung der Lage könnte möglicherweise auch bestimmte Aspekte der Mikropolitik umfassen, zum Beispiel welche organisatorischen Systemkräfte an welchen Stellen wie wirken und einen erleichternden oder erschwerenden Einfluss auf die kommende Arbeit haben könnten.

2. Die Bearbeitung neuer und alter Texte

Verwaltungstexte durch Sprachexperten in Umgangssprache „übersetzen" zu lassen, ist eine naheliegende Idee. Sie ist brauchbar und gut zu realisieren, wenn es sich um relativ einfache und „junge" Texte handelt, die aktuell entstanden sind und bisher noch nicht oder wenig überarbeitet wurden. Beispiele sind ein neues Merkblatt für den Publikumsverkehr oder eine Presseerklärung der Einrichtung.

Bei der Bearbeitung schon länger existierender Texte kann Vorsicht am Platze sein, insbesondere bei Texten, die einen Verwaltungsakt darstellen. Es kann sein, dass diese älteren Texte hoch elaboriert, wissens- und erfahrungsangereichert sind, weil sie oftmals über die Zeit hin immer wieder Überarbeitungen erfuhren. Das sieht man ihnen oft nicht an. Erfahrungen mit der Wirkung früherer Formulierungen könnten eingeflossen sein, zum Beispiel nach Widersprüchen von Klienten oder Gerichtsurteilen. Oder es waren Gesetzes- oder Verordnungsänderungen zu berücksichtigen, manchmal nur ein bestimmtes Wort. Manche Textstellen können eine wörtliche Übernahme von Gesetzestexten sein. Bei bestimmten Formulierungen kann eine behördenspezifische Tradition des Formulierens von Sachverhalten dahinter stehen. Tradition kann auch für bestimmte Merkmale des Textes maßgebend sein, zum Beispiel wenig oder viel textliche Strukturierung, die äußere Gestaltung, die Festlegung der Schriftgröße und so fort. Oder der Text, in Teilen aus verschiedenen Funktionsbereichen kommend, musste zu einem Ganzen zusammengefügt und dann geprüft werden. Damit liegt möglicherweise eine mehrfach abgestimmte oder modifizierte Formulierung eines bestimmten Sachverhalts vor, die nicht kurzerhand verändert werden sollte.

Solche Texte, unter Umständen von mehr als einer Generation von Sachbearbeitern erarbeitet, sind zu respektieren. Doch sie müssen nicht als sakrosankt angesehen werden. Sie können durchaus erneut bearbeitet werden, am besten mit der Hilfe von erfahrenen, älteren Mitarbeiterinnen und Mitarbeitern, die etwas über die Entstehung und Funktion der fraglichen Texte wissen.

Aus der Lagebestimmung insgesamt können dann Fragen abgeleitet werden wie: Was alles ist voraussichtlich zu tun, um eine nachhaltige Verbesserung der Sprache in bestimmten Texten, die nach außen gehen, zu erzielen? Wie umfangreich wird die begleitende Organisationsberatung und deren Umsetzung werden, um den Erfolg der Arbeit an der administrativen Sprache zu sichern? Wie groß könnte der zu erwartende Gesamtaufwand werden? Welcher konkrete Nutzen ließe sich mit einer Veränderung des Sprachstils erzielen?

3. Aus eigener Kraft: Broschüren, Seminare und Korrekturprogramme

Wenn man zwecks Verbesserung der Verwaltungssprache bei den Mitarbeitern und ihrer Form der Textgestaltung ansetzen möchte, gibt es verschiedene denkbare Vorgehensweisen. Eine davon ist: Die Beschäftigten eines Amtes erhalten in Broschürenform oder über das Intranet einen Ratgeber, wie die Behörde in Zukunft Texte, die nach außen gehen, geschrieben und gestaltet sehen möchte[5]. Damit wird den Mitarbeiterinnen und Mitarbeitern signalisiert, dass die Behördenleitung verständliche und nachvollziehbare Ausführungen in nach außen gehenden Texten wünscht.

In den Ratgebern für einen guten Schreibstil findet man über Jahrzehnte, ja Jahrhunderte meistens die gleichen Kritikpunkte und dementsprechend ähnliche Vorschläge für Abhilfen[6]. Am allgemeinen Wissen, was eine gute, verständliche Sprache ausmacht, kann es demnach kaum liegen, wenn nach wie vor Anlass besteht, Kritik an der Verwaltungssprache zu üben. Nun ist es ein bekanntes Phänomen, dass zwischen Wissen oder Einsichten und dem Tun oftmals keine direkte oder nur eine geringe Übereinstimmung besteht. Es bedarf förderlicher oder unterstützender Kräfte, um eine Brücke zwischen Wissen und Tun zu schlagen.

Solche unterstützenden Kräfte lassen sich beispielsweise mit speziell konzipierten Schreibwerkstätten aktivieren: Hausintern angeboten, werden in ihnen zunächst Grundlagen von Sprache und Kommunikation vermittelt[7].

---

[5] Zwei Beispiele für solche Leitfäden sind:
„Freundlich, korrekt und klar – Bürgernahe Sprache in der Verwaltung“ (2008), die überarbeitete Neuauflage einer Broschüre des Bayerischen Staatsministeriums des Inneren, die seit 1981 erscheint,
„Flotte Schreiben vom Amt“ (2004), eine Stilfibel von Peter Berger, die im Zusammenhang mit dem Projekt des Landkreis Harburg entstanden ist, über das Peter und Krümpelmann in diesem Band berichten.

[6] Zum Beispiel Regel 3 aus der Stilfibel von Berger: „‚Verwenden Sie Verben‘: Ersetzen Sie künftig diese Hauptwörter durch diese Verben: ‚in Kenntnis setzen‘ durch ‚informieren‘, ‚zur Auszahlung bringen‘ durch ‚auszahlen‘ und so weiter“.

[7] Natürlich gibt es auch externe Veranstaltungen für eine gute Verwaltungssprache. Sie vermitteln wertvolle Anregungen und stellen einen ersten Schritt in die

Darauf aufbauend wird an Beispielen vorgestellt, wie die bisherige Sprache in der Einrichtung war und wie die neue Verwaltungssprache klingen könnte. Es ist wichtig, auch nicht gelungene Texte vorzustellen und zu analysieren, damit besser erkannt und eingeordnet werden kann, was schlecht und was gut ist. Weitere vorhandene hauseigene Textbeispiele sind dann die Grundlage für entsprechende Schreibübungen. Die Schreibwerkstätten werden als ein- bis dreitägige Veranstaltungen angeboten und, im günstigen Fall, nach einem halben Jahr wiederholt. Die wiederholte Veranstaltung dient unter anderem dem Erfahrungsaustausch, der Klärung der zwischenzeitlich aufgetretenen Fragen und der Vertiefung des Wissens, zum Beispiel über Textrezeption oder gutes Design von Texten.

Es lassen sich auch Instrumente zur Unterstützung der Spracharbeit einsetzen: Eigens entwickelte PC-Programme zur Verbesserung der Verwaltungssprache analysieren Sätze und unterbreiten Vorschläge für Veränderungen, zum Beispiel für kürzere Sätze. Der Gesamtaufbau eines Textes wird jedoch nicht kritisch analysiert. Solche PC-Programme können dazu dienen, nach einer einschlägigen Fortbildungsveranstaltung den Gebrauch gewisser Stilmerkmale der neuen Verwaltungssprache zu verfestigen. Werden sie jedoch ohne ein begleitendes Fortbildungsangebot installiert, bleiben die Prinzipien einer guten Verwaltungssprache der Organisation eher fremd. – Von Lucke (in diesem Band) schlägt für solche Fälle vor, einen „Stammtext“ zentral vorzugeben und lokal mit „Ergänzungen“ zu versehen.

4. Einsatz externen Wissens: Vergabe außer Haus und kooperative Ansätze

Der Gedanke liegt nahe, externe verwaltungskundige Sprachexperten für die Übersetzung von Verwaltungstexten in eine bürgerfreundliche Sprache heran zu ziehen. So kommt man rasch zu Ergebnissen. Externe haben unter anderem den Vorteil, dass sie nicht durch hausspezifische Sprachgewohnheiten beeinflusst sind und daher relativ unvoreingenommen und unabhängig ihre Änderungsvorschläge entwickeln und unterbreiten können. Dazu gibt es verschiedene Vorgehensweisen. Zwei Hauptwege zur Realisierung dieses Ansatzes werden im Folgenden beschrieben.

---

richtige Richtung dar. Nach einer Teilnahme entsteht jedoch die Aufgabe des Transfers auf die eigene Arbeitsstelle. Um den Transfer schon in der Veranstaltung leisten zu können, konzentrieren wir uns bei den folgenden Ausführungen auf hausinterne Veranstaltungen.

a) Vergabe der Textarbeit außer Haus

Bei der Vergabe der Textarbeit außer Haus geht es primär um die nachträgliche sprachliche Bearbeitung von Texten aus einer Verwaltung. Externes Wissen wird „dazu gekauft". Dieser Idee einer externen Erledigung der Aufgabe liegt der kaufmännische Gedanke zugrunde, dass es einen Markt von externen Zulieferern gibt, auf dem man Produkte kostengünstiger „einkaufen" kann als wenn sie selbst produziert werden. Ein Externer wird infolge des Wettbewerbs mit anderen möglichen Zulieferern zu einem günstigen Preis liefern. Zudem wird er sein eigenes Qualitätsmanagement betreiben, um sich so eine Chance für künftige Aufträge zu schaffen oder zu erhalten.

In einer durch und durch modernisierten Behörde wird eine solche Aufgabe in einen geregelten, systematischen und standardisierten Einkaufsprozess gegeben, in etwa so: Nach Durchlaufen des Bereichs „Qualitätsmanagement" schreibt die Abteilung „Einkauf" die Leistung aus, detailliert und spezifiziert nach heute gängigen Verwaltungsstandards für öffentliche Vergaben gemäß EU-Richtlinien. Angebote mit Preiskalkulation haben bestimmte Formerfordernisse zu erfüllen, um bei der Vergabe berücksichtigt werden zu können. Auch die Lieferung der Leistungen, also die bearbeiteten Texte, soll nach klar umschriebenen Formerfordernissen mit fixen Zeitvorgaben in Teilen erfolgen. Dem Organisationsprinzip „alles aus einer Hand" folgend sind die bearbeiteten Texte ausschließlich der Einkaufsabteilung zu übermitteln. Diese reicht die bearbeiteten Texte an eine interne Prüfgruppe weiter.

Die Prüfgruppe stellt nun fest, ob die Bearbeitung eines Textes sachlich-fachlich und juristisch korrekt ist und dem gewünschten Sprachstil entspricht. Andernfalls wird eine Mängelliste erstellt, die über die Einkaufsabteilung an den Auftragnehmer ausgehändigt wird. Direkte Kontakte zwischen Sachbearbeitern der Einrichtung und dem externen Lieferanten werden nicht vorgesehen. Zeilenhonorar wird nur für Textzeilen bezahlt, die von der Prüfgruppe akzeptiert werden.

Das Vorgehen verheißt eine kurzfristige Erledigung der Aufgabe. Doch es gibt einige Nachteile: Das Verfahren hilft nur für den Moment, denn das Vorgehen lädt kaum dazu ein, die bisher übliche hauseigene Art zu denken und zu formulieren weiter zu entwickeln. Neues Wissen, wie man adressatengerecht formuliert, wird auf diesem Wege allenfalls implizit vermittelt. Bei jeder Veränderung der Rechtslage, die die eine Veränderung der Texte nach sich zieht, muss ein neuer Auftrag ausgeschrieben und vergeben werden. Konflikte sind abzusehen: Es können unterschiedliche Auffassungen zwischen Lieferant und Einrichtung darüber auftreten, wie die Texte „richtig“ zu lauten haben. Solche Konflikte lassen sich nur schwierig klären, weil für den Auftragnehmer ein fachlicher Ansprechpartner fehlt. Die Einkaufsabteilung ist weder autorisiert noch fachlich dazu in der Lage, Auskünfte zu geben oder Änderungen zu verhandeln.

Umgekehrt läge es nahe, externen Sachverstand mit hauseigenem Sachverstand in gemeinsamer Arbeit an Texten zu kombinieren. Dies ist der Grundgedanke für den folgenden Ansatz.

b) Kooperative Ansätze für die Entwicklung einer guten Verwaltungssprache

Die Umsetzung eher kooperativer Ansätze der Einbindung externen und internen Wissens wird in diesem Buch beschrieben in den Kapiteln von Peter und Krümpelmann sowie von Margies und Fisch. Kurz gesagt begreift diese Herangehensweise Verwaltungstexte nicht als isolierte Produkte, sondern als arbeitsteilig hergestellt und getragen von individuellen Akteuren, die unter anderem durch ihre organisationskulturelle Umgebung geprägt werden. Es wird großer Wert darauf gelegt, die für die Texterstellung oder den Gebrauch der Texte maßgeblichen Beschäftigten in die Gestaltung der schriftlichen Kommunikation einzubeziehen. Ein externer Sachverständiger verschafft sich über Gespräche und Interviews einen vertieften Zugang zum Wissen der Behörde oder Einrichtung und zu ihren Mitgliedern. Mit Präsentationen und Diskussionsrunden über administrative Sprache informiert er möglichst viele relevante Akteure über das Geschehen. Für alle Maßnahmen bekundet die Behördenleitung ihre Unterstützung. Es werden Projektgruppen gebildet, die sich, unter Beratung durch den externen Experten, eingehend mit der sprachlichen und gestalterischen Aufbereitung vorhandener Texte befassen. Als Nebenprodukt kann ein behördenspezifischer Sprachführer entstehen, abgeleitet aus den Vereinbarungen der Projektgruppen. Der Sprachführer dient auch als Schulungsmaterial bei Fortbildungsveranstaltungen, die für Beschäftigte mit Textverantwortung und/oder Kundenkontakt angeboten werden. Auf diese Weise bliebe, nach Ende der Projektarbeit, das neue Sprachbewusstsein in der Einrichtung präsent.

VI. Zusammenfassung und Bewertung

Punktuelle Interventionen wie die Verteilung von Leitfäden oder das Angebot vereinzelter Sprachwerkstätten führen selten zu einer nachhaltigen Verbesserung der Verwaltungssprache einer Einrichtung. Zu sehr überlassen diese Maßnahmen die Umsetzung des Vermittelten den Beschäftigten, die allein gelassen einen eigenen Impuls entwickeln müssen, sich einen anderen

Schreibstil anzueignen, von dem sie aber zunächst nicht wissen, ob der nächsthöhere Vorgesetzte damit einverstanden ist. Ein anderer Weg, der Einsatz von PC-Programmen, kann den Transfer in die Praxis erleichtern, und die Beschäftigten übernehmen vorgeschlagene Textelemente, wenn sie ihnen akzeptabel erscheinen. Doch auch hier wird durch diese Hilfe die hauseigene Art zu denken und zu formulieren kaum zum Besseren beeinflusst. Beide Vorgehensweisen gehören zu Ansätzen „aus eigener Kraft". Diese Ansätze leiden im Allgemeinen darunter, dass Absichten, sprachliche Änderungsarbeit eigeninitiativ und organisationsintern bewältigen zu wollen, schon aufgrund der oben beschriebenen Abwehrhaltung der Beschäftigten nicht leicht umzusetzen sind. Appelle von Amtsträgern oder der Behördenleitung können solche Maßnahmen unterstützen, solange sie beharrlich und geschickt erneuert werden.

Die Vergabe der Textarbeit nach Außen, ohne Möglichkeit der fachlichen Rücksprache, ist eine sehr „schlanke" Vorgehensform im Sinne des „Lean Management". Wenn Modelle für die Abwicklung von Aufgaben aus der Wirtschaft eins zu eins auf eine Verwaltung übertragen werden, besteht die Wahrscheinlichkeit, dass diese dann dennoch verwaltungsmäßig programmiert umgesetzt werden. Bei der Umstellung von administrativer Sprache auf eine für Verwaltungslaien verständliche Sprache dürfte es darüber hinaus nicht ausreichen, allein produktorientiert an der Sprache zu arbeiten. Um nachhaltige Effekte zu erzielen, wären die spezifischen Organisationsprozesse in den Blick zu nehmen und neu zu gestalten, die bei der Sprachumstellung berührt werden. Doch das dürfte den Absichten des kaufmännischen Modells vom „Lean Management" zuwider laufen.

Ganz anders angelegt sind kooperative Ansätze zum Einsatz externen Wissens bei der Optimierung der Verwaltungssprache. Ihr Gelingen setzt aufseiten der Einrichtungen vergleichsweise mehr voraus. Ein Kriterium für den Erfolg ist die Kombination von externem Sachverstand über gute administrative Sprache mit einer auf Offenheit, Kooperation und Innovation hin orientierten Behörde.[8] Sowohl die Behördenleitung als auch Angehörige der Behörde, die dem Modernisierungsgedanken gegenüber aufgeschlossen sind, müssen bei der umfänglichen Arbeit geduldig mitwirken. Darüber hinaus kann es erforderlich sein, vorhandene Arbeits- und Abstimmungsroutinen zwischen Referaten und Abteilungen zu verändern oder neu einzurichten. Daher sollte bei einem externen Sprachexperten oder einer -expertin zusätzlich organisationswissenschaftliche Expertise oder zumindest einschlägige Verwaltungserfahrung vorliegen.

---

8 Die betreffende Behördenkultur mit einer notwendig normativen Führung betrachten Heinrich sowie Margies und Fisch in diesem Band.

Inhaltlich gesehen: Durch die längerfristige und intensive Auseinandersetzung mit dem Thema Verständlichkeit lässt es sich nicht umgehen, lang tradierte Rede- und Verhaltensgewohnheiten zu ändern und neue Traditionen zu begründen. Adressatenorientiertes Denken und Handeln sind neu zu formieren. Die Veränderung umfasst dann auch die dahinter stehende Mentalität.

Es gibt auch positive Nebeneffekte: Im Zuge der Arbeit an der Verwaltungssprache werden die Mitglieder der Projektgruppen, quasi nebenbei, allmählich zu Expertinnen und Experten für verständliche Verwaltungssprache, im günstigen Fall sogar zu Multiplikatoren für dieses Anliegen im eigenen Haus.

Längerfristig gesehen kann die kooperative Arbeit an den Texten eine positive Wirkung auf die Arbeitszufriedenheit der Beschäftigten haben, zum Beispiel wenn sie erfahren, dass intern die Arbeit anerkannt wird, wenn die Klienten weniger Kritik an den neu gestalteten Bescheiden üben, der Beratungsbedarf zurückgeht und das Image der Behörde sich zum Besseren wandelt.

Es lässt sich festhalten: Die Verbesserung der schriftlichen Informationen und der Kommunikation an sich ist ein wichtiger Meilenstein auf dem Weg zu einer modernen, bürgernahen Verwaltung. Dies gilt besonders dann, wenn die Verwaltung sich unter anderem auch als Dienstleisterin begreift für Bürgerinnen und Bürger sowie für Einrichtungen von Wirtschaft und Gesellschaft. Externe Kommunikation in einer Verwaltung erfolgreich zu gestalten ist jedoch kein Selbstläufer. Gute externe Kommunikation erfordert seitens der Verwaltung neben der gekonnten Darstellung von Inhalten auch ein Wissen um Menschen und die Fähigkeit, sich in deren übliches Denken und Handeln hinein zu versetzen, ferner eine Kenntnis davon, wie in einer modernen Gesellschaft Menschen und Einrichtungen in Wirtschaft und Gesellschaft angesprochen und behandelt werden möchten und damit verknüpft, welches dafür geeignete Formen und Medien sind. Schließlich hat Verwaltung, neben allem notwendigen Administrativen, auch mit Menschen zu tun.

Hinter dem Argument stehen nicht nur technische Fragen auf der sprachlichen und kommunikativen Ebene. Das Selbstverständnis von der Art und Weise administrativen Handelns – jenseits des reinen Vollzugs – ist berührt. Das Ganze ist eingebettet in Notwendigkeiten, im Zuge der laufenden Verwaltungsmodernisierung Veränderungen der Organisationskultur herbeizuführen. Speziell geht es dabei um tragende Werte einer modernen Administration, staatlich wie kommunal. Dabei auch an der administrativen Sprache im Außenverkehr zu arbeiten, könnte eine Aufgabe für eine aktive und vorausschauende Verwaltungspolitik sein.

VII. Ergebnis

Es wurde in diesem Buch gezeigt, was alles getan werden kann, um die oftmals nicht einfachen Texte aus Verwaltungen an Bürger oder an Einrichtungen von Wirtschaft und Gesellschaft in verständlicher, nachvollziehbarer und ansprechender Form zu erstellen oder vorhandene Texte in diesem Sinne zu modifizieren. Es stellte sich heraus, dass die Bearbeitung neuer wie vorhandener administrativer Texte eine vielfältige Aufgabe ist. Die Aktivitäten lassen sich offensichtlich nicht auf rein sprachliche Bearbeitungen beschränken, sondern umfassen auch organisationsbezogene Maßnahmen, insbesondere wenn langfristige Wirkungen erzielt werden sollen. Je erfolgreicher derartige Bemühungen in einer Behörde oder Einrichtung sind, desto wahrscheinlicher wird es, dass auch anderenorts Ähnliches versucht wird und damit allmählich eine Breitenwirkung erzeugt wird.

Mit der Schilderung verschiedener Vorgehensweisen wurde implizit vermittelt, was alles unter bestimmten Umständen machbar erscheint und wie man Bemühungen erfolgreich werden lassen kann. Doch Rezepte für „beste Praxis" lassen sich nur bedingt ableiten, eher Empfehlungen wie diese: Analog zu Überlegungen zur umweltschonenden Kreislaufwirtschaft, mit der Zeit die Reinigungsstufen am Ende des Produktionsprozesses aufzugeben zugunsten einer Fertigungstechnik, die von vornherein einen Großteil der Abfälle vermeidet, könnte man für die administrative Sprache festhalten: Das Bewusstsein für und das Bemühen um eine verständliche und nachvollziehbare Sprache im Außenverkehr von Behörden sollten mit der Zeit zu einer guten Verwaltungssprache führen. Nachträgliche Übersetzungen und Bearbeitungen von administrativen Texten wären dann eher die Ausnahme und nicht mehr, wie heute, die Regel.

Literatur

Berger, P. (2004): Flotte Schreiben vom Amt: eine Stilfibel, Köln: Heymanns.

Bruns, K. (1898): Gutes Amtsdeutsch: eine Betrachtung mit vielen Beispielen, Berlin: Heymanns.

Engberg, J. (2005): Zugänglichkeit und Verarbeitungsstrategien – eine Pilotuntersuchung zu juristischen Texten, in: G. Antos/S. Wichter (Hrsg.), Wissenstransfer durch Sprache als gesellschaftliches Problem (S. 279–294). Frankfurt am Main: Lang.

Fisch, R./*Margies*, B. (2014): Der Einfluss der Verwaltungskultur auf die Sprache der legalistischen Verwaltung, in: K. König/S. Kropp/S. Kuhlmann/C. Reichhard/K.-P. Sommermann/J. Ziekow (Hrsg.), Grundmuster der Verwaltungskultur – Interdisziplinäre Diskurse über kulturelle Grundformen der öffentlichen Verwaltung (S. 67–79). Baden-Baden: Nomos.

Fluck, H.-R./*Blaha*, M. (Hrsg.). (2010): Amtsdeutsch a. D.? Europäische Wege zu einer modernen Amtssprache, Freiburg: Herder.

Hill, H. (1993): Staatskommunikation, in: H. Hill (Hrsg.), Staatskommunikation. Dokumentation der Frühjahrsarbeitstage des Deutschen Kommunikationsverbandes BDW e.V. und der Hochschule für Verwaltungswissenschaften Speyer vom 22./23. April 1993 (S. 19–35), Köln: Heymanns.

Königreich Preußen (Hrsg.) (1795): Allgemeine Gerichtsordnung für die Preußischen Staaten. Zweyter Theil. Verfahren in nicht streitigen Angelegenheiten. Dritter Theil. Pflichten der Justizbedienten, Berlin: Decker.

Langer, I./*Schulz von Thun*, F./*Tausch*, R. (2011): Sich verständlich ausdrücken (9., völlig neu gestaltete Auflage), München: Reinhart.

Maier, M./*Schneider*, F. M./*Retzbach*, A. (2012): Psychologie der internen Organisationskommunikation, Göttingen: Hogrefe.

Stringer, E. T. (2007): Action Research (3rd. Edition), Thousand Oaks, California: Sage.

Autorenverzeichnis

Blaha, Michaela, Germanistin und Anglistin mit den Schwerpunkten Experten-Laien-Kommunikation und Öffentlichkeitsarbeit, IDEMA Gesellschaft für verständliche Sprache mbH, Westring 47, 44787 Bochum, Telefon: 0234/588 322 0, Fax: 0234/588 322 19, E-Mail: idema@verstaendliche-sprache.de

Christmann, Ursula, Professor, Dr., Psychologisches Institut, Universität Heidelberg, Hauptstraße 47–51, 69117 Heidelberg, Tel.: 06221/547–356, E-Mail: Ursula.Christmann@psychologie.uni-heidelberg.de

Fisch, Rudolf, Univ.-Prof. Dr., Deutsche Universität für Verwaltungswissenschaften Speyer, Postfach 1409, 67324 Speyer, Tel.: 07531/3610755, E-Mail: fisch@uni-speyer.de

Frosch, Günther, FroschTextCoaching, Steinkirchner Straße 28, 81475 München, Tel.: 089/71 03 4044, Fax: 089/71 03 4045, E-Mail: kontakt@frosch.biz

Heinrich, Peter, Professor Dr., Mommsenstraße 9, 10629 Berlin, Tel./Fax: 030/883 46 49, E-Mail: peterheinrich10@web.de

Klein, Josef, Universitätspräsident a. D., Professor Dr., Rüdesheimer Platz 6, 14197 Berlin, Tel.: 030/54 46 87 95, Fax: 030/13 88 04 82, E-Mail: josefklein987@aol.com, www.politikundsprache-klein.de.

Krümpelmann, Georg †, vormals Pressesprecher des Landkreises Harburg, 21423 Winsen/Luhe.

Lerch, Kent D., Dr., Mitglied des Beirats des Redaktionsstabs Rechtssprache im Bundesministerium der Justiz und Lehrbeauftragter am Fachbereich Rechtswissenschaft der Johann Wolfgang Goethe-Universität Frankfurt am Main, Hallgartenstraße 69, 60389 Frankfurt a. M., Tel.: 069/770 35 798, E-Mail: Kent.Lerch@online.de

Lucke, Jörn von, Professor, Dr., Zeppelin Universität, Am Seemooser Horn 20, 88045 Friedrichshafen, Tel. 07541/6009–1471, Fax: 07541/6009–1499, E-Mail: joern.vonlucke@zu.de

Margies, Burkhard, M. A., Deutsches Forschungsinstitut für öffentliche Verwaltung, Zentrum für Verwaltungskommunikation, Freiherr-vom-Stein-Str. 2, 67346 Speyer, Tel.: 06232/654 397, E-Mail: margies@foev-speyer.de

Müller, Andrea, Dr., Zürcher Hochschule für Angewandte Wissenschaften, Stadthausstraße 14, CH 8401 Winterthur, Tel.: 0041/58 934 78 73, E-Mail: andrea.mueller@zhaw.ch

Peter, Christa, Landkreis Harburg, Schlossplatz 6, 21423 Winsen/Luhe, Tel.: 04171/693 642, E-Mail: c.peter@lkharburg.de

Şahin-Schulze Nurşen, Volljuristin mit dem Schwerpunkt Staats- und Verwaltungsrecht, IDEMA Gesellschaft für verständliche Sprache mbH, Westring 47, 44787 Bochum, Tel.: 0234/588 322 0, Fax: 0234/588 322 19, E-Mail: recht@verstaend liche-sprache.de

Schlingmann, Kerstin, Dr., Waldbreede 8, 33649 Bielefeld, Tel.: 0521/383 61 66, E-Mail: mail@groenert-kommunikation.de

Sellmann, Gudrun, Referentin im Bundesministerium des Innern (Referat O1 von 04.2005 bis 12.2006), Leuthener Str. 18, 10828 Berlin, Tel.: 01578 782 95 88 E-Mail: g-sellmann@web.de

Walther, Harald, Richter am Verwaltungsgericht Darmstadt, Konrad-Adenauer-Ring 55, 65428 Rüsselsheim, Tel.: 0172/6100511, Fax: 06142/301661, E-Mail: walther.harald@t-online.de

Stichwortverzeichnis

Adressatenorientierung 118, 161
– Multiadressierung 15
Aktionsforschung 231
Amtsdeutsch, -stil 9, 17, 178
Arbeitshandbuch des BMI zur Verwaltungssprache 179
Arbeitszufriedenheit der Beschäftigten 240

Behördentexte, Funktionalität 15, 178
Bescheid 29 ff.
Bürgerbeteiligung 9, 10
Bürokratensprache 178
Bürokratie 50
– Amtshierarchie 55 f.
– bürokratischer Code 49
– Idealtypus der Bürokratie 50
– Legalitätsprinzip 54

Content-Management-System 175

Evaluation der Wirkung besser gestalteter Texte 222 f.

Fachsprache 18, 50, 58 f., 62, 178
– Ausdruck von Professionalität 229
– Prägung durch das berufliche Selbstverständnis 109 f.
Formulare
– als Mittel der Kommunikation Klient – Verwaltung 193 f.
– Optimierungskriterien 190 f.
– typographische Gestaltung 192 f.
– Ursachen für das Scheitern der Kommunikation 189
– Verständlichkeit 187

Gerichtssprache, rechtliche Grundlagen 102 f.

Handbuch für die Erstellung von Bewilligungsbescheiden 222
Hartz-Sprache 21 f.

Information
– Aufbereitung gemäß EU-Dienstleistungsrichtlinie 164
– Optimierung für die Adressaten der Bescheide 221
Informationsfreiheitsgesetz 182
Inhaltsorganisation, kohärente 40
Interessen der Beschäftigten 204, 212

Juristensprache
– und Rechtsstaatprinzip 107 f.
– Wegbereiter 104 f.

Kohärenz
– globale 42 f.
– lokale 41 f.
Kommunikation
– Beziehungsebene gestört, 203
– Formen allgemein und von Verwaltungen zu Klienten 10, 18, 147, 187, 195
– kommunikationsfähige Justiz 106
– Maßnahmen für effektive interne Kommunikation 221
– nach außen 9, 15
– nachfrageorientierte Ausrichtung von Kommunikationsstrukturen 182
– Optimierung der Kommunikation 196

– Qualität der Beziehung von Verfasser und Adressat 231
– Realität der Verwaltungskommunikation 11
– Schulung für bessere Kommunikation Verwaltung – Bürger/Klienten 196 f.
– Tipps für „Flotte Briefe vom Amt“ 197
– Verantwortung für gelungene Kommunikation 211
Kommunikation als Wechselwirkungsprozess zwischen Sender und Empfänger 10
Kommunikative Maximen 24
– Informativität 24
– Relevanz 26
– Verständlichkeit 26
– Wahrheit 25
Kritik
– an der Rechts- und Gesetzessprache 64 f.
– an der Verwaltungs-, Amts- oder Behördensprache, am Kanzleistil 9, 13, 14, 18, 226 ff.
– Geschichte der Kritik an der Verwaltungssprache 17

Mentalität der in einer Behörde Arbeitenden und Leitenden 224

Nachricht 10, 13
– Inhalts- und Beziehungsaspekt 11

Portal der Bundesregierung 184
Pressemitteilungen 12
Projektarbeit
– bei der Neugestaltung von Bescheiden 218
– Unterstützung durch Maßnahmen interner Kommunikation 221

Rechtsbehelfsbelehrung 117 ff.
– Definition und rechtliche Grundlagen 120
– Diskurs, interdisziplinärer über die Rechtsbehelfsbelehrung 118
– erforderliche Inhalte 121
– Folgen bei fehlender oder unrichtiger Belehrung 122
– Rechtsprechung 123
– sprachliche und strukturelle Übereinstimmungen sowie Unterschiede 119
– Stile von Rechtsbehelfen 133 ff.
– Vergleich unterschiedlicher Rechtsbehelfe 126 f.
Rechtsprüfung, linguistische 70
Redaktionsstab Rechtssprache beim Bundesministerium für Justiz 70, 112
Redundanz 37
Rhetorik, Glaubwürdigkeit, Wirksamkeit 22

Schriften, sprachpflegerische 67, 69 f.
Schriftverkehr
– Defizite und deren Auswirkung 213
– standardisierter, als Massengeschäft 213
Spracharbeit
– kooperative Erarbeitung und Verabschiedung von administrativen Texten 220
– Unterstützung durch externen Experten 219
Sprachästhetik 17, 20 f., 23
Sprache und Recht, illustratives Fallbeispiel 100 f.
Sprachstil 184
– kooperativer Ansatz zu seiner Veränderung 213
– nachhaltige Verankerung eines neuen Sprachstils in einer Behörde 216
– seine Aneignung 53
Sprachvarietät 21
Staatskommunikation 232
Stammtext- und Ergänzungsmodell 163 ff.
– Gestaltungsoptionen für verständliche Texte 167

– Kosten und Nutzen 166
Stilfibel 199

Texten
– freies 203 ff.
– kundenorientiertes 203 f.
Textgestaltung
– allgemein 15, 30
– Aufbereitung landes- oder bundesweit vergleichbarer Texte 175
– für Lebenslagen und -episoden 161
– Hilfen 179
Textsorten, typische für Verwaltungen 12
Transparenz des Verwaltungshandelns 182

Veränderungsprozesse auf Organisationsebene
– Erfolgsfaktoren 154 f.
– theoretischer Bezugsrahmen 146 ff.
Verständigungsprobleme vor Gericht, Ursachen 102
Verständlichkeit
– als vermittelndes Konstrukt 34
– Grenzen durch das Recht 97
– Hamburger Verständlichkeitsansatz 79, 85
– kognitive Gliederung/Ordnung 37 ff.
– Maßnahmen zur Erhöhung der Verständlichkeit administrativer Texte 180
– motivationale Stimulanz 39
– relevante Textmerkmale 33
– semantische Kürze/Weitschweifigkeit (Redundanz) 37
– Spannungsbogen zwischen der Forderung nach Verständlichkeit einerseits und rechtsstaatlich geforderter und inhaltlicher Richtigkeit von behördlichen Bescheiden andererseits 228
– sprachliche Einfachheit 35 f.
– Tradition verständlicher Rechts- und Verwaltungstexte 117
Verstehen und Verständlichkeit von Texten 13, 14, 17, 19, 20, 23, 26 ff., 34, 35–44, 86 ff., 167
– instruktions- und kognitionspsychologische Modelle 89 f.
– Sprach- und Verstehensbarrieren 13, 63, 71
– Textbedeutung, mentale Repräsentation 40
– Textverständlichkeitsforschung 30 ff.
– von Gesetzestexten 71–85
Verstehen von Verwaltungsbescheiden und -formularen 91–97, 187–193
Verwaltungs- und Organisationskultur 15
– Bürokultur 51 f.
– Veränderung der Organisationskultur 240
– Verwaltungssprache als Element der Organisationskultur 50 ff.
– Wesensmerkmale der Verwaltungskultur 50 ff.
Verwaltungspolitik 224, 240
Verwaltungsportale 159
Verwaltungssprache
– als Ausdruck von Macht 55 f., 60
– Arbeit an der Verwaltungssprache, erleichternde und erschwerende Faktoren 229
– Broschüren, Seminare zur Verbesserung der Verwaltungssprache 235
– Einsatz externen Wissens bei der Verbesserung 236
– kooperative Ansätze für die Entwicklung einer guten Verwaltungssprache 236
– Maßnahmen zur Verbesserung 232
– Merkmale der Verwaltungssprache 177 -179
– Neugestaltung 204

– PC-Programme zur Verbesserung der Verwaltungssprache 236
– Perspektive 18
– Veränderungen 145 f., 150, 203 f.
– Verbesserung bedeutet mehr als Arbeit an der Sprache 241
Verwaltungstexte
– Bearbeiten von Schreiben, Schwierigkeiten 197 f.
– Bearbeitung neuer und alter Texte 234 f.
– Charakteristika 18
– kommunikative Leistungsfähigkeit 19
– konkrete Vorschläge für bessere Formulierungen 205–211
– Lösungen für den Alltag 205–212
– Optimierbarkeit, Beispiel 195–201
– umständliche administrative Begriffe und ihre Verbesserung, Beispielsammlung 201
– Widerstände gegen Neugestaltung 203, 204

Werbesprache 22 f.
Widerstände gegen Veränderungen der Verwaltungssprache
– Akzeptanz für verständlichere Verwaltungssprache erzeugen 217
– gegen Wandel 146, 153, 222
– generalisierte Abwehrhaltung gegenüber einer Veränderung der Verwaltungssprache 229
– systemimmanente Kräfte für den Erhalt der heutigen Verwaltungssprache 227
Wiki-Gov-Modell 171 ff.